句法"涌现"的理论与实证研究

贾光茂 著

南京大学出版社

图书在版编目(CIP)数据

句法"涌现"的理论与实证研究 / 贾光茂著.
南京：南京大学出版社，2024.8. — ISBN 978-7-305-28258-4

Ⅰ. H146.3
中国国家版本馆 CIP 数据核字第 2024BX2473 号

出版发行	南京大学出版社		
社　　址	南京市汉口路 22 号	邮　编	210093

书　　名　句法"涌现"的理论与实证研究
　　　　　JUFA "YONGXIAN" DE LILUN YU SHIZHENG YANJIU
著　　者　贾光茂
责任编辑　董　颖　　　　　　　　　编辑热线　025-83596997
照　　排　南京南琳图文制作有限公司
印　　刷　江苏凤凰数码印务有限公司
开　　本　880 mm×1230 mm　1/32　印张 9.125　字数 245 千
版　　次　2024 年 8 月第 1 版　2024 年 8 月第 1 次印刷
ISBN 978-7-305-28258-4
定　　价　62.00 元

网址：http://www.njupco.com
官方微博：http://weibo.com/njupco
官方微信号：njupress
销售咨询热线：(025) 83594756

* 版权所有，侵权必究
* 凡购买南大版图书，如有印装质量问题，请与所购
　图书销售部门联系调换

前　言

　　句法因其复杂性和抽象性始终吸引着众多语言学家的注意，长期以来一直是语言学研究的中心。在各种句法理论中，生成语法几十年来一直被看作主流的句法理论。生成语言学的主要观点有：(1) 句法是自足的体系，在大脑中由独立的模块来处理，不受语义、功能、语境、加工等因素影响；(2) 人类语言虽然形式上差异很大，但都遵循普遍语法，语言之间的差异可以看作是参数的差异（近期被认为是词库的差异）；(3) 语言习得及加工过程受普遍语法制约，语言习得和加工研究的主要目标是测试语言使用者在处理句子过程中是否需要（或在多大程度上）借助普遍语法。然而，纯句法的理论方案在处理具体句法现象时往往会遇到很多反例，并不能完全做到描述和解释的充分性。

　　在生成语言学的影响下，儿童语言习得以及二语习得研究者借助语法判断、真值判断、自定步速反应时实验、启动实验、眼动实验以及脑电实验等心理学实证研究方法开展了大量关于句法知识与加工过程的实证研究，已经形成了比较成熟的研究范式。但是，现有的心理语言学句法加工研究大都将生成语法默认为语言学主流理论，忽视了其他可能的理论阐释。实际上，生成语法的部分观点在语言学领域一直面临争议，只是因为生成语法体系已经非常完整，提出了许多可以证伪并易于检验的假设，例如关于岛屿限制现象的邻接原则、关于照应现象的约束原则、关于量化词的辖域原则等，这些普遍语法原则清晰具体，对多种句法现象有较强的解释

1

力,具有理论的简洁性,也比较容易通过实验来检验,所以被很多实证研究者奉为圭臬。

随着认知语言学的兴起,句法"涌现论"逐渐发展成熟。涌现论也称浮现论,主要观点有:(1)句法不是自足的体系,而是来源于加工、感知、信息结构、频率等非句法因素的互动;(2)词汇和句法没有截然的界限,是抽象复杂程度不同的构式连续体;(3)句法的习得和加工受非句法因素制约。涌现论持非还原论思想,认为整体大于部分之和,句法是在语言使用过程中由通用认知能力和语言经验以及环境的互动形成的,人类大脑中不存在独立的专司句法的模块。复杂句法所体现的人类特有的认知能力其实是人类通用认知能力合力互动的结果,也就是所谓的"旧部件组装的新机器"。

在涌现论的指引下,语言学以及应用语言学领域持功能和认知观的学者除了继续研究传统的课题如语境、语篇、功能以外,近年来开始向形式语言学的核心阵地——句法领域拓展,已经提出了诸多具体的假设,例如关于岛屿限制现象的信息结构假设、加工复杂度假设、词汇原型假设,关于照应现象的加工效率假设和认知照应理论,关于量词辖域现象的加工提升假设等。这些假设为开展语言学及语言习得实证研究提供了清晰的理论框架,再借助心理语言学中已经比较成熟的研究范式和方法,开展实证研究来验证句法涌现现象的心理现实性就具有了可行性和必要性,并已成为语言学及二语习得领域一种新的趋势和热点。

在这一背景下,我们对句法涌现现象进行了一系列的理论和实证研究,所选择的句法现象包括岛屿限制、照应、量词辖域。理论研究主要以汉语和英语为例进行分析,试图运用涌现论来描述和解释汉英语中的这些句法现象。实证研究则试图探讨语言学习者关于这些核心句法现象的知识和加工过程是否受信息结构、构式原型、加工复杂度、加工效率、概念参照点、心理可及度等非句法因素影响。研究表明，非句法因素可以解释很多传统上需要借助普遍语法来解释的句法现象，句法的"涌现"具有心理现实性。此外，我们还对中国学习者英语复合句的习得进行了考察，以探讨语言学习者的复杂句法是基于规则的还是基于范例的这一问题，结果发现中国英语学习者复合句的使用基本上是基于范例的，研究结论对于解释二语习得的逻辑问题以及语块教学是否有效等问题有一定启示。

本书作者已经在句法涌现论领域深耕多年，曾采用指称解读测试的方法开展过一项照应语加工研究，采用语法判断、否定测试和对画线部分提问等方法对中国英语学习者岛屿限制知识进行过研究，基于语料库方法对英语反身代词以及关系从句习得进行过研究。在《外语教学与研究》《外国语》《现代外语》《当代语言学》《外语教学》《外语与外语教学》《外语教学理论与实践》《汉语学习》《外语研究》《西安外国语大学学报》《山东外语教学》等杂志上发表过多篇论文。传统的心理语言学研究通常采用自定步速阅读方法收集反应时数据，而眼动实验收集的反应时数据指标更多也更精确，因此我们主要采用眼动实验方法，先后开展了两项眼动研究。作者以十多年来的研究为基础，对国内外句法涌现论研究进行了系统的梳理和归纳，并简要介绍了本人先后开展的一系列理论和实证研究的成果和部分数据，最终形成专著。

本书的写作过程得到了很多评审专家以及编辑的指导和帮助，在此表示诚挚的谢意！

贾光茂

2024 年 7 月

目 录

第一章 绪 论 ... 1
一、理论溯源 ... 1
二、基本观点 ... 6
三、涌现特征的界定 ... 8
四、研究方法 ... 11
五、研究意义 ... 13
六、本书结构 ... 15

第二章 涌现论与先天论 ... 17
一、语言知识表征 ... 18
二、语言习得机制 ... 21
三、先天—涌现之争的实例分析 ... 26
四、总结 ... 35

第三章 涌现论的流派 ... 37
一、经验涌现论 ... 37
二、先天涌现论 ... 46
三、涌现论面临的挑战及其回应 ... 53
四、总结 ... 58

第四章 研究框架 ... 60
一、句法自治及可学性问题 ... 60
二、语言习得是基于规则还是范例的 ... 68

三、小结 ……………………………………………………… 71

第五章　岛屿限制现象理论研究 ……………………………… 73
一、岛屿限制的语言学理论 ………………………………… 73
二、汉语中的岛屿限制现象研究 …………………………… 87
三、总结 ……………………………………………………… 93

第六章　岛屿限制现象的实证研究 …………………………… 95
一、岛屿限制现象的实证研究回顾 ………………………… 95
二、中国英语学习者岛屿限制知识研究 …………………… 106
三、中国英语学习者句子加工中岛屿限制效应的眼动研究
　　……………………………………………………………… 114
四、总结 ……………………………………………………… 126

第七章　照应现象的理论研究 ………………………………… 128
一、语言学领域的照应研究 ………………………………… 128
二、汉语照应现象研究 ……………………………………… 145
三、"分裂的自我"假设 …………………………………… 151
四、总结 ……………………………………………………… 154

第八章　照应现象的实证研究 ………………………………… 156
一、照应语习得的实证研究回顾 …………………………… 156
二、中国英语学习者回指解读研究 ………………………… 168
三、中国英语学习者代词变量约束加工的眼动研究 ……… 171
四、总结 ……………………………………………………… 175

第九章　量词辖域的理论与实证研究 ………………………… 177
一、生成语言学框架下的辖域研究 ………………………… 177
二、涌现论视角下的量词辖域研究 ………………………… 184
三、中国英语学习者对否定句中全称量词辖域的解读 …… 189

  四、总结 ································ 197

第十章　英语复合句的习得 ···················· 198
  一、英语复合句习得研究现状 ················ 198
  二、中国英语学习者关系从句的习得 ··········· 204
  三、中国英语学习者 LDD 疑问句习得研究 ······ 209
  四、总结 ································ 215

第十一章　结论与启示 ························· 217
  一、本书主要内容回顾 ···················· 217
  二、涌现论视角下句法问题的思考 ············· 221
  三、涌现论研究的启示 ···················· 226
  四、后续研究的课题 ······················ 228

参考文献 ·································· 232

附　录 ···································· 262
  1. 岛屿限制效应实验工具 ·················· 262
    1.1　语法可接受性判断 ················ 262
    1.2　岛屿限制效应眼动研究实验句 ········ 265
  2. 代词变量约束实验工具 ·················· 271
    2.1　句子理解测试 ···················· 271
    2.2　代词变量约束加工的眼动实验句 ······ 275
  3. 量词辖域真值判断实验句 ················ 279

第一章 绪 论

一、理论溯源

1. 自然科学中的涌现论

近现代科学中一个普遍接受的观点是复杂事物可以分解为一些基本的成分,例如水是由水分子组成的,水分子又可以分解为氢原子和氧原子。整体可以分解成部分,通过认识基本组成成分就可以认识整体,这一观念通常被称为还原论(reductionism)。郭元林(2005)认为,还原论的主要思想可以概括为三个方面:(1) 从本体论角度来看,事物整体可以分解为部分,整体和部分形成组织和层级结构关系;(2) 从认识论角度来看,了解某个事物每部分的特征,就可以推导出关于该事物整体的特征,高层次事物涉及的概念、定律、理论和学科是以低层次事物所涉及的概念、定律、理论和学科为基础的;(3) 从方法论来看,认识某个事物的途径就是将该事物的整体分解为部分或还原为较低层次的事物。以还原论为指导的经典科学认为,世界的复杂性只是表面现象,简单性才是本质,现象的复杂性可以由简单的原理和普遍的规律来解释,科学就是追求简单性、平衡性、稳定性和确定性,因此经典科学可以看作"简单性范式"(黄欣荣,2013)。

从二十世纪中叶开始,复杂性科学开始兴起,其主要观念是整体大于部分之和,整体的某些特征具有涌现性(emergence),不能由其组成部分来解释。这一观点通常被称为非还原论,是复杂性科学的主要方法论，又称涌现论（emergentism）。在国内，emergentism一词有多种译法，如浮现论、涌现论、自然发生论等。汉语学界多使用浮现论这一术语(沈家煊，2004)，二语习得、哲学等更多领域倾向于使用涌现论这一术语，与涌现论相近的术语如自然发生论、动态系统理论等给人的印象是在探讨语言发展过程而忽略了语言本体特征。为了避免术语上的混乱，也为了强调本书对语言系统和习得过程的共同关注，本书中下文一律采用涌现论这一名称。

涌现论认为存在两类不同的整体：等同于部分之和的整体和不等同于部分之和的整体（苗东升，2006），因此不否认从整体到部分追溯因果关系的必要性，但同时强调基本要素具有主动性和适应性，也就是所谓自组织性。基本要素之间以及和环境的互动会产生超越要素信息的涌现特征，因此整体不是部分的简单相加。值得注意的是，涌现论并不是对还原论的彻底否定，涌现论并不否认事物整体可以分解为部分，但坚持认为整体并不是由所组成部分简单地相加而成，整体和部分之间的关系非常复杂，呈现多种辩证统一的关系，如开放与封闭、主观与客观、有序与无序等（张国宁、沈寿林，2013）。复杂性科学的理论有着不同的名称，如浮现论、涌现论、系统论、浑沌复杂理论、动态系统理论、复杂适应性理论等，内涵和外延也不尽一致，但这些理论的共同点是都赞同非还原论，都研究复杂的、非线性的系统。

复杂性科学就是对涌现特征的研究。自然界和人类社会充满了涌现现象，其特征之一是对初始条件非常敏感，例如，一块滚动的鹅卵石可以引发一场山崩，也称"驼背"效应；澳大利亚的一只蝴蝶偶然扇动翅膀可能导致席卷美国的一场龙卷风，即蝴蝶效应。涌现现象的另一特征是没有人为规定的规则，例如，人们在超市结账时会自然排出人数基本相等的几个队伍，超市无须制定任何排队规则；蜂房的形状总是呈六边形，晶体会自然形成各种形状等。这些现象都不是按照某种预定规则而产生的，而是多种因素共同作用下自发形成的。

复杂性科学诞生以来,根据其研究内容的转变可以划分为三个阶段(金吾伦、郭元林,2003)。第一阶段主要研究存在,即如何解释超越组成成分特征的某些整体特征。复杂性科学诞生的标志是贝塔朗菲提出了一般系统论,此外,控制论以及人工智能学科的建立也是这一阶段的重要成果。第二阶段是研究演化,这一阶段在系统论的基础上发展出了多种理论,例如,热力学中的耗散结构理论,物理学中的协同论、突变论、混沌理论以及数学中的分形理论等。第三阶段是进行综合研究,以美国圣塔菲研究所为代表的机构打破了学科界限,对涌现特征进行综合研究。近二三十年来,涌现论已广泛应用于生物学、经济学、管理学、哲学等,复杂性科学从自然科学向社会科学和人文科学渗透已成为一种趋势,在这一背景下,涌现论在语言学领域也逐渐兴起。

2. 语言涌现论的形成

除了自然科学以外,语言学领域涌现论的兴起与心理学、认知语言学、语料库语言学以及语言习得等分支学科的发展有着密切的关系。

心理学领域的联通论(connectionism)是语言学及应用语言学中涌现论的理论基础之一。传统心理学认为信息加工主要采用串行加工模式,人脑加工信息的过程类似于计算机的符号运算,人脑是由各司其职的多个模块组成的。联通论则认为信息加工方式主要是并行加工,大脑是由神经元构成的网络系统,神经网络中的节点处于不同的激活状态,节点之间联结的权重不同,对某一节点的刺激会扩散到其他与其连接强度较高的节点,也称激活扩散模型。基于联通论的心理语言学认为人脑中不存在专门负责处理语言的模块,语言知识直接体现为神经网络节点的连接强度,语言学习体现为节点连接强度的改变。语言行为不是受语法规则制约的,简单的联想学习机制和语言输入互动可以产生类似语法规则的知识,或者说语法规则是语言加工的副产品。心理语言学领域涌现论研究的代表人物有鲁梅尔哈特(Rumelhart)、麦克莱兰

（McClelland）、贝茨（Bates）、麦克威尼（MacWhinney）等。

认知语言学的发展大大促进了涌现论在语言学领域的应用。很多认知语言学论著都阐述过涌现论思想。霍珀（Hopper）（1987，1998）曾提出语法不是固定不变的，而是动态的，是在语言使用过程中暂时涌现的，没有人为规定的语法规则，也不存在一致的语言能力，语法规则具有涌现特征。霍珀的理论是针对语法化现象提出的。兰盖克（Langacker）(1987)的认知语法进一步取消了语法系统的独立性，认为语言形式都是有意义的，语法来源于概念化，人们对于外部世界的概念化是通过通用的认知机制实现的，因此语言能力不是领域独有的，可以由人类已有的各种通用认知能力来解释。戈尔德贝格（Goldberg）(2006)明确指出，构式语法的方法论就是非还原论，构式的意义不能由其组成部分（包括词汇和短语）来解释，体现了整体大于部分之和这一涌现论思想。

语料库语言学的兴起使人们对频率和习语原则的作用有了新的认知。大型语料库的建立和检索软件的开发使得词语或句型的提取以及频率统计变得简单方便，使得关于频率在语言习得中所起作用的研究成为热点。尼克·埃利斯（N. Ellis）(2002a)认为，频率是二语习得的关键，不仅是塑造语言的重要因素，也是决定语言习得过程的重要因素，频率对语言的影响在语音、词汇、句法等语言的各个部分都有体现，是探究学习者如何成功学习语言需要着重考虑的因素。在结构主义语言学和生成语法中，习语处于边缘的位置。语料库语言学的发展使人们重新认识到习语原则的作用。辛克莱（Sinclair）(1991)指出，在语言使用的过程中，学习者在语言产出中主要采用习语原则（idiom principle）而不是开放选择原则（open choice principle），尽管开放选择原则也是可选的造句方式，但由于交际压力可能不会经常使用。也就是说，语言学习者主要使用固定的、半固定的语块或搭配来造句，而较少根据语法规则来遣词造句。

在语言习得领域，最早将涌现论应用到二语习得研究的是拉尔森-弗里曼（Larsen-Freeman）(1997)，她认为语言是一种复杂适应性系统,语言习得过程是动态的、非线性的。埃利斯(N. Ellis)(1998)系统地阐述了联通论、涌现论和语言学习的关系,认为简单的学习机制和语言输入的互动形成了复杂的语言表征。近年来涌现论在国际上已逐渐成为应用语言学研究的热点。二语习得领域的著名期刊 *Applied linguistics*(2006 年第 4 期)、*Lingua*(2008 年第 4 期)、*Language Learning*(2009 年增刊 1)、*Modern Language Journal*(2008 年第 2 期、2009 年第 3 期)等都分别出版了语言习得涌现论研究专辑。国内也有文秋芳(2003)、乐眉云(2003)、王初明(2008)、李小辉等(2008)、宋宏(2008)、李兰霞(2011)、郑咏滟(2011)、贾光茂(2011,2015,2019)等对此作过介绍。不过,二语习得界多数研究关注的是语言习得过程而不是语言本体特征,因此多采用动态系统理论和复杂适应性理论等术语。

经过数年的发展之后,国际语言涌现论研究的两位领军人物美国卡内基梅隆大学的布莱恩·麦克威尼(Brian MacWhinney)教授和夏威夷大学的威廉·奥格雷迪(William O'Grady)教授于 2015 年合作主编了《语言涌现手册》一书,该书汇集了当今语言涌现研究领域众多著名学者的新思想和研究成果,是对近年来迅速发展的语言涌现论研究的阶段性总结。麦克威尼(MacWhinney)提出了涌现论分析的三大核心框架:(1)达尔文进化论,主要涉及增生(proliferation)、竞争、选择等概念;(2)复杂系统理论,主要思想是复杂系统由不同层次构成,某一高层次的特征及结构不能完全由低一层次的特征和结构来预测;(3)时间框架理论,即不同层次的过程和不同时间尺度相关,在当前状态下融合。这三大框架并非语言独有的,而是物理、生物、社会的基本理论。该书的各位作者都是在这三大框架下探讨语言中的涌现现象。麦克威尼等(2022)主编了《语言的涌现论路径》一书,对涌现论的最新文献进行了梳理,收集了更多交叉学科的研究,在理论和方法上都有新的突破。

涌现论最新的发展是赫尔南德斯等(Hernandez, et al.)(2015,2019)提出的神经涌现论(Neuroemergentism),主要观点是复杂认知功能起源于大脑现有机制的互动。例如，人脸识别、数学、阅读等认知过程都是循环利用已有的神经结构。*Journal of Neurolinguistics* 在 2019 年第 49 卷曾组织专刊对神经涌现论从多个角度进行了探讨。神经涌现论综合了神经认知科学领域的神经循环假设（Neuronal Recycling）、神经重复利用假设（Neural Reuse）、大脑塑造语言假说（Language as Shaped by the Brain）以及神经建构主义（Neuroconstructivism）四个重要假设的观点及相关研究成果，将它们纳入到涌现论的框架中。这一做法的目的是提高涌现论的可证伪性。涌现论所面临的一个重要质疑是其概念过于宽泛，难以证伪，而神经涌现论选择神经计算层面作为研究对象，比较精确地限定了涌现机制运作的范围，使涌现论成为能够用实验来证明的科学。

二、基本观点

语言学及语言习得领域的主要课题有：语言的性质、语言知识表征、语言习得机制、跨语言差异及迁移、语言习得顺序、语言习得的关键期等（R. Ellis, 1994），其中最重要的是语言性质和习得机制问题。涌现论关于这两大问题的主要观点包括以下八个方面：

（1）从语言使用过程来看，语法不应该仅仅看作是抽象的规则。语法与词汇都是形式与功能的匹配，都是构式或象征单位，词汇、短语、句子构成了复杂和抽象程度不同的连续体，没有截然界限，高度抽象的语法规则也是有意义的，是在语言的使用过程中涌现出来的而不是人为规定的（Goldberg, 1995）。兰盖克（Langacker）(1991)认为区分语法规则与词汇是错误的，即所谓规则和清单谬误（rule-list fallacy），抽象的语法规则和词汇都是象征单位。

（2）语言能力是涌现的。语言能力来源于人的一般认知能力。语言系统特别是语法是由大脑中一般的认知系统共同建构的,这些认知系统包括感知(perception)、加工(processing)、工作记忆(working memory)、语用、社会交往、输入特征、学习机制以及生理(physiology)等,它们在大脑中由非语言的部件负责,因此人脑中不存在先天的语言知识(O'Grady,2008)。一般的认知能力包括类比、图式化、范畴化、基于统计概率的学习等。按照贝茨和麦克威尼(1988)的说法,语言是"旧部件组装的新机器"。

(3)语言习得的单机制观。二语习得研究者一般认为语言习得既是基于规则的也是基于范例的过程(Skehan,1998),而涌现论颠覆了这一观念,无论是复杂句法,还是短语或词汇,其习得和使用主要是基于范例的(exemplar-based)方式。二语学习者先掌握一定数量具体的构式特例,然后逐渐在处理大量的不同类型的构式过程中形成句法能力,即掌握了抽象的构式。

(4)语言习得主要采用简单的联想学习机制(N. Ellis,2006)。学习者根据环境中的线索或特征建立要素之间的联系,例如给学习者接触足够多的规则动词过去式形式,学习者就会习得verb+ed 表示过去这一规则。在一起加工过的语言单位会在学习者的大脑中产生联系,因此学习者会把线性排列的词语分成组块,以便在加工新的语言单位时作为整体使用以减轻加工负担。从功能角度来说,和语义匹配的组块具有认知突显性,更容易被学习者注意到。

(5)数据驱动的学习方式。语言学习者对语言输入中的频率、概率、分布特征等非常敏感,很多隐性的语言知识就存储在语言单位的相互联系当中。在二语习得中,语言规则知识是学习者通过长期分析处理语言输入特征后归纳并抽象出来的。和行为主义的刺激反应说不同,涌现论赞同心理语言学领域关于语言知识可以分为显性和隐性知识的观点,但认为隐性的语言知识并不一定是天生的,完全可以通过数据驱动的学习方式获得。

(6)语言发展过程可以由动态系统理论来描述。动态系统理论认为语言习得过程不是简单的、线性的、连续发展的,而是复杂的、非线性、动态的,语言发展不是按照不连续的、固定和阶段性的顺序向目标语标准接近的过程,而是曲线发展、螺旋式上升、从渐变到突变的过程。语言发展中有进步,也有磨蚀,有量变,也有质变。影响语言习得顺序的因素有很多种,如输入频率、认知凸显度、语义复杂性等(N. Ellis & Larsen-Freeman, 2006)。

(7)线索的竞争以及加工习惯的固化导致母语负迁移(N. Ellis, 2002b)。学习者的母语会影响他们对二语中线索的注意强度,母语的负迁移使得二语学习的终端状态很难达到本族语者的水平,产生化石化(fossilization)现象,但是可以通过提高有意注意以及反馈来改变。

(8)年龄对二语习得的影响是逐渐变化的。随着年龄的增长,某些一般认知能力如模仿能力会弱化,融入目标语社团的动机也会减弱,因此成人二语习得的效果普遍不如儿童(MacWhinney, 2005a)。

三、涌现特征的界定

麦克威尼(MacWhinney)(2005b)将涌现现象分为七类:系统涌现(Phylogenetic emergence,物种长期进化过程中的突变现象)、个体涌现(Epigenetic emergence,环境差异造成的个体特征突变)、发展涌现(动态发展过程)、加工涌现、社会涌现(因交际压力引起的语言变异)、互动涌现、历时涌现(如语法化现象)。可见,涌现现象在自然和社会中广泛存在。然而,涌现论由于概念过于抽象,在实际应用中容易被过度解读。麦克威尼(MacWhinney)(2006)认为,运用涌现论作为研究复杂事物的指导原则是值得提倡的,但在研究具体的个案时,每位研究者都需要小心求证。涌现论并不能解释一切,运用该理论研究具体问题时仍然要考虑相关的假设是否具有可证伪性。在运用涌现论的过程中最为重要的是对涌现特征做出明确、清晰的界定。可以说,目前现有的语言涌现论以及二语习得动态系统理论研究受到的最多的质疑就是涌现特征的界定问题。

以梅洛(Mellow)(2006)为例,该研究声称是一项基于涌现论的个案研究,主要内容是观察一位进入美国的学习者在自然的语言习得环境中习得英语关系从句的过程。研究发现,在受试产出的关系从句中,关系代词在从句中做主语的关系从句比作宾语的关系从句要先习得,嵌入在主句的主语和谓语之间的关系从句要到比较晚的时期才习得。他认为,这一结果可以由论元依存关系的复杂程度来解释,但是传统的名词短语可及性等级假设以及加工难度假设其实也可以解释该研究的结果,因此很难说该研究是否推翻了基于传统句法理论的关系从句研究结论。再以拉尔森-弗里曼(Larsen-Freeman)(2006)为例,该研究描述了五位二语学习者语言的准确性、流利度和复杂性的历时发展情况,结果发现,以上三个指标呈非线性、动态的发展轨迹,并且每位受试的表现存在个体差异。这一结果虽然看似符合涌现论的预测,但是由于涉及的要素过于复杂,这样的研究难以说明是哪些具体要素导致了这样的发展路径。拉尔森-弗里曼和卡梅伦(Larsen-Freeman & Cameron)(2008)曾经声称动态系统理论可以解释儿童词汇爆发式增长这一现象,但实际上并没有对这一过程进行详细的描述,也没有解释哪些因素造成了这一现象。

涌现理论中的一些概念目前还难以在实际研究中应用。格雷格(Gregg)(2010)指出,复杂性理论中的概念如非线性、动态、吸引子等很难被用来分析语言习得的具体数据,虽然有研究试图描述这些复杂性概念,但是却很少借助高深的数学模型和计算机模拟技术。在其他学科如经济学中,涌现论研究通常都要使用复杂的数学模型来分析数据,数学模型通常是对现实系统的简化,要求变量不能过多,并且每个变量都要有清晰的定义。相比较而言,目前的语言习得理论关于复杂性的描述还比较空洞,这也是很多研究者感到应用涌现论比较困难的原因。复杂性现象遵循的是简单的规律,提倡复杂性研究不是把问题复杂化,而是要把复杂问题简化。将语言看作复杂系统存在的一个风险是使研究者难以确定其中的因果关系,其实强调语言的动态性和复杂性并不是否认语言的规律性。

　　涌现特征是指某些复杂系统所表现出的不能由其组成部分来解释的特征。根据这一定义,我们认为语言习得中最为常见的涌现特征表现在句法习得中:有些句法知识不可能从语言输入中归纳出来,也不可能来源于他们的母语。例如,汉语疑问句中的特殊疑问词不能移位而英语中相应词语必须移位。对于母语为汉语的二语学习者来说,在习得英语特殊疑问句时,如果他们能够发现英语特殊疑问词不能从复杂名词短语和附加语等结构中移出,这种句法限制知识就不可能用母语迁移来解释,并且这种知识也不可能从英语学习经验中总结出来,因为违反移位限制的句子在实际的英语输入中几乎不可能见到。英语教师一般也不会注意到这种复杂的语法知识,即使知道这种知识,通常也只能判断出来而不能明确地说出来,也就是说移位限制知识通常是隐性的,他们不太可能在课堂上讲解这样的语法知识,在绝大多数语法教材中也不会列出这种复杂的句法现象。根据这些推测,我们认为中国英语学习者的移位限制知识具有涌现特征,否则难以解释其来源。

　　根据涌现特征的定义,本书重点考察句法习得及加工,特别是二语学习者抽象句法知识的心理现实性问题。这是因为句法现象不仅一直是生成语言学研究的重心,而且也是认知语言学和功能语言学研究的焦点,在语言学和母语习得领域都有比较成熟的理论和研究思路可以借鉴,因而对于验证涌现理论具有较高的可操作性。涌现论是对生成语言学的一种反动,生成语言学将自己的研究领域集中在核心句法现象上,并且已经取得丰硕的成果,如果涌现论不能对复杂句法现象及其习得提供更好的解释,那么就失去了其存在的最重要价值。

四、研究方法

在语言涌现论研究常采用的方法中,比较有特色的主要有:

第一,动态实验设计。根据拉尔森-弗里曼和卡梅伦(2008),动态实验不同于一般的横向实验设计,研究者的教学或研究目标在研究过程中可以根据教学实际情况不断改变,教学目标的改变会使学习者做出反应,研究者将教和学的相互适应过程记录下来。有时研究者会反复改变学习环境,以收集改变后产生的效果,然后根据搜集到的数据,不断调整针对新目标的研究设计。动态实验是对行动研究的改进,教师不是固定地遵从预先设定实验程序,而是在实际课堂教学中不断提出新问题和新的研究设计,以观察课堂教学要素所产生的结果。

第二,微变化研究法。文秋芳(2003)认为,微变化研究法是指对学习者完成某项学习任务的过程进行跟踪记录,高密度地收集数据,以考察认知发展过程的实时变化。涌现论强调语言习得的动态变化,认为语言发展中有渐变,也有突变或顿悟,有进步,也有耗损,有规律性,也有变异性。变异性不仅表现为不同个体的差异,也表现为同一个体的内部差异。传统的横向研究法掩盖了很多关于变异性的数据,而纵向研究法又可能忽略突变过程。微变化研究法可以弥补传统方法的不足,非常适合用来考察语言习得的变异性和动态性,特别是突变过程。

第三,电脑建模。计算机模拟技术的发展使得研究者可以通过设计程序来模拟学习者学习外语的过程。早在二十世纪八十年代,鲁梅尔哈特和麦克莱兰(Rumelhart & McClelland)(1986)就采用基于联结主义的 PDP 模型(并行加工模型)来模拟学习者习得英语过去式的过程,结果发现习得过程并没有受所谓语法规则的制约。联通模型通常由输入单元、输出单元和潜伏单元组成,最重要的机制是信息的反向传播(back-propagation),也就是模型会将自身的输出与目标输出进行对比并将结果反馈给潜伏单元和输入单元,以减少错误(N. Ellis,1998)。比较有名的学习模型还有埃尔曼(Elman)的 recurrent network、基于代理的计算机模型(Agent-Based Model,Ke & Holland,2006)、布尔网络模型(Boolean network model,Meara,2006)等。

  第四,语料库研究法。涌现论强调频率、概率、原型在语言习得中的作用,语料库研究法的兴起使得关于语言频率的统计变得非常简单快捷,因而成为涌现论者使用最为频繁的一种方法。麦克威尼早在 1984 年就建立了儿童语言习得语料库(Child Language Data Exchange System,简称 CHILDS),主要收集幼儿语言产出及成人与幼儿的会话,2004 年又建成了 TalkBank 语料库,主要收集成人及年龄较大儿童的会话语料,特别是二语学习者书面及口语语料。到目前为止,基于该系统发表的论文已有数千篇。应用语言学领域的语料库研究也如火如荼,近年来纵向跟踪语料库的建设已成为一种趋势。

  涌现论之所以在现阶段兴起很大程度上得益于数字技术的革命,特别是计算机模拟技术和语料库研究的发展。但是也不能过分夸大新技术的作用,计算机模拟研究目前还只是探讨了一些比较简单的句法现象,对于复杂的句法现象还无能为力,也难以完全再现真实的二语学习过程。另外,语料库研究方法也不能完全代替传统的内省研究方法,如语法判断等。

  相比之下,生成语言学框架下的实证研究多采用心理学行为实验方法,如真值判断、句法启动实验、在线语法判断、移动窗口实验、眼动研究等(Crain & Thornton,1998),研究目标明确,研究设计严谨,对干扰变量的控制非常严格。这些方法相对于前面提到的动态实验、微变化以及计算机模拟技术等具有更强的可操作性,因此在心理语言学领域仍是主流。近年来,随着一门新的学科——神经认知语言学的崛起,很多研究者采用 EPR、fMRI、EEG 等方法开展神经认知实验,但该领域中研究者也多是在生成语法框架下探讨句法的加工问题。

当前很多基于涌现论的实证研究所探讨的课题和心理语言学界占主流的生成语言学所关注的课题差异较大。例如,很多涌现论研究探讨语块的习得,而生成语法和心理语言学领域的研究更多关注核心句法的加工过程。虽然我们对与涌现论相关的一些有特色的研究方法进行了梳理,但由于本课题探讨的主要是句法习得和加工问题,而这些也是传统心理语言学的核心课题,因此我们主要采用心理学实验研究方法,包括语法判断、真值判断、眼动研究、句子测试等。这些研究方法已经有了比较成熟的研究范式,并且产生了大量的研究成果。因此,为确保本课题研究设计的严谨性和科学性,我们主要还是采用这些心理语言学常用的实验方法,辅以涌现论研究中常用的语料库方法,以检验涌现论的各种假设。

五、研究意义

涌现论是对还原论思想占统治地位的语言学及语言习得理论的重要发展和补充。语言学以及应用语言学研究的发展历史明显受科学主义思潮的影响。由于自然科学的成功,现代语言学从结构主义到生成语法都强调语言结构的自主性,认为只有对语言的结构才能用形式化的方法进行科学的描写,而人们日常使用的言语则过于复杂,难以采用还原论的思路研究,只能将语言之外的因素统统放到垃圾篓中。早期的语言习得理论也雄心勃勃,试图用少数几条规律来全面解释语言习得过程,如克拉申(Krashen)(1981)提出的"五大假说"等。但后来研究者们逐渐意识到语言习得研究的对象——语言和人都非常复杂,看似完美的理论实际上经不起推敲。由于语言习得过程的复杂性,研究者有时很难找到完美的实验条件或完美地控制实验中的干扰变量,对实验结果的解释也往往是推测性的。

面对理论和实证研究的困境,有的学者甚至开始对语言学、语言习得的科学性产生怀疑,进而求助后现代主义思潮来解释语言及语言习得现象。不过,后现代思潮中有些理论完全颠覆确定性或真理,走向了科学的反面。在这种背景下,语言习得学科求助于二十世纪下半叶兴起的复杂性科学(苗东升,2004),引进涌现论,不仅对解决以还原论为特点的简单性科学的困境有重要启示,也是抵制非科学思潮的必然要求。

涌现论有助于对语言学习者的语言表征进行更加全面的描述。基于生成语法的语言习得研究将句法看作自足的体系,而涌现论则从语法之外寻求解释,致力于用普遍认知机制和语言输入的互动来解释复杂句法的习得,所做出的解释往往显得更加自然,无须人为规定某些语法规则。学习者为什么未经学习就具有某些复杂句法知识曾引发了普遍语法可及性研究的热潮,但是近年来普遍语法面对越来越多的反例显得捉襟见肘。在这一背景下,涌现论对英语复杂句法现象提出了一些新的描述方案,但是很少有研究从语言习得角度对此进行验证。本书将关于复杂句法的涌现论假设运用到对二语学习者复杂句法知识的描述中,是对涌现论研究范围的拓展。

涌现论有助于对学习者语言习得机制进行更为深入的解释。二语习得探讨的对象极其复杂,不仅涉及所学语言的结构体系和使用过程,还包括母语的影响以及学习者因素如认知能力、学习动机、性别、年龄,此外还有社会文化环境等诸多因素。由于研究对象过于复杂,心灵主义、认知派、社会派以及互动论都未能完美地解释二语习得。二十世纪八十年代以来,以生成语言学为框架的研究在二语习得领域一度占主导地位,但同时生成语言学及相关的二语习得研究又都备受争议。在反先天论的阵营中,从皮亚杰(Piaget)的经验和认知机制的互动论[1],再到近年来盛行的语块以及构式研究,都没有涉及核心句法的习得研究,因而也无法真正挑战生成语法。涌现论的兴起有可能为二语习得特别是复杂抽象句

---

[1] Piaget 的观点也称认知发生论,认为人的认知能力发展是由经验和普遍认知机制互动的结果。

法的习得和加工提供一个新的研究路径。格雷格（Gregg）(2003)认为,将复杂句法知识归因于没有独立证据的普遍语法实际上是对这一问题的回避,而涌现论将复杂句法归因于普遍认知机制和输入的互动,是对先天论的超越。

涌现论研究可以为改进英语语法教学提供建议与启示。英语教学曾长期采用语法翻译法,以语法规则为主要教学内容,这一方法在交际法兴起后基本被摒弃。在认知语言学崛起后,语块教学法又受到广泛重视,但语块教学法对于简单构式的教学有效性没有争议,但对复杂构式是否有效却存在很多疑问。戴曼纯（2012）认为,语块教学法不适用于复杂构式,对于复杂抽象的构式采用死记硬背语块的方法是一种"补丁式学习",是造成外语学习特别是语法习得普遍失败的主要原因。语言习得究竟是基于规则还是基于范例的一直是学界争论的焦点。涌现论研究可能为语块教学方法能否有效促进复杂句法的习得提供启示。

六、本书结构

根据上文对涌现特征的讨论,本书将重点关注中国学习者复杂句法知识的理论阐释以及习得和加工过程。对于中国英语学习者来说,只有那些不能由英语输入和汉语特征来解释的复杂句法现象才可以被看作是涌现特征,才是目前涌现论比较容易应用的领域,这一点实际上借鉴了生成语法学家的智慧。本书具体探讨岛屿限制、照应、辖域、复合句的习得与加工,因为相关的涌现论假设已经比较成熟。本书不否认词汇、短语、论元结构的重要性,也不否认动态系统理论在解释二语发展过程中的意义,但坚持认为,如果不能解释复杂句法的习得,涌现论的价值将大打折扣。

本书包括理论和应用两大部分。前四章是理论部分。第一章简要介绍涌现论的来源、主要思想,涌现特征的界定以及研究方法。第二章将探讨涌现论与先天论的异同,并且通过语言学界讨论较多的实例来说明涌现—先天之争的分歧所在。涌现论是在挑战先天论的过程中产生的,只有与先天论进行比较和对比,才能把握其理论精髓。第三章综述涌现论不同流派的主要思想以及相关的实证研究。涌现论实际上是一个比较松散的概念,在应用语言学领域形成了不同的流派,它们的语言观和研究内容都不尽相同。第四章在前三章的基础上根据涌现论思想提出关于中国英语学习者复杂句法知识和加工过程的具体理论假设以及研究框架。

接下来的七章是运用涌现论分析上述若干核心句法现象,并采用心理语言学实证方法考察中国英语学习者句法知识和加工过程,以检验涌现论的相关假设。第五章是关于岛屿限制现象的理论研究,第六章是关于岛屿限制现象的实证研究,第七章对照应现象进行理论探讨,第八章对照应现象进行实证研究,第九章是关于量词辖域现象的理论和实证研究。这一系列研究的内容虽然是不同的语言现象,但是研究的思路都是一致的,即探讨了信息结构、加工难度、显著性、语序等非句法因素对句法习得和加工的影响。这些研究都基于以下统一步骤:首先综述语言学领域先天论和涌现论关于某种句法现象的分歧,设计能够检验这些分歧的描述框架和研究工具,对中国学习者的复杂句法知识以及加工过程展开调查以检验先天论和涌现论的不同假设;其次对与该句法可能相关的非语言因素进行调查,例如学习者的英语句子信息结构知识、语言加工特点等,然后与他们的复杂句法知识进行相关性分析。第十章以英语复合句为例探讨构式原型效应在语言习得中的作用以及验证语言习得单机制观。第十一章是结论部分,对涌现论研究的若干问题进行思考,包括语法的可接受性、句法与其他模块的界面问题、互动在二语习得中的作用等,总结本书的主要思想,提出一个基于涌现论的心理语言学研究框架,对本课题研究中的不足之处进行反思,展望未来的研究方向,同时探讨涌现论对语言学、二语习得、英语教学等学科的启示。

第二章 涌现论与先天论

语言是先天赋予的还是后天培养的一直是语言学领域争论的焦点,在学术界形成了先天论与后天论两大阵营。先天论源于唯理论,在生成语言学兴起后曾一度成为主流看法,生成语言学框架下的语言习得理论认为人的心智天生具有递归性等机制,而递归性主要体现在语法特别是普遍语法中,语言习得机制因而也具有先天性(nature)。后天论来源于经验论,认为人脑在学习语言之前是白板一块,经过后天的记忆和模仿就能学会语言,语言具有后天性(nurture)。在行为主义语言习得理论盛行的时代曾经广为接受,后来一度失势,但近期随着认知语言学和语言习得中动态系统理论的兴起再度兴盛。不过多数语言习得理论主要关注语言学习过程,还难以用来解释语言本体特征。

在语言学及语言习得领域的先天和后天之争中,基于行为主义、认知论、功能语言学以及社会文化理论的各种后天论都没有能够对以生成语言学为代表的先天论构成实质性的挑战。近十多年来,涌现论和先天论之间的争论已取代先后天之争成为语言习得界关注的焦点。涌现论(特别是以奥格雷迪为代表的流派)并不全盘否定人类具有语言天赋的观点,只是反对人脑中具有所谓的先天普遍语法原则这样的说法,因此当前争论的焦点不再是语言先天性是否存在的问题,而主要是先天的性质到底是什么的问题[①],或者说是先天知识的范围有多大的问题。

语言学和语言习得界经典著作都将"语言知识是由什么构成

---

① 奥格雷迪(2003)曾将他的观点称为普通先天论,而将生成语言学思想称为特殊先天论(本节参见贾光茂,2011)。

的?"和"语言知识是如何习得的?"看作任何语言理论都必须回答的两个最基本的问题(Chomsky,1986;Cook,1993;R. Ellis,1994)。关于这两大问题的理论在认知科学中被区分为特征理论(Property theory)和过渡理论(Transition theory),也就是语言知识表征问题和习得机制问题(Gregg,2003)。本章从这两大问题出发,对涌现论与先天论进行比较和对比。

一、语言知识表征

生成语言学区分核心和边缘的语言现象。前者主要是指复杂抽象的句法,在学习者大脑中表征为一套规则系统,即普遍语法原则和参数。后者包括构式、短语或词汇等。核心语言现象的处理由计算系统负责,是生成语言学研究的重点,而边缘语言现象可以归入词库,基本上被排除在研究之外。核心的句法是一种结构依存(structure-dependency)系统,表征为层级结构(通常用句法树来表示)。句法表现出一些特征如成分统制(C-command)、约束原则(binding)、岛屿限制(island constraints)、辖域(scope)和缩略限制等,似乎都是纯形式的,并在各种语言中具有普遍性。区分核心句法与词库的主要依据是人类语言具有创造性,能够利用有限的规则造出无限的句子。关于核心句法的处理机制被认为是语言独有的,由人脑中一种专门处理语言的模块(modularity)负责(Fodor,1983),与非语言的因素如加工、感知、语境、社会互动等无关。

涌现论的流派很多,但都赞同这样一个观点:语言现象并非是独立于一般的认知机制,语言特别是语法应由大脑中非语言(或非语法)的因素及其互动来解释。所谓非语言因素指的是"生理系统(physiology)、感知机制(perception)、加工机制(processing)、工作记忆(working memory)、语用能力、社会交往、语言输入特征、学习机制等"(O'Grady,2008a:448)。涌现论反对将一致、约束、岛屿限制之类的语法特征看作是人脑中先天存在的语法原则,认为通过非语法因素的互动会自然涌现出这些语法特征,这种观点充分体现了系统总体特征大于部分之和的理念。语言表现出的某些普遍性是因为人类的一般认知能力存在普遍性。以岛屿限制现象为例,生成语法认为这一现象可以看作句法自治的证据,并且用邻接原则(the Subjacency Principle)这一句法规则来对其进行解释,而涌现论则从加工难度和构式信息结构等非句法因素角度来解释这一现象(详细论述见第五章)。

再以句内照应现象为例,生成语言学用约束原则(Binding Principles)来解释指称词语的句内分布规律。例如:

1) Tom likes himself.
2) * Tom likes him.

句1)符合约束原则 A,照应语(anaphor)跟最小统制区域中的成分统制短语同指,也就是 himself 和 Tom 共指,所以该句成立。句2)违反了约束原则 B,名词短语 Tom 成分统制代词 him,并且在最小统制区域内,所以二者不能共指。奥格雷迪(2005)认为这一现象其实是计算系统和词语特点的互动中涌现出来的句法特征,大脑计算系统遵循效率优先原则,按照线性加工方式处理句子。在遇到反身代词时,计算系统遵循线性加工就要尽早消解其指称依存关系,所以最近的名词自然成为其先行词,而代词的指称解读超越了句子层面,语篇中显著的名词都可能成为其所指,所以加工者在处理句2)时可能会诉诸语用系统,因为在该使用反身代词时使用代词会造成信息过量(Levinson,1987)。

涌现论的一个基本观念是系统总体特征大于部分之和,和近二三十年兴起的认知语言学特别是认知语法和构式语法(Langacker,1987;Goldberg,1995)的观点一致,因此涌现论可以将认知语法和构式语法作为自己关于语言本体的框架以解释语言本体特征(Mellow,2008b)。认知语法和构式语法都认为句子并非由词汇按照句法规则组成,词汇和句法构成了抽象复杂程度不同的连续体,不能截然区分。语言是由处于这个连续体中的一个个构式组成的,语言就是构式的清单,没有必要区分核心和边缘的语言现象。句子并非由词汇按照句法规则组成,词汇和句法都是形式与功能匹配的语言单位,语言表征是单层的而非转换的。

从以上对比可以看出,涌现论和先天论在语言表征问题上的分歧主要体现为句法是否自治,特别是核心句法的性质问题。句法自治说将句法看作自足的体系,试图从语言内部来解释语言的特征,仅考察语言的形式。句法非自治说反对区分语言能力和语言运用,试图从语言的外部来寻求对语言特征的解释,着重考察语言形式与交际功能、加工效率等因素的关系。支持句法自治说的语言学流派除了生成语法以外,还有 LFG（Lexical Functional Grammar,词汇功能语法）、GPSG（Generalized Phrase Structure Grammar,广义短语结构语法）、HPSG（Head-Driven Phrase Structure Grammar,中心词驱动语法）等;支持句法非自治说的有系统功能语法、词语法（Word Grammar）、认知语法和构式语法等。

就边缘的语言现象来说,先天论的观点和涌现论并无多大差别。乔姆斯基（Chomsky）（2005）曾经提出,语言特征可以由三大因素来解释:语言天赋、经验、非语言特有的其他认知原则。可以看出,先天论并非一概否定经验和普遍认知机制的作用,只是认为语言经验不能解释一切,并将一些难以用语言经验来解释的高度抽象的语言特征如约束、岛屿限制、辖域等看作是语言独有的。近期的最简方案已经将语言天赋的范围大大缩小了,甚至仅限定为语言的递归性（Hauser, Chomsky & Fitch, 2002）,但仍然坚持认为普遍语法原则及参数与先天的语言递归推导机制有关,难以用普遍认知机制来解释（Belikova & White, 2009）。

早期的认知及功能句法学研究仅有少数涉及复杂句法现象,如库诺（Kuno）（1987）、迪思（Deane）（1992）、范瓦林和拉波拉（van Valin & Lapolla）（1997）等。由于意识到复杂句法在语言学及语言习得理论建构中的重要意义,近期的很多涌现论研究者都把复杂句法作为研究重点。例如,范·霍克(van Hoek)(1995)从认知语法角度研究句内照应现象,认为所谓的约束原则其实与认知参照点模式有关。约翰·霍金斯(J. Hawkins)(2004)从句子结构复杂度和加工复杂度角度解释了部分岛屿限制现象及类型普遍性原则。奥格雷迪(2005)从语言加工者角度运用线性加工机制解释了句内照应、提升、移位限制等现象。戈尔德贝格(Goldberg)(2006,2013)从信息结构等角度探讨了岛屿限制、辖域等抽象语法现象。麦克威尼(2008)认为语言的复杂性起源于六大认知子系统的互动:听觉系统、发声系统、具有自组织特征的词汇系统、基于范例的句法系统、存储系统和心理模型。这些研究的共同特点是通过考察一般的认知机制及语言之外的因素来解释复杂句法现象。

二、语言习得机制

1. 先天论

先天论是生成语言学的重要观点,生成语言学关于语言习得的一个基本假设是人脑中存在着一套天生的语言习得机制(LAD)。设立 LAD 的主要依据是刺激贫乏论,也就是语言习得的逻辑问题,也称可学性问题或柏拉图问题(Chomsky,1986)。首先,在习得母语时,儿童所接收的语言输入中缺乏正面证据,输入中充满了冗余、错误和不完整结构,在认知能力还没有充分发展之前,儿童很难通过归纳的方式总结出复杂抽象的语法规则。其次,语言输入中缺乏负面证据,包括直接和间接负面证据,前者是指在儿童说出错误的句子时,家长并不总是去纠正,后者是指语言输入可以告诉儿童哪些说法是正确的,但不能告诉他们哪些说法不正确。在既缺乏正面证据也缺乏负面证据的情况下,儿童并没有产出杂乱无章的句子,即出现所谓野语法(wild grammar),而是在很短的时间内就正确地习得抽象复杂的句法,并且很少表现出个体差异。

二语习得同样要回答语言习得的逻辑问题(White,1989)。二语学习者的一些语言知识不但在目标语言输入中从未出现过,也与母语迁移无关,如果不借助普遍语法(UG)就无法对这些现象进行解释。但是二语习得和母语习得也有很多不同之处。二语学习者并不像母语习得者那样能够普遍取得成功,即使是高水平的外语学习者,在形态和句法等方面仍然很难达到本族语者的水平,有些语言错误对于二语学习者来说终生都难以纠正,也就是所谓化石化(fossilization)现象。此外,二语习得还要考虑母语迁移的作用。所以,二语习得理论要解释二语习得者为什么能轻易地习得一些高度复杂抽象的语法规则,也要解释为什么某些语法现象的习得非常困难。

二十世纪八十年代,生成语法开始被广泛应用到二语习得领域,这时生成语法正处于原则与参数理论阶段,受此影响,语言习得研究主要考察普遍语法原则对学习者是否可及这一问题。布雷-弗罗曼(Bley-Vroman)(1986)认为二语习得和母语习得完全不同,普遍语法对于已过语言习得关键期的成人不再可及,这就是所谓的"根本差异假设"。他(1996)还认为二语习得是补丁式的学习,是以语块为中心的,和先天具有普遍语法的母语习得有着根本的差异。怀特(White)(2003)认为普遍语法对二语习得者也像母语者那样是完全可及的,二语习得的过程也由普遍语法引导并受其限制,二语学习者在初始状态就具有普遍语法知识,因此普遍语法原则不需要学习,由于世界上各种语言的差异表现为参数值的差异,因此二语学习者的主要任务是重设二语参数。普遍语法可及性的研究主要围绕约束原则(Binding Principles)、邻接原则(Subjacency)、显性代词制约(Overt Pronoun Constraint,缩写为OPC,Montalbetti,1984)等展开。总体上来说,多数研究支持普遍语法可及说。在最简方案阶段,虽然二语习得研究的重心转移到参数能否重设的问题以及句法与语义、语篇、韵律等模块的界面等上,但是关于普遍语法可及性问题的讨论并没有停止,只不过呈现出不同的方式,即无论二语参数能否重设,无论非句法因素如何干扰,二语学习者的句法知识总是在普遍语法允许的范围内,总有一些语法现象只能借助先天的普遍语法才能解释。

霍金斯(Hawkins)(2008a)指出,要完全排除先天语言知识在二语习得中的作用是不可能的。首先,某些语言知识不大可能通过语言经验总结出来,如显性代词制约这样微妙的知识。其次,二语学习者的语法虽然不同于母语语法,也和二语语法有差异,但却不是可以随意变化的。伊昂宁等(Ionin, et al.)(2008)关于L1分别为俄语和韩语的二语学习者如何习得英语冠词的研究表明冠词的习得不是随意的。俄语和韩语中的名词前都不使用冠词,如果学习者对英语冠词的习得不受普遍语法的引导,在遇到含有英语冠词的句子时就可能会无法限制假设范围。例如,如果接触到下面的英语句子:

3) Tom is waiting to get an autograph from the new champion.

母语不是英语的学习者可能会对英语中可能使用定冠词的情况作多种假设:位于句子结尾的名词前可能要加冠词,有形容词修饰的名词可能要加冠词,单数名词前可能要加冠词,具体名词前可能要加冠词,表示有生命事物的名词前要加冠词,等等。但他们的研究发现,受试只关注了有定性(definiteness)和特指性(specificity)这两个特征,说明他们没有随意使用冠词,也就是说,他们的语法不是所谓的"野语法"。他们据此认为,有定性和特指性是所有语言都具有的普遍性特征,可以看作普遍语法的一部分内容。

另外,有些二语语法特征不能从学习经验中的正面证据归纳出来。戈德和怀特(Goad & White)(2008)通过对中国英语学习者时态屈折词素习得进行研究后得出结论,二语学习者语言表达中的语音韵律结构特征不可能用一般的认知机制来解释,也不大可能用语言输入来解释,语言输入提供的是正确的发音,也就是正面证据。要解释输入中刺激贫乏的现象,只有从母语韵律特征迁移角度来解释或者假设存在普遍语法。

2. 涌现论

涌现论认为语言习得者掌握的语言规则来源于语言经验和学习者自身的通用认知机制。语言习得的过程不仅是刺激强化的过程,也是学习者主动运用简单的联想学习机制根据语言输入特征如频率、概率、分布特征等来概括出语言规则的过程,不能因为语言输入中没有就将学习者所了解的语言规则归因于天赋的语言习得机制。语言习得领域涌现论的领军人物尼克·埃利斯和托马塞洛(N. Ellis & Tomasello)都认为语言习得是基于构式的,儿童语言的发展过程是:整体短语(holophrase)→部分能产性的语言框架→抽象的句法规则,这一过程中经历了不断的分析、概括、归纳、总结。在语言输入中,高频构式虽然类型不多,但在数量上占构式总数的绝大部分,非常有利于学习者归纳出构式的原型。语言形式的突显程度、冗余性、新奇性以及形式与功能的匹配程度都可能引起学习者对构式的注意。因此,语言输入并非是杂乱无章的,而是有规律可循的,构式是可学的(N. Ellis, 2013)。

一般的学习机制除了基于统计性概率和使用频率的学习之外,还包括图式化(schematization)、原型论(prototype theory)等通用认知机制。根据认知语言学,图式化是指从具体的例子中概括出抽象的图式的过程,既可以解释语言的组合性,也可以解释学习者如何习得句法规则。学习者通过积累大量的语言范例,然后运用图式化认知机制概括抽象的构式,也就是习得了抽象的语法规则。原型论认为语言习得是从原型构式开始,逐渐向非原型构式过渡的过程。

奥格雷迪(2008b)指出,虽然语言经验、频率、分布特征、联想学习机制和通用认知机制很重要,但仍然不能充分解释二语习得的可学性问题。生成语言学所提出的一些抽象句法现象很难用语言经验和一般的认知机制归纳出来。要解释抽象复杂的语法现象的习得,还要考虑二语学习者自身的语言处理器的特点,语言处理器遵循效率优先的线性加工方式。二语习得不可能都是归纳学习,演绎学习机制也不可或缺。

涌现论和先天论的论战为很多实证研究提供了突破口。威廉和库里巴拉(Williams & Kuribara)(2008)较早采用联通主义模型来考察句法现象。该研究考察了 L1 英语 L2 日语的学习者对日语句子成分的漂移(scrambling)的习得,同时采用联通主义模型模拟这一学习过程。结果发现,二语学习者未能成功重设中心词方向参数,说明普遍语法对二语学习者可能不起作用。接受相同语言输入的联通主义网络模型获得的数据和二语学习者类似,说明基于统计的学习方式是有效的,但该研究也指出,要充分解释句法习得,应该将基于规则的学习机制作为补充。

梅洛 (2006, 2008a)也是涌现论框架下句法研究的典范。该研究采用纵向个案研究方法,受试是一位从西班牙来到美国的英语学习者 Ana,研究者让受试在进入美国后的 7 个月时间内完成了 15 次英语看图写话任务。梅洛(2006)将该受试的语言产出数据中的关系从句提取出来并与其他后置定语构式进行比较分析,发现受试在掌握关系从句时,已经了解了相关构式如带非谓语动词短语作后置定语的名词构式,说明受试在掌握复杂构式的过程中可能利用了图式化认知机制,是在对大量的构式进行归纳、联想和套用后习得了更复杂抽象的构式。梅洛(2008a)对 Ana 数据中依存动词结构体(DVCs, Dependent Verb-headed Constituencies)的习得情况进行分析,DVC 包括补语从句、非限定从句和关系从句等,结果发现,受试早期产出的是由少数几个典型动词构成的 DVCs,之后这些 DVCs 的结构逐渐变得复杂,类型也逐渐增多,也越来越准确。

涌现论和先天论在二语习得机制问题上的分歧集中在语法的可学性问题上。基于生成语法的研究主要论证哪些语法现象的习得不能用语言经验来解释。涌现论研究的目标则是说明那些看似与经验无关的语言知识实际上来源于一般的认知原则或语言输入。为反驳先天论,涌现论者试图寻找以下论据:1) 输入中并不缺乏正面证据;2) 输入可以提供大量的间接负面证据,使学习者非常谨慎,不至于过度类推某些语法规则;3) 不能低估学习者的认知能力,一般的认知机制足以解释语言习得;4) 不能由语言输入来解释的语言知识可能与非语言因素有关;5) 抽象句法知识的发展是基于范例的或构式的。

三、先天—涌现之争的实例分析

在母语习得领域,先天—涌现之争涉及的议题非常广泛(MacWhinney,2004),例如结构依存、词类划分、成分管制、缩略、一致、岛屿限制、约束原则、提升与控制等。和母语习得不同的是,二语习得中可学性问题的研究多集中在部分抽象复杂的句法现象上,如成分管制、约束、岛屿限制和显性代词制约等。这是因为二语习得涉及母语迁移因素,不能仅仅根据刺激贫乏来确定学习者是否需要依赖普遍语法,并且语言输入环境也不一样。课堂教学是二语习得中语言输入的主要来源,像词类、句子成分、论元结构等知识完全有可能来自母语知识的迁移或者课堂教学。

1. 结构依存

有关结构依存(structure dependency)现象的争论主要集中在母语习得领域,以下面的句子为例(Ambridge & Pine,2014):

4) a. The boy is crazy → Is the boy crazy?
   b. The boy who is smoking is crazy → * Is the boy who smoking is crazy?

乔姆斯基(1980)认为,儿童根据语言输入可能归纳出一般疑问句的形成规则是将第一个助动词移到主语之前(如例4a),但是这样的归纳法在遇到例4b时却不适用,真正的规则应该是结构依存的,即将主句谓语中的第一个助动词前置。实际语言输入中含有关系从句的疑问句非常少见,并且又不会有人向儿童讲解这样的结构依存关系,儿童如何能够避免4)b中的错误?只能说明儿童具有先天的普遍语法知识。

克莱恩和纳卡亚马(Crain & Nakayama)(1987)通过给英语本族语儿童指令"Ask Jabba if the boy who is watching Mickey is happy"来诱导他们说出下面的疑问句:

5) a. Is the boy who is watching Mickey happy?
   b. *Is the boy who watching Mickey is happy?

结果发现,儿童能够避免类似5)b中的错误,说明儿童在造疑问句时的确依赖结构依存知识。克拉克(Clark)(2002)发现二语学习者也会避免同样的错误。

涌现论否认结构依存关系是先天的普遍语法。麦克威尼(2004)指出,在儿童语料库CHILDS中,诸如"Where is the dog that you like?""Which is the dog that is clawing at the door?"之类的句子出现的频率非常高,儿童完全可以根据这些正面证据总结出一般疑问句的规律,即将主句中的助动词前置。安布里奇和派恩(Ambridge & Pine)(2014)认为儿童之所以不会将从句中的助动词前置的原因可能有:1)关系从句表示背景信息,从背景结构中提取词语比较困难;2)学习者接触的一般疑问句中,主句助动词前置的概率比从句助动词前置的概率要大得多;3)学习者的概念结构具有结构依存特征。安布里奇等(2020)的实验发现,儿童能够在接触语言输入中的复杂名词短语构式(名词+关系从句)和简单的一般疑问句(如4a)的基础上,概括出复杂的一般疑问句构式(如4b)。奥格雷迪(2008c:156)认为前置的系动词总是试图尽快消解其依存关系,5)a 符合加工效率而 5)b 不符合,因为在加工了"Is the boy __"之后,is 的依存关系没有得到消解,在遇到 who 之后,加工者首先要消解 who 的依存关系,如果 who 的依存关系也得不到消解,则过多的认知负荷会导致加工困难,5)b 的加工就是如此,而 5)a 中新近遇到的 who 依存关系很快得到消解,所以加工比较顺利。

在二语习得中,由于结构依存知识也有可能来源于学习者的母语或者课堂教学,难以区分母语迁移、语言输入和普遍语法的作用,所以二语习得领域有关结构依存知识的研究不多,但是争议依然存在。涌现论的一个重要观点就是认为语言是单层的,句法和词汇没有本质区别,语言是构式组成的网络系统,而不是层级结构系统。

2. 词类与句子成分

另一引起较多争论的现象是本族语儿童如何能够迅速掌握词类划分以及如何将词类与句子成分匹配起来。关于词类概念以及词类与句子成分如何匹配的理论主要有三种:语义引导(semantic bootstrapping,Pinker,1984)、分布分析、韵律引导假设(Christiansen,et al,2008)。以及物句为例,学习者通过频繁接触诸如 The dog bit the cat 这样的句子,可能会抽象出"施事作用于受事"这样的图式,并且建立主语由施事充当,宾语由受事充当这样的联系,这就是语义引导,但这种联系并不可靠,很多句子主语并不是施事,宾语也不是受事。要建立主语的概念,学习者还需要掌握主语的句法分布特征如位于陈述句句首、主格以及和谓语保持数的一致等。除了语义引导及句法分布解释,韵律引导假设认为儿童会利用句子的韵律特征来分析句子成分和词类。以上假设虽然从不同角度解释了儿童如何习得词类和句子成分的概念,但是都认为句子成分和词类过于抽象,因此只能看成普遍语法的一部分,不然很难解释儿童如何在很短的时期毫无困难地学会分析不同词类,并在造句时合适地将词类与句子成分联系起来。

涌现论试图说明词类和句子成分的概念与普遍语法无关。安布里奇和派恩(2014)认为词类的概念并不具有语言普遍性,语义和分布特征以及韵律足以解释词类和句子成分的习得,设定先天的规则是多余的,词类与句法之间的联系非常复杂,随语境变化而变化,很难用某种先天规则来解释。托马塞洛(2006)根据认知语法提出,词类只是为了适应交际需要而形成的,同样的经验如"爆炸"是用名词 explosion 还是动词 exploding 来编码完全取决于使用者识解事物的方式。他还认为句子成分的习得是因为语言输入中有很多线索会给儿童启发,如词序、形态标记、生命性等。博伊德等(Boyd, et al.)(2009)发现词类与句子成分之间的联系规则(linking rules)是可以学习的,学习者会在接触构式的过程中掌握联系规则,并且能够将其运用到新的语境中。

二语习得中,词类和句子成分知识往往是课堂教学的重要内容,并且有可能来源于母语教学,但并不意味着二语习得的逻辑问题就不存在。有些词类与句子成分知识可能是课堂教学不会涉及的,以双宾结构为例,课堂教学可能告诉学习者一些典型的能够用于双宾结构的动词,但不会告诉他们哪些动词不能用于该结构,这就需要解释学习者如何能够避免过度类推错误。涌现论认为构式意义的习得使得学习者能够接受部分非典型动词用于双宾结构,而某些动词在其他结构(如与格结构)中高频使用后会先入为主(preemption,又译作占位),阻碍其用于双宾结构,例如动词 explain 常用于与格结构,产生先入为主效应,从而使学习者知道它不能用于双宾结构(Goldberg, 2011)。

3. 缩略现象

英语中的缩略现象如 wanna、gonna 等是二语习得涌现论与先天论争论的一个焦点。以句6)和7)为例:

6) Who do you wanna see?

7) * Who do you wanna see the doctor?（White，1989）

生成语法认为疑问词移位后会留下语迹,语迹的存在使得句6)中 want 和 to 不能缩略成 wanna。对于二语学习者来说,这种抽象的知识很难从语言经验中归纳出来,因而构成了语言习得的逻辑问题。怀特(1989:7)指出语迹现象可以看成普遍语法的一部分,不能用一般的认知原则解释。母语习得研究(Crain & Thornton,1998)已经发现英语本族语儿童很早就能够区分 want 和 to 是否可以缩略。二语习得研究则发现二语学习者不能很好地习得英语缩略知识。库恩(Kweon)(2000)发现母语为韩语的英语学习者的缩略知识和本族语者相比有很大差异,表现很不稳定。伊特(Ito)(2005)发现日语为母语的英语学习者的表现也与英语本族语者有差异。奥格雷迪等(2008)也发现了不同母语背景的二语学习者比母语习得者更容易接受各种缩略现象。

涌现论关于缩略现象主要有两种解释。拜比和霍珀(Bybee & Hopper)(2001)认为,wanna 与 gonna (going to),I dunno (I don't know)等是语法化现象,其形成的原因主要是在一些结构中高频地使用,表现出了语块特征,例如主语一般是 I。want to 和 wanna 之间没有明显的界线,只是使用频率不同罢了。克鲁格(Krug)(1998)发现英语中几乎所有的缩略形式都与高频词有关,并认为频率可以解释为什么学习者会正确选择哪些语境下 want 和 to 可以缩略。

奥格雷迪等(2008)从加工效率的角度来解释缩略现象,以句8)为例。

8) * Who do they wanna stay?

疑问代词和语缺(gap)之间构成长距离依存关系,由于疑问词附有依存关系的信息,大脑计算系统为了减轻工作记忆的负担,在遇到疑问词时总是试图尽快消解依存关系。wanna 是快速语流中最自然的形式,英语本族语者会优先使用它而不是 want to,并且由于加工能力较强,所以能够加工完 wanna stay 后才去消解疑问词依存关系,当发现这种依存关系仍没有消解,就会判断句 8)不可接受。二语学习者由于加工能力的限制,在看到 want 时就试图消解疑问词依存关系,所以在语言处理中会面临两难境地,到底是选择最自然的缩略形式还是选择尽早消除依存关系,如果选择缩略形式,就会像本族语者那样判断句 8)不可以接受,如果选择尽早消除依存关系,就会判断句 8)可以接受。

9) I wonder who the mothers want 〈 * who 〉 the instructor to thank at the party.

奥格雷迪等还发现,在阅读类似 9)这样的句子时二语学习者通常在主句部分就试图消解 who 与动词的依存关系,而英语本族语者则要在读到从句中动词时才试图消解这种依存关系。他们的解释是本族语者的加工能力高于二语学习者,使他们能够将这种依存关系保留更长时间。

4. 主谓一致

霍金斯(2008b)认为,二语学习者关于主谓一致方面的知识有些是先天的,特别是功能语类 T 必须和局部的最近的限定短语 DP 保持数的一致这一点。以句 10)和 11)为例:

10) There's lots of people in the room.
11) * There is lots of people in the room.

对于许多英语本族语者来说,句 10)可以接受而 11)不可以,这种现象似乎很难解释。根据生成语法,例 10)可以接受的原因是 there's 符合指示语与中心语数的一致原则,又是压缩形式,因此学习者尽管遇到位于补语位置的复数 DP 也不会再对句子结构进行重新分析,而句 11)不可接受是因为学习者在推导过程中发现 there 是虚主语后,可能会将作补语的复数 DP 隐性移位至指示语位置。

奥格雷迪(2008b)认为句 10)成立的原因与语法化有关。违背形式一致的句子中,缩略形式的只有单数 There's 和 here's,几乎没有复数 there're 和 here're,例如 there're a book 就不可接受。语料库检索显示,there's 的使用频率要远远高于 there're,说明频率是决定句 10)可以接受的重要原因。除了频率之外,加工效率也是重要的因素,加工者通常按照从左到右的顺序处理句子,所以将 there 和 is 作为整体再进行其他词语的加工是最自然的方式。加工效率可以对主谓关系中经常冲突的形式一致和就近原则做出统一的解释:当主语为复数时,加工者先加工主语,获得了关于主语复数特征的信息,在加工动词时就不会选择单数形式;在存现句、疑问句和倒装句中,加工者通常更倾向于遵循就近原则,如 there is a chair and some desks in the room,因为 there 没有数的信息,而加工者又倾向于尽快消解数的一致关系。

奥格雷迪(2008a)认为英语句子主谓一致问题可以用效率优先的线性加工系统来解释,以 12)和 13)为例。

12) Milk and water are on the table.
13) There is milk and water on the table.

句 12)中的并列名词短语充当句子主语,位于谓语动词之前,线性加工系统先加工并列的主语,形成了复数的概念,在遇到动词时必须使用复数形式才能使数特征保持一致。句 13)中的并列名词短语位于动词之后,在语义上是句子真正的主语,系动词一般应该用复数形式,但却使用了单数形式,传统语法称这种现象为就近原则,实际上反映了加工系统总是试图尽快消解依存关系这一特性,在遇到并列词组中的第二个名词之前就消解了一致关系。上例说明,遵循效率优先原则的加工系统会自然产生主谓一致现象。一致现象的复杂性是加工系统和词汇特征互动的产物,是一种涌现现象,而不是先天具有的语法原则。

5. 形态标记

形态(morphology)被认为是二语习得的窗口,一直是生成语言学框架下二语习得研究的重要课题。世界上的语言有的形态丰富,而有的形态贫乏。对于母语为形态贫乏语言的学习者来说,目标语形态标记往往是他们习得的难点。先天论框架下关于形态标记习得的观点可以大致分为两种:一种认为二语学习者的语法表征是有缺陷的,所以不能很好地习得形态(R. Hawkins, 1997);另一种认为二语学习者语法表征是完整的,问题在于母语韵律结构和目标语不一致,韵律结构的迁移导致了形态标记习得的困难(Goad & White, 2008)。

以动词过去式为例,汉语中的动词并不通过附加曲折词素(inflection)来表示过去式,对于母语为汉语的英语学习者来说,他们所接受的英语输入中动词的曲折变化形式出现的频率是很高的。在没有母语影响,并且目标语又能够提供足够的正面证据的情况下,中国学习者还是很难习得曲折词素。戈德和怀特(2006)发现母语为汉语普通话的英语学习者可能会将 wrapped 发成 [ræp^{h}t^h] 或者 [ræpt^h],也可能会将 kept 发成 [kept^h],但不会发成 [kep^{h}t^h]。他们认为这是由于 [kep^{h}t^h] 这种发音违反了空语类原则,即有空核(empty nucleus)的音节不允许相邻。二语学习者不会违背空语类原则说明他们的中介语表征是完整的,遵守普遍语法。汉语音节结尾处没有辅音族,如 [kt],不允许在韵律词(Prosodic word)后附加音素,这是导致中国学习者不能很好地习得英语过去式曲折形态的重要原因。

埃利斯(2006)提出,二语学习者不能很好地习得曲折词素的原因与认知机制有关。影响语言习得的因素除了输入频率之外还有语言形式的显著性和冗余性。对于母语为汉语的英语学习者来说,他们的母语中动词过去式是通过时间副词来表达的,母语的经验会先入为主,影响他们对英语语言形式的选择性注意,从而阻碍目标语中词素的习得。同时,英语中动词过去式的标示除了形态外还有时间副词,形态标记其实是一种冗余的形式。冗余形式虽然使用频率很高,仍然不容易引起学习者的注意,因而难以习得。埃利斯和萨加拉(Ellis & Sagarra)(2010,2011)的研究发现,母语为形态贫乏语言的二语学习者要比母语为形态丰富语言的学习者更依赖副词来表达或理解时间,证实了阻碍现象的存在。

奥格雷迪(2008b)认为戈德和怀特(2006)发现的现象可以用频率作用来解释。动词过去式规则形式 wrapped 的词根 wrap 使用频率很高,所以二语学习者会把该词的词根和后缀发成两个音节。kept 虽然和 wrapped 的相似,但是 kep 却不是独立的词,使用频率为零,所以二语学习者不会将 kept 发成两个音节。

6. 显性代词制约

显性代词制约(Montalbetti,1984)是指一种语言如果既允许隐性代词,也允许显性代词,只有隐性代词的先行词可以是量化词短语。西班牙语、日语、汉语都同时允许隐性代词和显性代词,这些语言中显性代词的先行词不可以是句子中的量化词短语。而英语只允许显性代词,其先行词没有限制,如:

14) Nobody$_i$ thinks that he$_{ij}$ will win the game.
15) a. 没有人$_i$认为他$_j$会赢得比赛。
    b. 没有人$_i$认为 ø$_{ij}$ 会赢得比赛。

如句 14)所示,英语限定句中不允许代词省略,代词的先行词可以是量化词 nobody,也可以是别的人。句 15)显示,汉语显性代词"他"的先行词不可以是句子中的量化词短语,而隐性代词 ø 的先行词可以是。母语为英语的汉语学习者如果知道汉语中代词的用法,那么这种知识不可能是母语迁移形成的,因为英语中代词的指称没有限制,汉语输入也不能解释这种知识,因为汉语代词不是主语时也可能与量化词共指,课堂教学中教师也不可能讲授显性代词制约规则。如果二语学习者具有显性代词制约这种微妙的知识,语言输入、课堂教学和母语迁移都无法解释这一现象,按照生成语言学的观点,只能假设这种语法知识是先天的。

我们认为,显性代词制约可以由各种语言中代词可及性程度的差异来解释。在允许隐性代词的语言中,隐性代词的可及性应该高于显性代词(如西班牙语、日语、汉语),显性代词在汉语中可以看作中高可及性标示语(许余龙,2000)。在英语中,显性代词是高可及性标示语。对于句内照应,先行词可及性应低于照应语可及性,量化词短语较专有名词可及性要高,所以汉语等语言中量化词作先行词时,其照应语为可及性高的隐性代词最合适,而使用显性代词则违反了可及性要求。英语中显性代词为高可及性标示语,所以没有上述使用限制。

四、总结

语言习得领域涌现论和先天论论战的焦点是语言知识是领域独有的(domain-specific)还是领域通用的(domain-general)。先天论主张从语言规则的内在特征出发研究语言习得,试图探讨哪些语言结构知识不能用一般的认知机制以及语言经验来解释。涌现论从语言外部出发,主张运用人们已知的或简单的认知机制来解释语言习得,认为语言习得和其他领域的一般的认知过程没有区别。

涌现—先天之争与以往的先后天之争的不同之处主要有三点:1) 涌现论并不否认存在人类具有先天的语言能力,只是拒绝承认先天的普遍语法,而传统的后天论则否定整个先天语言习得机制,即 LAD;2) 涌现论将复杂句法的习得作为研究的中心,而传统的后天论则没有涉及生成语言学所关注的那些高度抽象的句法,由于后天论和先天论的研究内容不同,所以没有产生有争议的具体议题;3)先天后天之争反映了哲学上的理性主义和经验主义之争,传统后天论认为儿童的大脑犹如一块白板,语言学习要从零开始,而涌现论承认人具有不同于其他物种的认知能力,甚至具有天生的语言加工机制,因此并不排斥理性主义的思维方式。

涌现论和先天论的争论为语言习得和加工研究提供一系列有价值的课题。第一,关于复杂句法现象,涌现论提出了一些不同于生成语法的描述框架,哪种假设能够更好地描述语言学习者的句法知识表征?第二,涌现论提出了解释复杂抽象句法知识的一些非语言因素,这些非语言因素如何测量?如何检验非语言因素与句法知识的相关性?第三,语言输入是否能够提供足够的线索以帮助学习者避免犯过度类推错误?第四,基于构式的习得方式能否帮助学习者习得复杂句式?第五,语言发展过程中的习得顺序是与普遍语法还是与非语言因素有关?

第三章　涌现论的流派

涌现论是对生成语法理论的挑战,但是涌现论阵营内部,不同的学者对涌现论的概念也有着不同的理解,总体上可以划分为经验涌现论和先天涌现论两大流派(Gregg,2003)。本章先梳理涌现论两大主要流派的主要观点,然后概述该理论所受到的质疑及所作的回应,最后介绍涌现论的新进展(具体参见贾光茂,2015)。

一、经验涌现论

经验涌现论认为语言输入决定语言习得,因此也称基于输入的涌现论。该流派包括竞争模型、频率理论、基于使用的语言习得理论和语言习得的计算机模拟研究。

1. 竞争模型

竞争模型由麦克威尼和贝茨等人提出,思想主要来源于功能语言学多个流派和联通主义心理学理论,研究重点是句子的加工过程。竞争模型之所以可以看作是一种涌现论,是因为其主要思想是认为句子加工是线索竞争的过程而不是根据语法规则来遣词造句。早期的竞争模型由竞争、竞争场所(arena)、形式与功能的匹配和存储四个要素组成,新版的竞争模型增加了组块化(chunking)、语码竞争和共鸣(resonance),共七个要素(MacWhinney,2005c,2008)。

(1) 竞争,指加工系统根据线索强度进行选择的过程。竞争的原理是:心理加工是一个持续不断的决策过程,在这个过程中加工者需要根据相关线索不断评估各种相互竞争的候选项,语音单位的识别,语法角色的指派,近义词的选择,语义的编码、解码和形态的选择等都是加工者对多个线索进行选择的过程。

(2)竞技场,主要包括语音、词汇、形态句法和概念化四个领域。在语言理解中,竞争场涉及听觉加工、词汇激活、句子成分解码、意义解读;在语言产出中,竞技场涉及的要素有语信构成、词汇激活、形态句法编排、发音规划。除了这些场所,成人语言学习者还涉及阅读和写作时文字形式(orthography)这一要素的竞争。这些不同的场所并非相互隔绝,一个领域也可能接受另外一个领域输入的信息。

(3)线索,指将语言形式与功能进行匹配的标记。在语言理解中,形式充当功能或意义解读的线索。在语言产出中,功能是形式的线索。在句子加工中,可能的线索有:语序、性和数的一致、格标记、生命性、省略、指代、重音等。线索效度可以用线索可用度(cue availability)和线索可信度(cue reliability)来衡量。例如,英语中主语通常在动词之前,这种语序线索在加工者识别主语时就具有很高的可用度和可信度,而在西班牙语和意大利语中语序这种线索的效度就不高。又如,英语中主语是第三人称单数时动词才会通过附加曲折词素来标示主谓一致,所以屈折词素这种线索的可用度就较低,但可信度仍较高,因为动词是否需要附加屈折词缀总是与主语有关。儿童主要根据线索可用度来衡量线索强度,而成人则更多地根据线索可信度衡量线索强度。

(4)存储,包括短期和长期记忆系统。长期记忆通过自组织的地图来描述,例如音节图、词汇图、构式图、形态图。短期记忆在语言处理中起作用。在心理语言学以及语言习得领域,短期记忆或工作记忆能力对语言加工和习得的影响已经有大量的研究,特别是在句法领域。在语言在线加工过程中,由于注意资源和时间的限制,加工者还会考虑线索的成本。以句子加工为例,整体存储的语块加工成本低,所以容易被加工者提取。

(5)组块化(chunking),一种重要的学习和加工机制,学习者通常会将复杂的结构分解成组块以降低加工难度。对于语言习得特别是复杂的句法结构,学习者通过记忆语块会降低加工的难度,例如儿童可能会将 what's this 作为一个整体来处理。组块化还可以提高语言加工的流利度。组块化这一要素的引入主要受两个领域的影响,一方面是受到语言学中构式语法的启发,另一方面是受语言得中语块研究热潮的影响。但是问题是语言中语块的数量难以计数,学习者如何能够有效地利用语块来习得复杂的句法?麦克威尼(2008:358)认为认知语言学中的图式化这一概念可以解释学习者如何建立语块或构式之间的联系,同时认为组块化不应被看作是创造长期记忆单位的方法,而应被看作是在线整合词语的方法。

(6)语码竞争,包括两个方面:双语或二语习得者母语和二语之间会发生正迁移和负迁移;语码互动,包括语码选择、转换、混合等。很多语言迁移研究发现,迁移在语音、词汇、句法、语用等领域大量存在,为减少迁移错误,二语学习者需要将二语形式和概念直接匹配起来,形成独立的二语心理表征体系。语言迁移研究的另一个重要发现是母语中无标记的形式容易迁移,有标记的形式不易迁移,竞争模型对此的解释是无标记的特征使用频率高,容易固化,二语习得者在学习目标语时更容易依赖母语中无标记的线索。由于竞争模型强调 L1 和 L2 的互动,所以预测既有 L1 对 L2 的迁移,也有 L2 对 L1 的迁移,尽管前者是主要的。

(7)共鸣,新版竞争模型中最重要的概念,来源于神经网络加工模型,是指网络中相关的联系之间的共同激活。维果斯基早就观察到儿童学习母语是一种逐渐内化的过程,例如,儿童学习语言早期倾向于将所想做的动作都说出来,有声的语言可以引导和控制他们的动作。也就是说,儿童建立了动作与发声之间的共鸣。语言习得也是这样一种共鸣的过程,学习者首先用语言与他人互动,再用语言来指示自己的行为,逐渐习惯用语言来进行思维。语言学习者可以利用多种匹配关系来建立共鸣,例如词汇与认知意象、文字与声音的匹配等。托马塞洛(1992)指出,儿童每次学到的一个新动词都和一个认知框架匹配。麦克威尼发现，外国的汉语学习者阅读有拼音的中文书籍要比阅读没有拼音的中文书籍更加容易，拼音可以帮助学习者建立词汇之间的联系，文字与声音之间的共鸣关系降低了学习的难度。

竞争模型之所以可以看作是一种基于输入的涌现论，是因为其核心的概念如线索、线索效度、线索强度等都与语言输入有关，学习者是在输入中获得关于联系语音与概念或交际意图的线索。竞争模型试图模拟语言理解和产出过程，但对语言表征和语言学习者采用什么样的习得机制并没有进行详细的探讨。

2. 频率理论

频率理论与学习理论发展息息相关。在上个世纪上半叶行为主义心理学盛行的时候，相应的学习理论认为语言学习是主要通过刺激反应不断强化，进而形成语言习惯的过程，重复练习对于语言技能的掌握非常重要。在心灵主义以及认知心理学兴盛的时期，频率在语言加工及习得中的作用很大程度上被忽视了。随着认知语言学和语料库研究法的兴起，频率对语言习得的影响又开始受到重视。安德森（Anderson）(2000)指出，影响认知的因素有频率、新近程度和环境，频率对学习、记忆、感知的影响表现为：某个事物重复次数越多，在人的记忆中也就越稳固，也越能够影响感知和范畴化。埃利斯(2011)认为影响学习的要素有以下几点：(1) 输入频率，包括类型（type）频率和个例（token）频率、齐普夫（Zipf）分布规律和新近性（recency）；(2) 形式，指显著性和感知，学习的效果与线索的显著性密切相关；(3) 功能，包括意义原型性和冗余，范畴中的原型更容易习得，冗余的线索不容易习得；(4) 以上各种要素的互动。下面重点阐述语言输入频率。

类型频率（type frequency）和个例频率（token frequency）对语言习得有着不同的影响。类型频率是指构式中某一空位上能出现的可替代词的数量，个例频率指某一形式在语言输入中出现的数量。例如，一般过去式规则形式（即 V + ed）的类型频率很高，因为能通过加后缀 ed 构成过去式的动词数量非常庞大,而不规则形式如 ran 的类型频率就比较低,能够套用该规则的动词很少。类型频率决定了语言的能产性,因而是影响语音、词法、句法规则习得的重要因素。个例频率会影响不规则形式或成语的固化(entrenchment),高频的不规则形式才能在语言中保留下来。

频率会影响语言形式在语言输入中的分布,也就是遵循 Zipf 定律。根据 Zipf 分布规律,少数高频词在语料库中会占据总词数的大部分。戈尔德贝格(2006)发现,在儿童接触的语料中,少数动词在相关的构式中出现的次数占了该构式总数的大半,例如 give 在双及物构式中出现的频率都远高于其他能出现在这种构式中的动词,说明 Zipf 定律在构式的分布中同样适用。Zipf 分布规律说明,频率和人类认知中的原型效应密切相关,高频的语言形式往往成为原型构式。人类处理高频的、原型程度高的语言形式会更加容易。

新近性是指最近处理的事物记忆得最深刻,并且最容易提取。语言加工研究已经发现,在语音、概念表征、词汇选择和句法中都存在启动效应(priming),也就是说,学习者在语言产出时偏好使用已经遇到过的语言形式(Bock,1986),这是新近性在语言加工和习得中起作用的重要证据。近年来二语句法启动研究日益增多(McDonough,2006;赵晨,2012)。格里斯和伍尔夫(Gries & Wulff)(2005)发现,句法启动效应对于二语学习者同样起作用,有助于二语学习者掌握目标语句法结构。

在学习理论的基础上埃利斯(N. Ellis)(2002a,2003,2006,2011)在不同场合阐述了基于频率的语言习得理论,可以概括为以下几点。

(1)语言习得主要是一种隐性学习。语言规则一定程度上是学习者在长时间分析语言输入特征的过程中运用普遍的认知机制总结出来的。语言学习是数据驱动的、涌现的,而不是自上而下的规则学习。

(2)语言习得遵循一定的习得顺序,但发展顺序应该由输入特征、工作记忆能力等因素来解释,学习者需要具备加工简单构式的能力后才能加工复杂结构。

(3)显性教学或"聚焦于形"(focus on form)的教学方式可以引起学习者的注意,有助于语言形式的习得。

(4)语言习得基于范例或构式的,是从高频的原型构式逐渐向低频的抽象的结构过渡的过程。在托马塞洛(2003)提出的语言习得过程(整体性短语→低能产性的结构→抽象句子结构)中,输入频率也被认为是习得能否发生的关键。

(5)频率理论把输入频率看作是语言习得的关键,但是并不否认其他因素的作用。某些频率不能解释的习得现象可以由学习者的注意来解释。与注意有关的认知机制有线索竞争、显著性、偶然性(contingency)、迁移、阻碍(blocking)等。

频率理论和基于行为主义的语言习得理论有很多相似之处,但是融入了很多新的内容。首先,基于行为主义的语言习得理论虽然也强调输入频率的重要性,但仅仅将语言学习看作外界刺激下的学习者的被动反应,而频率理论则吸收了心理学中内隐学习的思想,认为语言习得者能够主动利用语言输入频率以及其他线索来归纳语言规则,尽管这种主动的探索很多情况下是无意识的。其次,行为主义语言习得理论和频率理论都赞同联想学习机制,但是频率理论不仅吸收了联通主义中并行加工的思想,而且在方法上也有很大进步,设计了很多计算机模型来模拟联想学习的过程。第三,基于行为主义的语言习得理论认为母语与目标语有差异的地方是学习的难点,而频率理论认为母语中使用频率高的固化的语言形式容易迁移。

频率理论提出后受到了很多质疑。首先是频率的阈值问题,对于一个语法结构来说,输入频率要达到多少次才能习得很难准确地衡量。其次,有很多输入频率很高的语言现象对于语言学习者来说却很难习得。再次,有很多输入频率极低甚至输入中不可能见到的一些语法现象却能够被学习者很容易习得。最后,频率理论主要是一种学习理论,对于语言表征问题并没有进行详细的论述。

3. 基于使用的语言习得理论

对于语言表征问题,经验涌现论的观点类似于基于使用的语言学。在基于使用的各种语言学理论中,认知语法和构式语法是对语言本体研究最为深入的两大流派,其基本观点:(1) 语言能力和语言运用不能截然分开,语法是动态的,不断变化的,是在语言使用过程涌现的;(2) 词汇与语法不能截然区分,词语、语块、语法都是构式,构成了从具体到抽象的连续体,语言各个层面是由构式组成的;(3) 句法和词汇的习得机制一样,都是基于范例的,而不是基于规则的(N. Ellis, 2003),语言习得是从语块开始,发展出低能产性的构式,再逐渐向能产性高的抽象结构过渡;(4) 语言习得基于学习者的认知经验,语言中的构式对应于现实生活中的各种场景、图式和事件结构。由于反对用普遍语法来解释复杂句法的习得,而复杂句法又是语言习得理论无法回避的课题,所以基于使用的语言习得理论不得不提出新的方案来解释复杂抽象构式的习得。

由于句子是最基本的语言单位,所以语言习得理论首先要解释一般论元结构的习得问题。对于论元结构的习得,涌现论中比较有名的理论是托马塞洛(1992,2003)提出的动词孤岛假设:在儿童语言发展的早期,最先习得的论元构式大部分是以动词为基础的,例如 cut __、draw __ 等。以某个动词为基础习得的句法框架并不能马上应用到其他动词上,能产性很低。在构式的发展过程中,儿童总是在不断重复已经使用过的框架,偶尔作一些修改或增补,例如增加时态标记或新的论元。也就是说,儿童并非一开始就具有所谓主语、谓语或施事、受事等知识,而是以动词孤岛结构为基础,逐渐习得用来标示论元结构关系的语序、形态等语法标记,从而形成类似于成人的抽象句法结构。儿童早期的句法表征是一个个相对独立的动词孤岛构式,它们体现了认知经验中的独立的事件结构。生成语言学通常将儿童具有抽象句法知识作为先天论的证据,而动词孤岛假设认为儿童只具有类推和图式化等一般认知能力,儿童正是运用这些能力概括出抽象的句法规则。

  复杂结构的习得也是基于构式的。狄塞尔(Diessel)(2004)发现儿童早期所使用的关系从句、补语从句、状语从句等复合句都表达单个命题而不是双命题,这些从句的主句部分谓语动词通常是虚化动词,不表达命题意义,可以看作语块。梅洛(2006, 2008a)以涌现论为指导对二语学习者补语从句、非限定从句和关系从句的习得情况进行了个案研究,结果发现,如果从动词依存关系来分析复杂构式,受试习得复杂构式前已经习得了类似的结构,例如在习得关系从句前已经习得了非限定从句或其他类型短语作名词后置定语的构式。达布罗夫斯卡(Dąbrowska)(2008)通过语法判断方法调查了含有长距离依存关系的疑问句的可接受程度,结果发现,英语本族语者认为主句谓语为原型动词的长距离依存构式比主句谓语为非原型动词的相应构式可接受程度高,说明构式的原型效应能够一定程度上解释复杂句法知识。

  基于使用的语言习得理论认为儿童是运用一般的认知机制学习语言的。一般或通用的认知机制分为两大类(Tomasello, 2006):一是理解交际意图,包括共同注意、文化学习;二是发现规律的能力,包括范畴化、图式化、基于统计特征的学习等。语言反映了文化传统,人们不仅在日常口头交际中使用大量的套语,在正式的场合也使用很多符合文化规范的程式化的语言。由于语言使用者的主要目的是成功地进行交际,所以一定会优先使用与交际功能匹配的形式,例如,"how do you do?"在学习者早期的语言中就是表示问候功能的一个整体语块,而不是有层级结构的疑问句。语言中的规则是学习者在积累了大量的构式之后通过范畴化和图式化等方式掌握抽象构式。范畴化是根据原型来建立类别,例如学习者首先频繁使用 give 这个双宾构式中的原型动词,然后根据其分布特征建立起双宾构式这个类别。图式化是指在具体的用例基础上概括出抽象的范畴,例如学习者是通过具体的语块如"Where's X?"、Let's X、give me X 等概括出疑问句、祈使句、双宾句等抽象的构式。

4. 二语习得计算机模拟研究

计算机模拟研究的理论基础是联通主义。传统的认知心理学把人脑比作数字计算机系统，把人的思维看作符号加工过程，思维是模块化的，按照领域独有的规则运行，采用串行方式加工信息，也就是程序会一个接一个地处理符号。联通主义将人的大脑看作由很多神经元组成的网络系统，思维也是由相互联接的加工单元组成，按照并行方式加工信息，也就是说，系统接受输入信息后，相关的单元会同时活动，导致单元间的联接强度发生变化。学习知识就是改变网络单元的权重和联接强度。联通主义还反对将表征结构与内容分离，因此，语言形式和内容也不可分离，类似语法的规则是简单的要素互动的结果（Rogers & McClelland，2014）。计算机学习模型的组成部分包括输入单元、输出单元和潜在单元，输入和输出单元与外界环境直接接触，是可见的，潜在单元只与输入及输出单元联系，与外界不直接接触。

鲁梅尔哈特和麦克利兰（Rumelhart & McClelland）(1986)运用并行处理模型模拟儿童习得英语过去式的过程。他们发现儿童过去式的发展呈 U 型变化轨迹，初始阶段几乎没有错误，然后错误增多，最后又逐渐减少。自此以后，运用计算机模型来模拟语言习得的研究也日益增多。这些研究可以分为以下三类：一是解释语言学习者语言的变化，二是描述语言表征，三是展示语言经验的丰富性（Elman，2005）。关于语言的变化，主要的成果是证实了二语发展中存在"关键期"和 U 型变化，语言发展呈非线性特征，其中存在重构即从量变到质变的突变过程。关于二语表征，计算机模拟研究发现系统的语言知识具有变异性、动态性、关联性，而不是如符号表征那样是静态的、不连续的。关于语言输入，研究显示，经过训练的计算机模拟系统可以学会如何区分词类以及复杂句法。

语言习得计算模型研究虽然取得了一定的成果，但还是有一些缺陷。首先，大部分计算机模型模拟的是个体认知而不是社会认知的发展，对情感的研究则几乎没有。计算机模型还未能模拟人类学习语言中表现出的主动性和目的性，计算机系统只是被动接受输入，而不能像人那样主动去学习，自我建立学习目标。其次，目前的计算机模型忽视了认知主体的身体特征，根据认知语言学，人的身体对外部世界的体验是语言知识的重要来源，而现有的计算机模型还不能够模拟认知主体的特征对语言习得的影响。最后，计算机模拟的学习过程是简化的，与真实的语言学习并不完全相同。

近年来，随着计算机模拟技术的飞速发展，很多研究者开始运用计算机模型来模拟复杂句法的习得（Barak，et al.，2016；Ambridge，et al.，2020）。不过，这些研究在进行计算机模拟前还是先要进行语法判断、语义评估等传统的测试，因为计算机模型中的变量的选取需要研究者对复杂句法习得中的影响因素有着非常清楚的了解。

5. 小结

基于输入的语言习得理论有两大特点。一是认为语法并非抽象到不可习得的地步，基于构式的语言习得机制足以解释抽象句法的习得。二是语言输入特征比以前想象的要丰富，频率、突显、视角、分布、信息结构、功能、语境等因素可以提供正面证据或间接负面证据，引导学习者自我发现语法规则。但是，基于输入的语言习得理论忽视了语言加工者的特点，对于一些微妙的复杂的句法现象的习得显得无能为力。

二、先天涌现论

先天涌现论认为语言加工者的特点在解释语言的特征和语言习得过程中是不可或缺的，又称基于加工者的涌现论（O'Grady，et al.，2009）。奥格雷迪（2008a）指出，虽然经验涌现者开展的计算机模拟研究取得了很多成果,但是并没有能够说明语言特征为什么会表现出一些偏好,例如,为什么世界上很多语言都存在主谓一致现象,却较少有语言中有谓宾一致现象。也就是说,联通网络模拟系统不能很好地说明语言的本体特征,因此构建涌现论语法理论非常必要。从语言习得角度来说,也有很多现象是经验涌现论难以解释的,输入可以向学习者显示哪些句子或形式是可能的,但不能告诉学习者哪些句子或形式不可能。有些知识是语言输入中没有提供的而学习者却知道。

1. 基于加工效率的语法理论

先天涌现论和经验涌现论最大的不同之处在于对语言本体特征的研究上。虽然经验涌现论融入了构式语法和其他基于使用的语言学理论,但对核心句法现象的解释力度还很有限。而先天涌现论的代表人物奥格雷迪和霍金斯都把抽象的句法作为研究的中心。

霍金斯(2004)提出了"使用—语法一致假设"(Performance-Grammar Correspondence Hypothesis):语法就是语言使用中的一些偏好。他通过跨语言的比较发现,某些语言中不能接受的语法现象在其他语言中却有可能成立,例如有些语言中关系从句中不能使用接应代词(resumptive pronoun),而另外一些语言中就可以。对于某种语言来说,使用者在判断某个结构是否可以接受时并不是依赖天生的语法规则,而是根据该语言习惯上所允许的难度等级。能否使用接应代词、采用什么语序、哪些成分可以移位等都构成了一种跨语言的难度等级。语言的复杂度和加工效率可以解释这些难度等级,语言习得过程也遵循这些难度等级。语言加工者在处理语言的过程中总是试图使语言形式和领域最小化并且使加工效率最大化。但是,霍金斯并不否认人具有一定的语言天赋,人类与语言相关的器官以及加工语言的方式不可能和动物一样。

奥格雷迪(2008a)指出,人的大脑结构具有先天性是无法质疑的,值得怀疑的应该是人的思维系统中是否存在先天的普遍语法。他承认语言特征(properties)的存在,例如世界各种语言都存在复杂的语法现象如结构依存、成分管制、提升和控制、照应、岛屿限制、一致、辖域等,关键是这些现象是应该由普遍语法还是由非语言的因素来解释。奥格雷迪(2005)认为语言处理的机制是尽量减少认知负荷,语言加工者在处理句子时遵循的是效率优先的线性加工方式,也就是从左到右,而不是按照生成语法中的从右向左合并。抽象的句法关系可以用加工效率以及其他非语言因素来解释。以简单句 Mary drank water 的加工过程为例:

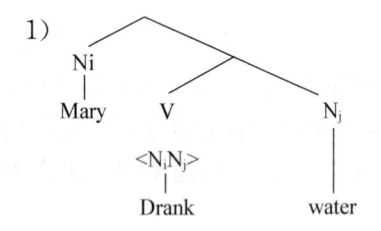

1)

```
         Ni
        /  \
      Mary  V       Nj
           |        |
        <NiNj>     water
           |
         Drank
```

奥格雷迪(2010:5)认为,加工者处理句1)的步骤如下:1)合并 Mary 和 drank,消解动词 drank 的第一个论元依存关系;2)合并 drank 和 water,消解了 drank 的第二个论元依存关系。虽然例1)中的图示和生成语法中的句法树结构很相似,但是在这一加工过程中,并没有所谓语法的制约,有的只是试图尽快消解依存关系的加工机制。

2. 基于加工效率的语言习得理论

奥格雷迪(2012a)承认存在语言习得的逻辑问题,并且认为应该认真对待这一问题,复杂句法的习得的确不能仅仅用语言经验来解释。经验涌现论所提到的语言输入的频率、基于概率统计的学习方式,以及联想、归纳、类推学习机制等虽然可以解释很多语言习得现象,但要解释复杂句法结构的习得,仅仅考虑语言经验和归纳学习机制还不够,先天语言能力和演绎学习机制也不能忽视。

不过承认语言能力具有先天性并不一定要假设人的心智中存在普遍语法,天生的遵循效率优先原则的语言处理器就足以解释很多用语言经验无法解释的抽象句法现象。他(2012a,2013)将这一思想阐发为"加工提升假设"(Amelioration Hypothesis),内容如下(详见贾光茂,2019)。

语言习得是语言加工能力提升的结果。语言习得的主要任务是在目标语言形式与功能之间建立匹配关系,由于复杂句式需要占用太多的大脑工作记忆资源,所以语言加工者会通过使用加工惯例(processing routines)来提升加工速度和改进加工效率。加工惯例就是语言使用者在经常遇到某些语言结构形式和功能后所确立的固定的匹配关系。将语言习得看作加工能力提升的过程突显了加工的重要性,语言使用过程是受加工机制制约的,除此之外,没有什么必要再假设存在普遍语法。奥格雷迪(2015)进一步将该理论概括为"加工决定论"(Processing Determinism),认为加工能力的提升是二语习得特别是句法习得中最具决定性的因素,减轻加工压力是二语习得的引擎。

以基本句型的语序为例,当儿童在听到及物句 Charlie kicked the ball 时,可能会按照下面的方式加工该句:先解读第一个名词 Charlie,在遇到动词 kicked 时合并 Charlie 和 kicked 以消解动词的第一个论元依存关系,在遇到第二个名词 the ball 时,消解动词 kicked 的第二个论元依存关系。在这个过程中,儿童建立了及物句与事件之间的匹配关系。随着更多的及物句被加工,儿童不断重复这些线性加工程序,使得加工越来越快速,成本越来越低,同时 SVO 这种语序也就逐渐固定下来。

加工决定论不同于传统的一些语言习得加工理论。首先,加工决定论运用基于效率的语言处理机制对很多核心句法现象进行了深入分析,这样很多传统上需要借助语法规则来解释的现象运用加工机制就可以解释,因此在语言处理中语法失去了存在的必要性。和传统二语加工模式不同的是,加工决定论认为语法只是研究者的一种幻觉,语言是由加工惯例组成的,语法是语言加工的副产品。当然,要做到不先验地设置语法并不容易,需要从加工效率的角度对很多抽象复杂的句法现象给出与传统句法理论不同的描写和解释方案,并且这些方案要做到在描述和解释充分性上都要优于传统句法理论。通过数年的努力,加工提升假设至少对部分句法现象如回指、岛屿限制、量词辖域、提升结构、缩略等已经做出了比较令人信服的分析。

其次,加工决定论对儿童如何能够在短时间内并且存在刺激贫乏的情况下轻易习得语言提供了不同于普遍语法的解释。儿童天生具有遵循效率优先的加工系统,再加上语言输入和其他通用认知能力,才使得习得变得容易。加工决定论中的关键术语加工惯例和构式或象征单位基本相似,都是形式与功能的匹配,都是使用频率高的句型、搭配或词语。不过,加工惯例和构式也有区别,主要是体现在加工因素上,加工惯例不仅考虑了交际压力和资源限制,还考虑了语言加工中计算系统的特点。

3. 加工决定论和其他二语加工理论

二语习得对语言的加工研究一直都很关注,已经形成了多种理论。根据安德森(Andersen)的思维适应性控制模式(Adaptive Control of Thought Model,ACT Model),二语学习者的知识包括陈述性知识和程序性知识,陈述性知识是学习者能够清楚地说出的语言知识,而程序性知识是语言使用者可能无法准确描述,但却能够自动运用的语言知识,一般是隐性的,但通过归纳概括也可以转化为陈述性知识。学习者所记忆的语法和词汇知识是陈述性知识,而在听说读写等语言运用中所获得的技能知识是程序性知识,语言习得是学习者的陈述性语言知识向程序性语言知识不断转化的过程。

另一比较有影响的理论是麦克劳林(McLaughlin)(1987)的信息加工模式,这一模式认为语言能力的提升是从受控的加工经过重构进入自动加工的发展过程。受控加工和自动加工的区别在于学习者意识的参与程度。由于学习者加工资源有限,他们为了使加工能力最大化,会将一些技能常规化(routinization)。常规化是中介语量变的过程,随着能够自动加工的语块日益增长,加工能力会通过重构使中介语发生质变,语言表征从基于语块的向基于规则的方式转变。该理论对外语教学的启示是外语知识需要通过反复练习才能转化为熟练的语言技能。

以上两种加工理论主要是用心理学理论来解释二语习得过程,而较早区分不同语言信息加工方式的二语习得加工理论是范帕滕(Van Patten)(1991)提出的输入加工假设(Input Processing Hypothesis)。该理论主要探讨二语学习者如何处理输入的语言信息,如何建立形式与意义的匹配关系,以及如何将句法结构与话语匹配起来等。该理论认为二语学习者在语言加工中会主要关注意义而不是形式。受加工资源限制,学习者在语言加工中为提高加工效率会将注意力放到信息最丰富的实词和非冗余的词汇上,倾向于将遇到的第一个名词作为句子主语,倾向于依赖词汇语义和事件概率而不是语序来解读句子等。在输入加工假设基础上提出的加工教学(Processing Instruction,PI)理论认为,外语教学要设计以意义为中心的交际活动,既要对语法规则也要对加工方式进行显性教学,应该对输入方式进行优化以促进学习者改变加工策略和更好地领悟(intake)输入的语言信息。

不过,上述二语加工模式关注的都是语言习得过程,忽视了语言本体特征,没有融入语言学理论。皮耶尼曼(Pienemann)的可加工理论(Processability Theory,PT)通过吸收心理学和语言学理论弥补了这一缺陷。PT认为二语习得遵循一系列发展阶段,发展顺序体现了知识学习如何克服加工限制。超越学习者语言能力发展阶段的显性教学是无效的。例如,在二语发展的早期,学习者只会使用非语言的策略处理语言,没有句法知识,表现在语言上就是只会使用语块,后来才慢慢过渡到能够分析句法结构。能够将助动词移位到主语前要到很晚才能习得。在学习者能够加工助动词 do 之前,他们会采用各种策略来避免在疑问句中使用助动词 do,过早地教助动词 do 的用法无助于实际运用能力的提高。

PT来源于多维模型理论,早期也是纯粹的语言发展理论,后来吸收了词汇功能语法(LFG)作为其语言表征理论,形成了比较完整的二语习得理论。

加工决定论(PD)和PT有一定的相似性,不同之处在于PT承认存在先天普遍语法。词汇功能语法虽然将更多的句法特征归因于词汇特征,但在一定程度上仍然坚持先天语法规则的存在,而加工决定论持涌现论观点,完全否认先天语法规则的存在。

先天涌现论将语法看作加工机制运作的结果,很多学者对此持怀疑态度。一方面,语法是不是都能用加工机制来解释存在很大疑问,在实证研究中,一个句子在语法判断中是否可以接受和其加工难度并不一定是一致的。另一方面,加工决定论认为计算系统遵循线性加工方式,但很多情况下句子加工又似乎是按照层级结构而不是线性方式进行的,过于夸大词序在语言处理中的作用可能并不妥当。此外,加工决定论仍然依赖传统语法中名词、动词、介词等术语来探讨加工过程,这与否认传统语法的说法又是相矛盾的。

4. 先天涌现论和经验涌现论的异同

先天涌现论可以看作是介于特殊先天论和经验涌现论之间的一种中间道路,两种涌现论既有相同之处也有一些不同。二者的共同点在于都试图说明二语是可学的,不需要借助普遍语法。由于涌现论的总体思路是用非语言因素的互动来解释语法的形成,而非语言因素又非常复杂多样,所以涌现论自然就形成了不同的流派,这些流派实际上反映了二语习得研究者从不同角度解释学习者语言表征及语言习得过程的努力。不过,无论从什么视角出发,目标始终是研究在缺乏正面或负面证据的情况下,二语学习者如何能够习得抽象的二语语法知识。

经验涌现论和先天涌现论最重要的分歧是语言输入能否足以解释二语习得。经验涌现论认为语言输入中的信息远比想象的要丰富,同时不能低估学习者的认知能力。频率、概率、突显等要素可以为学习者归纳语言规则提供大量的线索,学习者可以通过图式化、范畴化、类推、比较、组块化、共鸣等方式发现语言的规则。先天涌现论认为输入不足以解释复杂句法现象的习得,语言习得的逻辑问题在二语习得中同样存在,但是应该通过研究学习者自身的特点,也就是大脑作为加工处理器的工作机制来解释抽象句法知识,而不是把难以习得的语法现象归因于先天的普遍语法。

三、涌现论面临的挑战及其回应

首先,对于语言性质问题,生成语言学家坚持认为语言能力与运用需要区分开来。纽迈尔(Newmeyer)(2003)认为语法和使用不能混为一谈,虽然很多语法现象也可以用功能或使用来解释,但并不能因此就否定语言形式系统的相对独立性,语法系统总体上是稳定的,不会轻易发生变化,主要与概念系统有关而不是为了交际需要才产生的。人们在日常语言使用中可能产出千变万化的句子,但他们却能够毫不费力地判断出哪些句子是可以接受的,哪些不可接受,说明他们的大脑中一定已经建立了语法体系,否则难以解释他们为什么能够对从未遇到过的句子做出可靠的判断。根据格雷格(2003),完整的语言习得理论应该包括语言表征理论和语言发展理论。生成语法框架下的二语习得理论在这方面做出了表率,而涌现论在语言表征理论上缺乏统一性,虽然有的经验涌现者认为构式语法可以看作涌现论的语言表征理论,但构式语法研究主要是从简单句式中比较特殊的论元结构出发的,涉及到的复杂抽象句法现象还非常有限。

其次,涌现论语言习得机制也受到一些批评。一些经验涌现论者似乎忽视了语言可学性问题,儿童的语法知识肯定不会都是从语言输入中归纳出来的,有很多语法现象如岛屿限制在实际语言输入中不可能遇到,靠刻意的学习或者归纳总结的方式是不符合儿童认知能力的实际的。又如,句法中有很丰富的零形式,在现实中根本不存在,只能靠演绎方式推导出来。涌现论所大力倡导的基于频率和统计概率的学习在行为主义的语言学习理论中就有类似的表述,因此其新意值得怀疑。涌现论将构式看作语言的全部,那么语言学习也就是积累和记忆构式,这也遭到很多研究者的反对。戴曼纯(2012)认为,构式是语言中边缘的现象,因此基于构式是外围知识的学习,是补丁式的,不能像语法教学那样可以帮助学习者建构语言系统,对于构建运算系统没有多大用处,因此不能解释外语学习成功的原因,成功的英语学习者肯定建立了系统的语法体系。涌现论在研究方法上所依赖的联通主义模型很难完全模拟现实的学习环境,不能仅仅根据模拟所获得的数据来说明实际的语言学习过程,用联通主义模型来模拟复杂语言知识的习得更有局限性,因为一些复杂句法并没有在输入中出现过,儿童却能够在较短时间内毫不费力地习得它们。现有的涌现论实证研究更多地采用语料库方法,关注的是语言的产出,对语言理解过程则有所忽视。

此外,涌现论到底应该是关于思维还是关于大脑的理论还存在争议。根据格雷格(2010),生成语法假设的语言能力模块是心智的,并不是指大脑的器官。关于大脑中有没有语言器官在当前的医学和生物学中还难以证明,很多关于先天论的批判实际上是由于混淆心智和器官的区别而造成的。涌现论起源于自然科学,应用到二语习得这样的交叉学科要非常谨慎,否则可能会乱贴标签。

针对以上质疑,涌现论已经做出了一些回应:首先,针对复杂句法如岛屿限制、量词辖域、照应等现象提出新的假设;其次,开展基于涌现论的实证研究,以改变复杂句法习得领域先天论占统治地位的现状;最后,改进研究方法,采用成熟的心理学研究范式和先进的研究工具,同时加强语言理解方面的研究。

复杂句法现象目前主要是先天涌现论者在研究,但经验涌现论者也在不断跟进。对比戈尔德贝格(1995)和戈尔德贝格(2006)就可以看出,构式语法的研究范围已经从简单构式中的论元结构问题拓展到复杂句法现象如岛屿限制、倒装句等。

以岛屿限制现象为例,生成语言学从二十世纪六十年代就持续关注这一现象,即在疑问句、关系化、话题化等移位操作中,附加语、复杂名词短语、分支短语等结构中的成分移位会导致句子不可接受,形成移位岛屿。这种隐性的微妙的句法知识很难用语言经验来解释,因为实际的语言输入中这些违反岛屿限制的句子极为罕见,在缺乏负面和正面证据的情况下,用先天的普遍语法来解释似乎最为合理。戈尔德贝格(2006)认为岛屿现象是由于句子中所含的各类构式的信息结构特征不匹配造成的。不同类型的附加语、复杂名词短语、补语从句要区别对待,如目的或原因状语从句在信息结构特征上比时间状语从句更为凸显,呈现型关系从句比非呈现型关系从句在信息结构中更为凸显,补语从句是否凸显会受主句动词类型的影响。信息特征比较凸显的结构中成分移位所形成的长距离依存句式可接受性较高。再以回指现象为例,奥克雷迪(2015)运用效率优先原则对句内回指现象进行了分析,指出句内回指可以由加工效率和语用来解释,因此普遍语法中的约束三原则并无存在的必要。

埃利斯等(2015)对他们近年来所关注的各种类型的动词论元构式(verb-argument constructions,VACs)的习得进行了归纳,基于使用的语言学理论探讨了如何解释动词论元构式这样的核心句法结构的习得。VACs 包括"动词＋地点"(VL)、"动词＋宾语＋地点"(VOL)、双宾结构等,通常动词是这些结构的核心,但是对于学习者来说,他们能够将一些从未遇到过的动词用于这些结构中并能准确理解结构的整体意义,这是如何做到的呢？埃利斯等认为句子结构和语义的套用机制可以解释学习者为何未经刻意学习就已经具备这些语言知识。

语言习得的逻辑问题,也称柏拉图问题,即学习者的语言经验如此少,而他们具有的复杂的语法知识为何又如此多。解释复杂构式的习得也是涌现论不得不考虑的问题。狄塞尔(2004)对英语本族语儿童补语从句、关系从句和状语习得进行了语料库研究,梅洛(2006，2008a)对二语学习者关系从句、非限定从句和动词依存结构体等结构进行了个案跟踪研究，这些都是运用涌现论考察复杂结构习得的尝试。但这些研究并未涉及核心句法现象。而不研究核心句法，就不可能揭示语言习得的黑匣子的秘密，也不会对生成语法语言习得理论构成实质性的挑战。因此，有些涌现论研究也开始关注核心句法。安布里奇和戈尔德贝格(2008)研究了英语母语者与补语从句有关的岛屿限制知识和信息结构知识，发现两种知识之间有正相关关系，这一结果为戈尔德贝格(2006)的信息结构假设提供了实证支持。德布罗夫斯卡等(Dabrowska, et al.)(2009)也研究了英语母语者长距离依存疑问句的习得，发现受试习得原型构式，然后在此基础上拓展到其他构式，结果支持了认知语言学中原型效应假设。

克拉克(Clark)(2015)从涌现论角度探讨了语言习得的逻辑问题即可学性问题，认为语言习得无须借助先天的普遍语法。西塞森和埃里克森(Thiessen & Erickson)(2015)研究了感知发展与统计性学习机制，将统计性学习机制分为条件的和分布式的学习机制，前者是指语言的线性顺序，例如学习者看到 the baby 后会记住冠词 the 在名词之前这一规律，后者是指语言中互补分布现象，如 t/d。麦考利等(McCauley, et al.)(2015)从计算视角考察语言发展和加工过程，提出了 PUDDLE（Phonotactics from Utterances Determine Distributional Lexical Elements）模式以及 CBL 模式(Chunk-Based Learners)。PUDDLE 是指学习者根据话语的语音来区分词语的边界。CBL 是指学习者运用组块机制根据简单的词语边界来分离词语，并且使用已发现的单位来寻找其他单位。在二语习得中，语块学习被认为是一种补丁式学习而受到批评，而 PUDDLE 和 CBL 模式则以心理学和认知科学理论为基础令人信服地指出语块学习不是补丁式学习而是一种递增式学习。

语言习得理论不能忽视成人二语学习尤其是语法学习普遍失败这一现象，成人二语学习者很难达到本族语者的水平，尤其是在句法方面。有的学者据此认为二语和母语习得是不同的,由于大部分二语学习者在年龄上已经过了语言习得关键期,大脑发生侧化,普遍语法对他们已经不能通达(Schachter,1989)。涌现论者则试图从句法模块之外来解释这一现象。埃利斯和萨加拉(2010)认为,二语习得之所以普遍失败,是因为二语学习者已经形成根深蒂固的母语表达习惯,母语中的句法和语义线索会行使预先占位机制(preemption),使得二语中的线索很难与相应功能匹配起来。他们(2010,2011)对母语为汉语的英语学习者习得动词时态屈折变化进行了实证研究,结果发现,汉语时间副词会导致先入为主的效应,阻碍英语动词时态词素的习得,这是因为汉语时态主要靠时间副词线索来提示,而不是靠屈折语素线索,优先考虑副词线索的习惯导致中国英语学习者很难习得英语动词时态词素。

　　涌现论除了关注核心句法现象,采用的研究方法也在与时俱进,主要体现在:不断改进数学建模技术进行计算机模拟研究,开展纵向跟踪语料库建设和研究越来越多,采用心理语言学技术开展实证研究。近年来,越来越多的研究采用新的计算模型来模拟人类对复杂句法的可接受性判断。安布里奇等(2020)在语法判断和语义评估任务的基础上采用计算机模型来模拟成人和儿童在习得英语、日语、印地语、希伯来语等语言时如何避免过度类推错误,计算机模拟结果获得了和语法判断类似的结果。刘和安布里奇(Liu & Ambridge)(2021)采用计算模型来模拟汉语本族语者在选择各种被动句和把字句时所受到的信息结构和语义限制,以及所采用的学习策略。研究发现,构式具有独立的意义,学习者会使用遗忘策略作为在词汇中抽象出构式时使用的一种机制。巴拉克等(Barak, et al.)(2016)比较了两种计算机模型对与格转换现象习得的模拟效果,一种是他们采用的贝叶斯模型,另一种是安布里奇和布莱(Ambridge & Blything)(2015)所采用的联通主义模型。巴拉克等人认为他们的模型可以更好地模拟学习者的语法判断。

　　根据涌现论,频率是二语习得的关键,涌现论的兴起也与语料库研究的兴起有关。在众多的语料库研究中,纵向跟踪语料库

(longitudinal corpus)越来越引起研究者的关注,科林斯等(Collins, et al.)(2009)、伍尔夫等(Wulff, et al.)(2009)、尼克·埃利斯和弗雷拉-朱聂尔(N. Ellis & Ferreira-Junior)(2009)都采用纵向跟踪语料库方法来探讨输入频率对二语发展所起的作用。

语言理解中的涌现现象已经开始受到研究者的关注。麦克唐纳(MacDonald)(2015)提出了 PDC 模型(Production Distribution Comprehension)。PDC 认为人类在语言理解和产出中都有三大偏好:(1) 优先选择容易提取的语言形式;(2) 重复先前使用过的语言结构;(3) 减少干扰。麦克威尼(2005c)指出语言理解是语言加工者权衡各种信息以达到最有可能的理解的过程,问题是加工者如何迅速权衡各种信息?这些最佳的可能性来自哪里?PDC 模式就是对这些问题的具体回答。

此外,语言习得与大脑的关系也开始成为涌现论的研究课题。有研究开始探讨失语症者的语言产出模式,例如大脑损伤者程式语表达是否有困难。艾比布(Arbib)(2015)从神经认知角度解释了人类模仿能力,提出了镜像系统假设(the Mirror System Hypothesis, MSH),认为人类的模仿能力来自镜像神经元系统。赫尔南德斯等(Hernandez, et al.)(2019)提出了神经涌现论,认为人的语言能力是新近产生的认知能力,在大脑中还没有本地化,不是由大脑皮层某个独有区域来处理,而是循环利用已有的大脑神经回路。有实验研究显示(Anderson, 2010),人们在执行语言任务时比感知任务激活的大脑区域更为分散,说明语言这种认知能力需要较多的大脑神经回路参与,而不是由某个固定的区域负责。

四、总结

在语言学及语言习得领域,生成语言学长期以来一直被认为是主流学派,但其主要观点一直存在很大争议,很多学派都对生成语言学及相关的语言习得研究提出了质疑和批判,但正是这种争论推动了语言学及语言习得研究不断深入。当然,涌现论能在多大范围和程度上成功描述和解释语言习得这样复杂的课题还需要认知句法学家的努力。目前认知和功能语言学家对部分复杂抽象的句法现象已经进行了深入研究,但还有很多形式语言学所发现的句法现象没有从认知或功能角度来探讨。理论语言学领域两大学派的争辩说明,涌现论需要进一步拓展研究课题。

其次,尽管涌现论研究者已经开始运用效率优先的加工机制或其他一般认知能力来探讨二语学习者如何习得复杂抽象的句法现象,但依赖相关语料库还不够,无论哪种语言,违法岛屿限制的句法现象在实际语料中极为罕见。在理论语言学界,关于抽象句法的探讨不可能完全摒弃语言直觉或语言使用者的内省语料。目前的计算机模拟技术虽然已经不断有新的突破,但对抽象句法习得的模拟首先要建立在语法判断和心理学加工实验数据的基础之上,没有实验数据作为支撑,计算机模拟方案的改进也就无从谈起。因此,我们认为,涌现论研究要从简单的句法拓展到抽象句法,仍然需要借鉴理论语言学的传统研究方法如语法判断,并在涌现论框架下大力运用心理学方法如ERP、眼动、自定步速阅读等开展实验研究。

涌现论是解决语言学和语言习得中许多问题的一个新的思路。不过,由于涌现论还比较抽象概括,要将涌现论原则应用到具体研究中需要研究者首先对语言本体现象提出优于传统语言学理论的假设,并且针对二语习得提出更为详细的具体假设以及研究方案。

第四章 研究框架

第二和第三章的论述说明，涌现论和先天论的主要分歧集中在两个方面：一是关于句法是否自治以及与此相关的语言习得的逻辑问题，也称语言的可学性问题；二是关于语言是基于规则加范例的还是完全基于范例的问题。涌现论的两大流派中，先天涌现论和部分经验涌现论者致力于探讨语言习得的逻辑问题，而多数经验涌现论者则关注语言习得是基于规则还是范例的问题。另外，语言互动中的共鸣现象也是涌现论研究的新热点。本章根据已有的文献，提出针对中国英语学习者句法"涌现"的心理语言学实证研究框架，主要围绕上述两大问题，针对特定的句法现象提出具体研究方案。关于语言习得的逻辑问题，涌现论的主要思想是考察非语言因素对复杂句法可学性的解释力。关于规则与范例之争，涌现论研究主要是论证以下观点：基于构式或范例的习得机制在二语习得中所起的作用远比传统学派所想象的要大。

一、句法自治及可学性问题

1. 研究现状及趋势

（1）相关句法理论研究现状与趋势

本书中所探讨的句法现象包括岛屿限制、照应、量词辖域等，都属于复杂句法。生成语言学持句法自治观，认为这些所谓核心句法现象是语言领域独有的，只能用先天的语言模块来解释；语言学习者在接受有限的语言输入后就能习得这些复杂微妙的句法，说明存在语言习得的逻辑问题,只能假设他们具有先验的普遍语法知识,例如约束原则、邻接原则、辖域原则等。然而,这些原则在具体语言分析时遇到了很多反例(Deane,1991),引起了很多争议,例如汉语话题化是否遵循岛屿限制(Huang,1982;Xu,1985)以及反身代词是否遵循约束原则(Progovac,1992;Pan,1997;胡建华,1998)。生成语法只好不断修正先前的假设,或缩小普遍语法的解释范围(Chomsky,2005),将难以解释的现象归入非语言模块或句法与其他模块的界面。除了UG之外,其他句法理论如中心词驱动语法(HPSG)试图将部分句法现象归因为词汇特征,但对于本书所探讨的句法现象,基本上还是通过设定普遍的原则来解释。

涌现论反对句法自治,认为句法知识是由大脑中非句法因素的互动形成的,而不是由天生的语言模块带来的(O'Grady,2008),复杂句法是在语言的使用过程中涌现的,"涌现"的句法是多种因素如加工机制、语境、感知、输入等相互作用的产物,不是普遍语法,语法只是研究者的一种幻觉(O'Grady,2013),语言习得是经验和普遍认知机制互动的结果。根据这一思路,一些学者开始探讨非语言因素在核心句法"涌现"过程中的作用,如岛屿限制被认为是由构式的信息结构特征、词汇原型效应、加工效率等因素造成的(Kuno,1987;Deane,1991;Goldberg,2006,2013;Dąbrowska,2008;J. Hawkins,2004);照应现象可以由概念参照点、视角、加工效率、语用等因素来解释(van Hoek,1995;MacWhinney,2005c;O'Grady,2005,2013,2015;Lederer,2013;高原,2003;许余龙,2004);量词辖域知识是学习者使用加工套路以提高加工能力的结果(O'Grady,2013)。他们关于复杂句法现象的分析为从涌现论角度进行句法本体及习得研究提供了可行的理论框架。

(2)相关句法实证研究现状及趋势

与句法自治相关的语言习得逻辑问题是生成语法框架下语言习得研究的核心问题。有些句法知识不可能从语言输入中归纳出来,也不可能来源于他们的母语。生成语言学认为这种现象反映了语言习得的逻辑问题,只能用自足的先天的普遍语法来解释。在过去的三十多年里,普遍语法是否可及以及二语参数能否被重设始终是生成语言学框架下二语习得研究的中心课题。

语言习得领域和句法相关的心理语言学实证研究深受生成语言学的影响。以史蒂芬·克莱恩(Stephen Crain)为代表的学者在生成语法框架下研究儿童句法习得(Crain & Thornton,1998),设计了多种心理语言学实验方法如真值判断、可接受性判断、诱导理解测试、反应时测试等研究儿童的普遍语法原则知识(Chien & Wexler 1990;Musolino,et al.,2000)。普遍语法可及性问题也曾是二语习得研究的热点(Thomas,1991;Finer,1991;Schachter,1989;Johnson & Newport,1991;White & Juffs,1998;Marsden,2009;Chung,2012;王文斌,2000;吴明军和王同顺,2013)。近年来,为适应理论语言学的发展,心理语言学实证研究呈现新的形式,例如考察长距离依存结构加工中是否存在语迹效应(Marinis,et al.,2005;Clahsen & Felser,2006;Felser & Roberts,2007;Felser,et al.,2012;Fernandez,et al.,2018;曹勇衡和俞理明,2009;蔡任栋、董燕萍,2010;窦贤路等,2017)、工作记忆容量和岛屿限制的关系(Sprouse,et al.,2012)、语义和句法因素竞争(Omaki & Schulz,2011)等,考察照应语加工过程中句法和语用或语义因素的竞争(Felser,2009;Dillon,et al.,2014;Kim,et al.,2015;Xu & Zhou,2016;徐晓东等,2017;汪玉霞,2017)。虽然越来越多的研究(如 Jager et al,2015;Dwivedi & Gibson,2017)采用新研究工具如 ERP、眼动仪、e-prime 等,但大多数仍然以生成语法为理论框架,研究结论也不尽一致。也有研究关注语块、隐喻的心理现实性(江桂英、李恒,2011;易维、鹿士义,2013),但这些研究未涉及复杂句法现象。

综上所述,生成语法认为语法是自足的体系,由大脑中专门的模块来处理。生成语法理论得到心理语言学研究的响应,但是基于生成语法的二语习得研究面临三大主要问题:1)一些普遍语法原则和参数在最简方案中已经被摈弃,仅保留其描写上的意义;2)语言学家发现了许多普遍语法的反例,难以在该理论框架下进行统一的描述和解释;3)难以区分母语迁移和普遍语法的作用。

句法原则及参数是否具有心理现实性也存在很大争议(崔刚、王海燕,2014),而涌现论关于句法处理的观点还未受到重视。涌现论的心理学基础是联通论,认为语法来源于简单的联想学习机制和语言输入的互动(Ellis,2003)。联通论有心理语言学研究证据的支持,但如何解释核心句法现象还需要借助涌现句法理论。对于本书中的句法现象,虽然已有研究试图检验个别涌现论假设(Ambridge & Goldberg,2008;Dąbrowska,2013),但研究方法还比较传统,需要利用新的研究工具等以获取更丰富可靠的数据,并且在研究广度和深度上进一步拓展。

(3) 研究意义

本书中句法实验和心理学、神经认知科学以及语言健康产业有着密切关系,是人民美好生活需要的重要组成部分。是否存在句法模块是语言科学研究的基础性问题,对于探寻成人二语习得为何普遍失败的原因、考察语言的认知机制、治疗语言障碍都有一定启示。

句法是否自治一直是理论语言学界争论的焦点。在心理语言学、语言习得、神经语言学等领域的句法研究基本上都将生成语法默认为主流语言理论。格雷格(Gregg)(2003)认为,将复杂句法知识归因于没有独立证据的普遍语法实际上是对这一问题的回避。涌现论将复杂句法归因于普遍认知机制和输入的互动,但这一新理论需要运用心理学实证方法进行验证。

语言学习以规则为中心还是以范例为中心在语言教学领域一直存在争议。本书有助于揭示复杂句法的性质,可以为改进母语和二语语法教学提供建议与启示。此外,我国正在研制外语能力标准,但现有的外语能力标准方案主要依据传统语言学理论,将语法能力和其他能力分立,忽视了认知语言学和涌现论思想,因此本书对制定科学的外语能力标准也有一定启示。

2. 研究内容

本书总体目标主要是为涌现句法理论提供来自心理语言学方法的实证支持,具体目标包括:a. 运用涌现论分析传统句法理论难以解释的英汉语中的反例,以解决理论语言学中存在的关于英汉照应、岛屿限制和量词辖域的一些争议;b. 设计心理学实验获取英汉母语和二语使用者关于这些句法现象的理解、使用和判断数据;c. 建构涌现论框架下心理学实证研究模式。

本书具体研究内容包括以下方面。

(1) 涌现论与传统句法理论比较研究。梳理涌现论与生成语法以及其他句法理论在哲学基础、学术思想、研究目标、基本原则、研究方法等方面的异同。

(2) 英汉涌现句法现象对比研究。本书在涌现论框架下对英汉语中的照应、岛屿限制和量词辖域进行分析。这些句法现象的生成语法研究一直存在很多争议,如汉语的关系化、话题化结构是否由移位生成,而目前与此相关的涌现论假设已经比较成熟,有望能够解决这些争议。

(3) 涌现句法的心理现实性研究,即英汉语使用者是否具有涌现论所描述的句法知识。对句法涌现是否具有心理现实性进行验证。

本书以涌现论为总体框架。涌现论认为整体大于部分之和,整体的某些特征具有涌现性,不能由其组成部分来解释。基于这一思想,高度抽象的语法规则以及语言学习者的复杂句法知识被认为是在非语言因素互动中涌现的,而不是来源于句法模块。涌现论关于核心句法现象的具体假设有以下几种。

关于照应的理论:(1) 加工决定论(O'Grady,2015),指称依存关系的消解遵循加工效率优先的原则;(2) 认知照应理论(van Hoek,1995),照应现象可以由认知参照点的确认机制来解释。

关于岛屿限制的假设有:(1) 加工复杂度假设(Hawkins,2004),提取难度与句子结构复杂度有关;(2) 信息结构假设

(Goldberg，2006，2013)，背景构式中的成分不能提取；(3) 词汇原型假设(Dąbrowska，2008，2013)，构式的原型效应影响长距离依存结构的可接受性；(4) 资源限制假设，工作记忆容量影响岛屿限制的判断(Sprouse, et al.，2012)。

关于量词辖域的假设：(1) 加工提升假设(O'Grady，2013)，学习者的量词辖域知识遵循基于效率优先的加工成本计算法则。

通过梳理涌现论关于照应、岛屿限制和量词辖域的具体假设，本书采用心理语言学实证研究方法，对汉语本族语者、母语为汉语的英语学习者以及英语本族语者的上述句法知识进行测试和调查，以检验先天论和涌现论的不同假设，具体包括以下内容。

(1) 英汉语句内照应、长距离依存结构表现出的岛屿限制现象、量词辖域如何从涌现论视角来分析？与英语相应结构有何异同？

(2) 英汉语本族语及二语学习者的照应知识是否符合认知照应假设和加工决定论？

(3) 英汉语本族语及二语学习者的岛屿限制知识是否符合加工复杂度假设、信息结构假设、词汇原型假设以及资源限制假设？

(4) 英汉语本族语及二语学习者的量词辖域知识是否符合加工提升假设？

3. 研究方法

本书探讨句法是否自治以及相关的语言习得逻辑问题。具体来说，关于英汉涌现句法现象对比研究思路是从传统句法理论中未能解决的一些问题出发，如汉语关系化和话题化结构是否由移位生成、反身代词是否遵循约束原则、语言学习者量词辖域的解读方式等，以这些问题为切入点运用涌现论进行分析。

本书关于涌现句法的心理现实性研究由一系列实证研究组成，它们基于以下统一思路：首先，根据涌现论的描述框架设计研究工具以调查受试的某项复杂句法知识；其次，根据涌现论的解释框架对与该句法可能相关的非语言因素进行调查，例如受试的句子信息结构知识、语言加工特点、工作记忆容量等；最后，与他们的相应句法知识进行相关性和因果关系分析。研究的技术路线如下图所示：

英汉句法涌现现象对比 → 涌现句法的心理学实验设计 → 确定受试、收集并分析数据 → 解释、汇报研究结果

为进一步将以上技术路线付诸实践，我们提出以下更为具体的研究步骤。

（1）确定句法中的涌现特征和中国英语学习者语言中涌现的句法知识。对于中国英语学习者来说，只有那些不能由英语输入和汉语特征来解释的复杂句法现象才可以看作涌现特征，因此确定句法涌现特征需要借鉴普遍语法可及性研究的成果并进行英汉对比。我们重点研究岛屿限制、照应和量词辖域（scope）现象，因为相关的涌现论假设已经比较成熟，而这些课题又是生成语言学二语习得研究的核心，因此所获得的实证数据能够检验涌现论和先天论的不同假设。

（2）对英汉句法涌现现象进行对比分析。梳理涌现论视角下的英汉句法研究，重点考察汉语中的句法涌现现象。采用构式的信息结构特征理论考察汉语中饱受争议的移位限制现象如话题化、关系化等结构，采用认知照应理论分析汉语中未解决的前后照应转换问题，采用主体—自我隐喻理论分析英汉反身代词概念基础的差异，采用概念参照点理论分析英汉语中的量词辖域歧义问题。

（3）调查语言使用者与涌现特征相关的英语句法知识。梳理涌现论与先天论的分歧，确定可供检验的具体假设。关于岛屿限制的假设有：a. 信息结构假设（Goldberg，2006），即背景结构中的成分不能提取；b. 加工复杂度假设（Hawkins，2004），提取难度与句子结构复杂度有关。关于照应的涌现理论有：a. "句法木工"假设（O'Grady，2005，2014），计算系统天然具有的遵循效率优先的线性加工方式可以揭示指称依存关系的消解;b. 认知理论(van Hoek,1995),照应现象可以由认知参照点的确认机制来解释。关于辖域现象的假设主要有信息结构假设和加工提升假设。根据上述假设,我们借鉴英语母语习得研究的思路以及方法,以中国学习者作为受试,测试他们的岛屿限制、照应和辖域等句法知识。

(4) 对中国学习者英语句法涌现特征进行描述。涌现论对岛屿限制、照应和量词辖域等现象提出了和生成语法不同的描述方案,对语言习得者的相关句法知识也作了不同的预测。本书通过分析实验数据,探讨中国学习者英语句法知识是否符合涌现论的描述方案。

(5) 对中国学习者英语句法涌现特征进行解释。我们采用多种实验方法来研究构式的信息结构特征、构式的原型效应(Dąbrowska,et al.,2009)、语言加工等非语言的因素与相关句法知识的关系。

(6) 在实证研究的基础上构建基于涌现论的句法习得模式。在现有的各种语言习得模式中,语言习得机制始终是最重要的部分,为揭示语言习得机制这个黑匣子的奥秘,学界主要借助普遍语法理论,而涌现论的发展为解释语言习得机制提供了一种新的可能。

本书报告的实证研究基于以下统一步骤:首先根据涌现论的描述框架设计研究工具以调查中国学习者的某项复杂句法知识;其次根据涌现论的解释框架对与该句法可能相关的非语言因素进行调查,例如学习者的句子信息结构知识、语言加工特点等,然后与他们的复杂句法知识进行相关性分析。

实证研究方法包括语法判断、否定测试、真值判断、眼动测试和语料库。这些研究方法在心理语言学领域已经广泛使用,在儿童语言习得和二语习得研究中形成了比较成熟的范式。

对于岛屿限制现象,为检验信息结构假设和词汇原型假设,本研究采用语法判断方法来测试学习者的相关句法知识,采用眼动实验来考察岛屿限制句实时加工过程。语法判断测试题包括不同类型的岛屿限制句,这些句子反映了邻接原则和信息结构理论以及词汇原型论的分歧。为了量化构式的背景化程度,我们根据英语否定辖域中的焦点成分通常是否定的对象这一原理采用否定测试的方法来调查学习者构式信息结构知识。语法判断测试句和否定测试句在结构和内容上是对应的,通过对二者进行相关分析以了解它们之间是否具有相关性。为了印证语法判断的结果,本书还采用对画线部分提问的测试方法来收集数据,以了解受试是否会无意识地回避使用岛屿限制句。

对于照应现象,本研究采用真值判断和眼动实验方法,以获取受试指称确认的判断结果和反应时等数据,测试题中既包括符合约束原则的句子,也包括违反约束原则的句子,受试对这些有分歧的句子的判断将能够支持或反驳两种不同的理论。

对于量词辖域现象,主要采用真值判断任务了解受试的辖域解读方式,包括两个量词之间的辖域互动、全称量词和否定词的辖域互动、数量词和否定词的辖域互动等。

二、语言习得是基于规则还是范例的

1. 研究背景

在语言学领域,语法规则长期以来一直被认为是语言的核心特征,语言使用是运用语法规则来遣词造句的过程。从结构主义语言学到生成语言学,语言规则一直是语言学研究的中心。语言加工通常被看作是符号运算过程,所以语法被认为体现了语言符号运算的规则,而词汇仅仅与联想记忆相关(Pinker,1998)。以上观点在语言习得领域有重要影响,即便是认知论者(如Skehan,1998)也认为语言习得既是基于规则的也是基于范例的过程。

近年来上述语言习得观受到了挑战。随着构式语法和语块研究的兴起,很多研究者意识到无论是语法还是词汇都是基于范例的。认知语法和构式语法都认为语法与词汇都是形式与功能的匹配,区别在于抽象程度不同,语言就是由抽象复杂程度不同的构式组成的连续体。复杂构式和简单构式由于性质相同,因此基于范例的习得机制应该是语言习得中最主要的机制,但目前这一观点还缺乏足够的证据。正是意识到这一点,很多研究者将复杂构式的习得作为研究方向。

2. 研究内容

为检验涌现论的语言习得单机制观,我们选择英语复合句作为研究目标。英语复合句(complex sentence)又称主从句,包括补语从句(complement clauses)、关系从句和状语从句。迄今为止,复合句的习得研究多以形式语言学为基础,对复合句的描写和解释通常借助一些人为规定的语法规则。根据涌现论,复合句可以看作复杂构式,和简单构式的习得应遵循相同的机制,但涌现论研究目前由于较少涉及复杂构式的习得,缺乏足够的证据来支持其观点。

我们拟对中国英语学习者复合句的使用情况进行研究,以检验构式语法理论关于复杂构式习得的假说,即中国英语学习者补语从句、关系从句、状语从句这三类复合句的使用情况是否都是基于范例的,是否从简单构式开始,逐步抽象概括出复杂构式。具体研究内容包括三个方面。

(1) 补语从句的使用情况研究。狄塞尔和托马塞洛(2001)将限定补语从句根据主句中谓语动词的功能分为三类:声言类(assertive),表达命题;语用类(performative),表达言语行为;语块类(formulaic),仅仅是话语标记,如 I think、I believe 等,不表达命题。在上述分类框架的基础上,本书通过分析中国英语学习者语言产出语料来探讨他们补语从句的发展是否遵循从语块类到语用类再到声言类的顺序,并通过对画线部分提问等测试方法来探究影响语言学习者补语从句使用情况的因素。

本书的假设是:由于加工难度的作用,中国英语学习者使用语块类补语从句比处理非语块类补语从句的频率要高,但二语学习者接受的语言输入特征和英语本族语不一样,在自然产出语言数据中,他们的补语从句使用情况可能会和英语本族语者有一些差异。

(2) 关系从句的使用情况研究。从信息结构角度来看,关系从句可以分为呈现型和非呈现型关系从句,呈现型关系从句的主句部分谓语动词通常是虚化动词,不表达完整命题等,从句部分的语义才是句子所要表达的主要意义;非呈现型关系从句的主句部分谓语动词不是虚化动词,表达完整命题意义,主句的信息比从句更加突显。儿童关系从句的习得是从呈现型向非呈现型过渡。采用狄塞尔的分类方法,本研究将检验中国英语学习者关系从句的发展是否遵循类似的发展轨迹,探讨关系从句习得的使用情况以及影响习得顺序的因素。

本书的假设是:由于加工难度的作用,中国英语学习者处理呈现型关系从句比处理非呈现型关系从句的准确率要高,在自然产出语言数据中,他们使用的呈现型关系从句可能会比英语母语者要多。

(3) 状语从句的使用情况研究。状语从句习得的影响因素有语义、句法、频率、学习者的加工能力等。本书描述中国英语学习者所使用的状语从句类型,并对影响状语从句习得的因素进行分析,再与狄塞尔(2004)的研究结果进行比较。具体问题是,受试是否最初将状语从句的连词作为语块来使用,是否遵循从表达单命题句式到表达双命题句式的发展顺序。

由于加工难度的作用,汉英中介语状语从句多位于主句之前,因为位于主句之前的从句和主句实际上形成两个独立的结构;如果从句放在主句之后,也可能会与主句分离,成为独立的句子,例如中国英语学习者喜欢将 Because 引导的状语从句作为独立句使用。由于二语输入频率和学习者认知水平的不同,在自然产出语料中,二语学习者语块类状语从句的使用频率可能比英语母语者要高。

3. 研究方法

狄塞尔(2004)提出了复合句习得难度假设:信息结构特征决定了不同类型复合句习得的难度,为检验复合句习得难度假设,我们调查不同类型复合句在学习者语料库中的分布特征,因为习得难度会反映在语料库中各种复合句的分布类型上。首先检索中国英语学习者语料库中的三类复合句,然后将检索到的句子进行重新标注。以补语从句为例,我们将语料库中的补语从句全部提取出来后,按照语块类、语用类和声言类分别标注,从而总结出三类补语从句在语料库中的分布规律,并验证这种分布规律是否反映其习得难度。

三、小结

复杂句法知识的可学性问题曾引发了普遍语法可及性研究的热潮,但是近年来普遍语法面对新发现的许多反例不得不缩小其解释范围。在这一背景下,涌现论对一些传统上只能依赖生成语法来解释的复杂句法现象提出了一些新的阐释方案,并且在母语习得领域已得到许多实证研究的支持,但是从二语习得角度并以中国英语学习者为受试对此进行验证的研究还很罕见。二语学习者句法习得机制需要进行更加深入的探讨。将复杂句法知识归因于没有独立证据的普遍语法实际上是对这一问题的回避,而涌现论将复杂句法归因于普遍认知机制和输入的互动,解释更加自然,无须人为规定一些语法规则。

语言习得涌现论研究对于传统研究的超越之处在于:1) 理论视角不同,生成语法指导下的二语习得研究将句法看作自足的体系,而涌现论则从语法之外寻求解释,致力于用普遍认知机制和语言输入的互动来解释复杂句法的习得;2) 研究范围的拓展,涌现论阵营中的频率派仅关注简单构式及其习得过程,对语言本体特征的描述比较欠缺,我们将复杂句法的涌现论分析运用到二语学习者复杂句法知识的研究中,是对涌现论研究范围的拓展;3) 研究方法的改进,传统句法研究通常只采用语法判断、真假值判断等方法,我们将采用更多的方法如语料库、眼动实验等。

本书关于中国学习者岛屿限制、照应和辖域知识的研究主要是检验句法知识的多因素互动观。涌现论认为高度抽象的语法规则是在语言的使用中涌现的(Langacker,1987),二语复杂句法知识并非来源于自治的语言模块,传统二语习得研究发现的一些所谓先天语言知识可能来源于非语言因素的互动。例如,岛屿限制知识并不是先天的,而是起源于信息结构和加工难度等因素的互动;照应知识来源于语用、认知、加工因素的互动。

英语复合句的系列研究是为了检验语言习得的单机制观。二语习得研究者一般认为语言习得既是基于规则的也是基于范例的过程,而涌现论颠覆了这一观念,认为语法与词汇并无本质区别,都是构式或象征单位即形式与功能的匹配,只不过复杂程度不同,因此复合句的习得应该是基于范例的。语言习得的单机制观可以为语块教学方法能否有效促进复杂句法的习得提供启示。

第五章 岛屿限制现象理论研究

本章首先综述语言学领域有关岛屿限制现象的理论研究,分析先天论和涌现论的分歧,然后运用涌现论尝试解决汉语岛屿限制研究中的一些争议。

一、岛屿限制的语言学理论

语言学领域关于岛屿限制的研究最具代表性的有生成语法、中心词驱动语法、加工模式和构式语法,前两类属于形式语言学,后两类属于功能语言学或涌现论。

1. 岛屿限制的定义

语言学家早就观察到一些句子结构体中的成分不能被提取,一旦被提取,所形成的句子对于英语本族语者来说往往不可接受,例如,如果将句子 Ann met the teacher after she saw Tom 中的 Tom 移出所在状语从句,造出的疑问句"Who did Ann meet the teacher after she saw __?"就不可接受。这种现象被称为"岛屿限制"(island constraints)。

罗斯(Ross)(1967)率先对这一语言现象进行了深入研究,提出了一系列的移位限制条件如 SSC(The Sentential Subject Constraint,句子主语限制)、CNPC(The Complex Noun Phrase Constraints,复杂名词短语限制)、CSC(Coordinate Structure Constraint,并列结构限制)、LFC(Left Branch Condition,左分支条件)等,分别如 1)—4)所示:

1) a. That John loves Mary is odd.
   b. *It is Mary who that John loves*t* is odd. (SSC)
2) a. I know a boy who likes the girl.
   b. *This is the girl who I know a boy who likes *t*. (CNPC)
3) a. I put it between the bed and the wall.
   b. *What did you put it between the bed and *t*? (CSC)
4) a. I bought Tom's house.
   b. *Whose did you buy *t* house? (LFC)

句子中的成分移位主要体现在特殊疑问句、关系从句、话题化等结构中。从罗斯开始,岛屿限制现象一直是形式与功能语言学家以及语言习得研究者都关注的焦点,关于这一现象的研究已成了可以管窥各派语言学理论精髓的窗口。

2. 普遍语法研究

生成语法学家将岛屿限制现象看作自足的句法模块的一部分,认为相关的句法知识来源于先天的普遍语法。基于普遍语法的研究主要经历了三个阶段:邻接原则、语障论(The Barriers)和最简方案。

乔姆斯基(1973)认为各种岛屿限制现象可以归结为一个条件:邻接原则(subjacency),根据这条普遍语法原则,移位不能一次超越两个以上界限节点(Bounding nodes,指 IP 和 DP),必须一步一步地进行,如:

5) a. You have met someone who can fix the car.
   b. *CP Which car have IP you met DP someone CP who IP can fix *t*?

(Ouhalla,2001:262)

如 5)b 所示,疑问词 which car 在移位中需要穿越的最大投射中有三个是界限节点(两个 IP 和一个 DP),不符合邻接原则的规定,所以句子不可接受。在管约论中,邻接原则属于普遍语法中的一个模块——界限理论,作用于表层结构,被认为是儿童先天语言知识的一部分。

然而,邻接原则遇到了很多反例,例如:

6)CP Which city did IP you witness DP the destruction of t_i?

7)* CP Which city did IP you VP visit NP Paris PP before t_i?

(Belikova & White,2009)

句 6)中的疑问词在移位过程中穿越了两个界限节点(DP 和 IP),违反邻接原则,但该句却是可以接受的;句 7)中的疑问词只穿越了一个界限节点(IP),并不违背邻接原则,该句却不能成立。此外,在不同语言中界限节点也可能不一样。为解决上述问题,乔姆斯基(1986)提出了语障论:所有的最大投射都可能是语障,但要真正成为语障,最大投射要么自身是阻塞语类(blocking category),要么直接管辖一个阻塞语类。通常动词词汇标示(L-marking)其补语,阻塞语类必须不是词汇标示的,并且不是 IP。以 6)为例,名词短语 the destruction of which city 受动词词汇标示,所以 which city 在移位中未穿越语障。而在 7)中,介词短语 before which city 是状语,没有被词汇标示,所以构成语障,而高于 PP 的 NP 虽然被词汇标示,但由于直接管辖该 PP,也继承了语障的特性,因此 which city 移位中跨越了两个语障。

语障论可以更好地解释各类岛屿限制的强弱程度,以 8)和 9)为例。

8)* Which book did IP John VP meet NP a child CP

who read t_i?

(Chomsky, 1986b: 34)

9) ? Which car don't IP you VP t_i' VP know CP how IP to VP t_i' VP fix t_i?

(Ouhalla, 2001: 283)

在8)中,关系从句CP是阻塞语类,直接管辖它的NP虽然被词汇表示,但也继承了语障的特征,疑问词穿越了两个语障,因此该句是强岛屿(strong island)。在9)中,从句IP没有被词汇标示,本身不是语障,但可以使直接管辖它的CP成为语障,因此该句疑问词移位中只穿越了一个语障,为弱岛屿(weak island)。语障论还可以将邻接原则以及空语类原则(Empty Category Principle)所描述的对象进行统一的分析,因为空语类原则规定语迹必须被词汇标示。尽管如此,语障论还是很快便被最简方案中的经济原则所代替,即尽可能移动最少的成分以及最短距离。

根据最简方案的新发展——语段理论(Phase Theory),句法推导是以语段为单位进行的,语段包括CP和v＊P(Chomsky, 2001: 9)。当在某个语段形成中所进行的句法操作全部结束后,该语段便作为整体参加下一步句法推导,除了边缘成分外,不能再对其内部成分进行句法操作,这条规则被称为语段不可渗透条件(Phase Impenetrability Condition)。以10)为例:

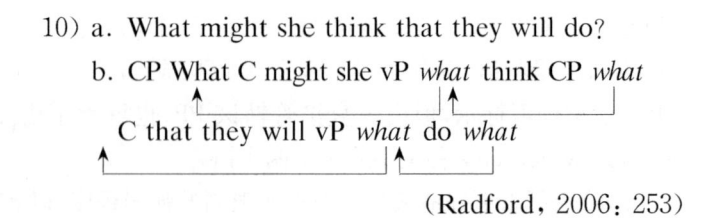

10) a. What might she think that they will do?
b. CP What C might she vP *what* think CP *what* C that they will vP *what* do *what*

(Radford, 2006: 253)

在10)中,从句中动词do和主句中的动词think都有外部论元,都构成语段。主句CP中功能语类C的边缘特征(edge feature)中含有强 wh 特征,需要进行特征核查,从而触发了疑问词 what 的移位。根据语段不可渗透条件,只有语段的边缘才能被 C 探测到,所以 what 不能一次性地移到句首,必须采取连续循环的方式(successive-cyclic)逐步移动。第一步,what 由从句 vP 中移到 vP 指示语位置;第二步,由于 vP 指示语是语段的边缘,因而可以被第二个语段即从句 CP 的边缘特征探测到,所以 what 移到从句 CP 的指示语位置;第三步,what 移到主句 vP 的边缘,最后到达主句 CP 的指示语位置。如果途中某个语段边缘已被别的词语占据,移位便被阻断,例如:

11) *CP What did you vP ask Mary CP *why* she had vP *t* bought *t*?

(Frank,2006:146)

在 11)中,从句 CP 指示语位置已被另一疑问词 why 占据,所以 what 不能移到该位置并被下一个语段的边缘特征所吸引,因此,该句不可接受。语段推导充分体现了造句过程呈递归性的特点。

以上发展历程表明,生成语言学一直在试图用更为简洁的机制来对各种岛屿限制现象作统一的分析,但是即使是在最简方案中,仍然要设定一些限制条件,如语段不可渗透条件。此外,尽管岛屿限制现象不再被认为是先天的语法,而只是推导过程的副产品,但递归性的推导机制仍然被认为是先天的。

3. 中心词驱动语法研究

除了 UG 理论之外,其他形式语言学派也关注岛屿限制现象,其中最具代表性的是中心词驱动语法(Head-driven Phrase Structure Grammar,简称 HPSG)。HPSG 认为大部分语法规则是由词汇特征决定的,因此采用特征结构来描述词语信息或句法限制。HPSG 不承认移位的存在,而采用结构共享(structure sharing)这一机制来描述长距离依存关系(Long distance dependency),也称填充语—语缺结构(filler-gap construction),如12)所示。

12)
```
         S
        / \
       NP   S[GAP<NP>]
       |   / \
      Who V   VP[GAP<NP>]
          |   / \
        do you V   S[GAP<NP>]
               |   / \
             think NP  VP[GAP<NP>]
                   |   |
                 Hobbs VP[GAP<NP>]
                       |
                       met
```

(Kim & Sells,2007:203)

HPSG 否认句子中存在所谓移位后留下的语迹,而将缺失的信息放在词汇中。例如,在例 12 中,met 缺少名词宾语(NP),所以带有语缺特征(GAP feature)。该特征通过结构共享沿句法树向上逐步传递,在遇到带有 NP 特征的 who 后语缺特征被消除。为了确保传递是逐步进行的,HPSG 设定了语缺原则(GAP principle),即句法树上子节点具有某种特征,其母节点也具有同样特征。岛屿限制现象则通过设定关于 GAP 特征的条件来描述,以并列结构限制为例:

13) a. * What did Bill cook *t* and wash the dishes?
b.
```
            VP
           /|\
          / | \
  VP[GAP<NP>] Conj  VP[GAP< >]
     |         |      / \
  VP[GAP<NP>]  |     V   NP
     |         |     |    |
   cook_      and  wash the dishes
```

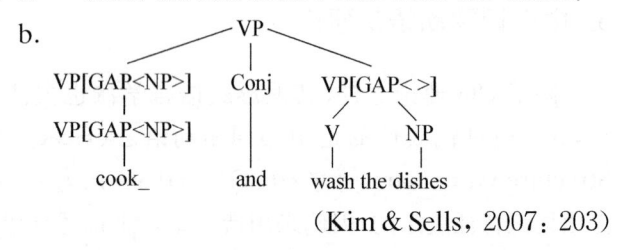

(Kim & Sells,2007:203)

13)中,并列的两个名词语缺特征并不相同,违背并列规则,即"并

78

列结构中每个成分都不能为语缺或含语缺特征"(Sag,2003:444)。

HPSG认为语法是非转换的、单层的,并且承认语言加工因素的影响,因此有的学者(Van Valin & Lapolla,1997)甚至将其归入功能句法学派。但它仍然通过设定一些普遍原则来描述岛屿限制现象,在这一点上和 UG 理论又非常相似。

4. 语言加工研究

在形式语言学占统治地位的时期,就已经有很多研究者指出某些岛屿限制现象是由语言加工因素造成的(如 Fodor,1983;Pritchett,1991;Phillips,2006)。他们大都是心理语言学家,主要通过实验来探讨填充语—语缺结构的加工过程,主要有以下发现:1)主动填充策略(active filler strategy),即加工者总是尽快为填充语找到语缺(Clifton & Frazier,1989);2)填充语和语缺之间的距离是形成岛屿限制的重要因素(Gibson,1998);3)词汇因素和加工负担可以解释部分岛屿限制现象(Kluender & Kutas,1993)。在基于语言加工的研究中,提出了较为系统的语言学理论的主要有霍金斯(J. Hawkins)(1999,2004)和奥克雷迪(2005)。

霍金斯(2004)认为语言使用中的加工效率和复杂度是形成语法规则的主要因素。根据加工难度和复杂度的强弱,他提出了一系列结构等级来解释填充语—语缺结构和岛屿限制。例如,复杂名词短语限制在生成语言学中被认为属于普遍语法,但是有些语言如日语和韩语中复杂名词短语不构成岛屿,而另一些语言如德语和俄语中限定性补语(finite complement)和复杂名词短语都是岛屿。所以他提出了从句嵌入等级(Clause Embedding Hierarchy):非限定性补语(infinitival complement)易于定式补语,限定性补语又易于复杂名词短语 (J. Hawkins,2004.194)。在该等级中,填充语—语缺领域(Filler-Gap Domain)不断扩大,导致加工难度增大。以上等级可以解释不同语言中岛屿限制现象及填充语—语缺结构的可接受程度。另一个重要的加工等级是语缺递增等级(Additional Gap Hierarchy),意思是从句中的语缺数越多,填充语—语缺结构的加工难度越大,例如:

14) a. ＊Who *i* do you know the professor *k* that taught *k i*?
b. ? Who *i* do you regret the fact that he stole *i*?
(J. Hawkins,2004:198)

14)a 中含有两个语缺,分别标示为 k 和 i,14)b 中只有一个语缺 i,因此 14)a 比 14)b 更难加工,导致 14)a 比 14)b 可接受程度低。而普遍语法曾认为这一现象是因为与名词补语从句相比从关系从句中移出某成分需要越过的语障更多。

奥克雷迪(2005)也认为语法中的核心现象与加工有关,不过更关注加工者自身的特性,例如遵循效率优先原则。语言加工者总是采用线性方式从左到右来加工句子,并且总是在第一时间消解依存关系。和 HPSG 不同的是,奥克雷迪认为词库并不关注加工效率,解释语法还是需要从计算系统出发。下面以 wh-岛屿为例来说明线性加工系统是如何工作的。

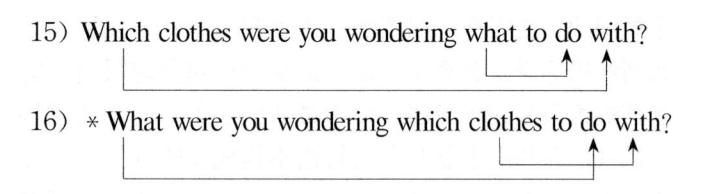

15) Which clothes were you wondering what to do with?

16) ＊What were you wondering which clothes to do with?

奥克雷迪认为最近存储在大脑中的成分位于记忆堆栈的顶部,要比以前存储的成分更加可及,计算系统会先提取工作记忆最近存储的成分,后提取先存储的成分。在 15)中,疑问词 which clothes 中的 wh 依存关系先被存储,位于记忆堆栈的底部,与 what 有关的 wh 依存关系后被存储,因此位于记忆堆栈的上部。

由于计算系统按照线性方式工作，在遇到动词 do 的时候首先消解 what 的 wh 依存关系，然后在遇到介词 with 时消解 which clothes 的 wh 依存关系，两个 wh 依存关系的消解顺序符合工作记忆提取顺序，因此该句可以接受。而在 16)中，what 的 wh 依存关系先存储却要先消解，which clothes 的 wh 依存关系后存储但却要后消解，不符合工作记忆提取顺序。生成语法无法解释为什么这两句可接受程度不同，因为以上两句句子结构并没有什么不同，应该都是岛屿。

奥克雷迪(2005，2008)称其观点为涌现主义的句法理论，主要思想是语言知识来源于非语言因素的互动，包括加工、感知、语用、输入特征、社会交际等。霍金斯(2004)尽管未提到涌现论，但其立场和奥克雷迪非常接近，也强调加工效率对语法形成的决定作用，因此实际上也可以归入到涌现论的阵营中。除此之外，符合涌现论的句法理论还有认知句法理论，主要包括认知语法和构式语法，近年来基于认知句法理论探讨核心句法现象的研究越来越多。

5. 构式语法研究

构式语法认为所谓的普遍语法可以归因于功能压力、象似性、加工以及学习机制等语法外的因素，无须人为规定一些语法条件并把这些条件看作是语言的或领域独有的。就长距离依存关系来说，构式语法承认加工因素的重要作用，但更强调构式信息结构的作用。戈尔德贝格（2006）提出了 BCI 假设（Backgrounded constructions are islands，背景构式是岛屿），认为构式的信息结构特征对于其中的成分能否移位有决定性作用，在构式整合的过程中，信息结构特征不匹配会导致语用推导崩溃，因此所谓的岛屿限制并非是先天的语法原则，而是构式整合造成的。在此理论提出之前，已有许多学者研究过信息结构与岛屿限制的关系，下面简要介绍该理论的发展过程。

库诺(1987)认为只有能成为句子话题的成分才能移位，如：

17) a. Who did you buy a portrait of __?（You bought a portrait of Tom）

b. *Who did you buy Mary's portrait of __?（You bought Mary's portrait of Tom）Kuno（1987：16）

在17）中，a 的陈述句形式中 Tom 是话题，所以移位可以成立。b 中的 Mary 是话题，Tom 不是话题，所以移位不成立。

塔卡米（Takami）(1989：30）认为句子中传达新信息的结构中的成分才可以移位，如：

18) a. Which girl did John give the book（to）__?

b. *Which year was John still a small boy in __?

在18）中，a 中介词短语传达新信息，而 b 中的介词短语传达旧信息，因此 a 句移位可以解释，而 b 句不可以。

迪恩（1991）试图将上述观点统一起来，提出了注意假设，认为话题和新信息都是注意中心，一个成分能否移位取决于其是否是注意的中心，例如：

19) a. Which car did you like the gears in?

b. *Which car did you like the girls in?

（Deane，1991：5）

19）a 句中的 gear 处于焦点，但 gear 是汽车的一部分，所以整个汽车也处于注意中心，因此该句移位成立。b 句中 girls 是注意中心，而后面的介词短语则是背景，所以该句中移位不成立。

以上学者关于话题的界定似乎与传统话题的含义有些出入，传统上话题通常被认为传达的是旧信息。对于这一点，埃尔特希克-希尔（Erteschik-Shir）（1997）作了个形象的比喻，话题和焦点

(focus)的关系就像翻一堆卡片一样,刚翻过去的一张就成了话题,而正在翻看的一页就是焦点,话题和焦点在句子中都表达凸显信息,句子中的其他成分是背景信息。冈代尔和弗雷森姆(Gundel & Fretheim)(2004)指出,通常所理解的话题和新信息之间是一种关系概念(relational given/new),而话题又可以看作显著成分则是从指称角度出发的,话题的所指实体通常在记忆中处于激活的状态。

在以上研究的基础上,戈尔德贝格(2006:130)给出了背景构式的定义,即句子中除主话题和焦点域之外的成分,主话题多数情况下和主语重合,但也可能共存或独立存在。由于处于背景构式中的成分不是加工者注意的焦点,所以在提取时会有困难,形成了所谓岛屿限制现象。这一理论对许多传统岛屿限制现象可以作出比较自然的统一的解释。试比较下面的句子(Goldberg, 2006:132-146):

20) a. Who did she travel to Memphis in order to see __?
b. *Who did she meet the teacher after she saw __?

20)a 和 b 都是状语从句中成分移位,按照生成语言学的观点,应该都违背邻接原则,但实际上两句可接受程度却不一样。a 句中的疑问词是从目的状语从句移出,而 b 句中的疑问词是从时间状语从句中移出,目的状语从句背景化程度低于时间状语从句,所以 a 句可接受程度高于 b 句。

21) a. What kind of ice cream are there many children who like __?
b. *Which article did you criticize the man who wrote __?

21)a中的关系从句表达的是全句中最重要的信息,是所谓的呈现型关系从句(presentational relative clauses),背景化程度低;21)b中的关系从句主要起修饰作用,背景化程度高,为非呈现型关系从句。所以21)a可以接受而21)b不可接受。钟和麦克洛斯基(Chung & McCloskey)(1983)就曾注意到以上这些关系从句会违反邻接原则,但生成语法一直未能给出合理的解释。

22) a. ? What did she whisper that he left __?
    b. What did she say that he left __?

动词whisper不仅有说的意思,还强调了说话方式,语义比say丰富,突显度高,成为注意的焦点,同时使其后的补语从句成为背景构式即岛屿。词汇语义对信息结构的影响在语言学中已有很多学者论及(如van Valin & Lapolla, 1997; J. Hawkins, 2004)。

23) a. *Who did Chris give __ the book yesterday?
    b. What did Chris give John yesterday?
    c. Who did Chris give the book to __ yesterday?

在23)a中,双宾结构中的接受者(recipient)被移到句首,而23)b中是主题(theme)移到句首,23)c中是目标(goal)移到句首。双宾结构中接受者一般处于背景中,而主题以及目标则是焦点。因此23)a不可接受,而其他两句则完全可以接受。例23)以及一些与语篇有关的岛屿限制现象在形式语言学中没有涉及。可见,构式的信息结构特征比传统语言学能够解释更多的岛屿限制现象。

判断一个构式是否是背景构式可以通过否定测试来进行。一般来说,否定词往往否定的是其否定范围内的焦点成分。以与例20)对应的否定句为例:

24) a. She did not travel to Memphis in order to see Mike.
b. She did not meet the teacher after she saw Tom.

24)a 可以理解为"她去孟菲斯不是为了看迈克",也就是说,主句谓语动词否定的是目的状语从句,而 24)b 只能理解为"她看到汤姆后没有遇见老师",否定词只否定主句谓语而不否定时间状语从句。由此可以判断目的状语从句背景化程度低而时间状语从句背景化程度高。关系从句和补语从句是否是背景构式也可以由上述方法来判断,以 25)和 26)为例:

25) a. There are not many children who like the kind of ice cream.
b. I did not criticize the man who wrote the article.
26) a. She did not whisper that he left his watch.
b. She did not say that he left his watch.

25)a 意思可以是"许多孩子不喜欢这种冰淇淋",而 25)b 只能理解成"我没有批评写这篇文章的那个人",可见呈现型关系从句可以被主句谓语中的否定词否定,而非呈现型关系从句不是否定的对象。26)a 中被 not 否定的对象是 whisper,26)b 中被 not 否定的是 that 引导的补语从句。构式能否成为主句谓语中否定词的否定对象与其是否是背景构式有密切关系。

生成语法学家发现了岛屿限制现象,就是主语从句、复杂名词短语、附加语从句、左分支结构等句子结构中的成分不能移位,在此基础上提出了邻接原则来统一解释各类岛屿限制现象。认知语言学家发现,状语从句、关系从句和补语从句都需要进一步分类来确定其中成分是否可以提取。在各种状语从句中,目的和原因状语从句成分移位可以接受,而时间和地点等状语从句中的成分不能移位。关系从句中,呈现型关系从句中的成分可以提取,而非呈现型关系从句中成分不能移位。补语从句中,主句谓语动词只有是轻动词型的从句中的成分才可移位。岛屿限制现象不仅体现在句法中,也体现在语篇中,语言预设部分的词语往往较难提取。因此句法结构不应是形成岛屿限制现象的唯一因素,非句法因素如信息结构特征、加工难度、词汇原型性等也可能对岛屿限制是否存在有重要影响。根据戈尔德贝格(2006)提出的BCI假设,只有处于背景构式中的成分才不能被提取,目的状语从句、呈现型关系从句、轻动词后的补语从句从信息结构特征来看都处于比较突显的状态,所以其中的成分移位后所形成的句子可接受程度较高。邻接原则和BCI目前分别是生成语法和涌现论中关于岛屿限制的最著名的理论,二者对各类岛屿限制现象可接受性预测的异同如表5-1所示。

表5-1 邻接原则和BCI对英语移位岛的不同预测

移位岛类型		本族语者语感	BCI的预测	邻接原则的预测
主语从句		是	是	是
附加语从句		部分是	部分是	是
双宾结构中的接受者		是	是	否
非呈现型关系从句		是	是	是
呈现型关系从句		否	否	是
疑问词补语从句		是	否	是
补语从句	轻动词型	否	否	否
	说话方式型	是	是	
	事实型	是	是	

表5-1显示,BCI对英语各类岛屿限制的预测更加全面,更符合对英语本族语者的语感的调查结果。和邻接原则相比,BCI不仅在描述的充分性上更胜一筹,在解释的充分性上也颇具优势。

邻接原则被认为是先天的普遍语法,然而这种先天性只是推测,目前还很难证明,而 BCI 所依据的构式背景化程度可以否定测试来检验,例如(Ambride & Goldberg, 2008):

27) a. Danielle did not say that Jason liked the cake.
b. Sam did not whisper that Ellis knew the secret.

27)a 中 say 是轻动词,语义贫乏,不是注意的焦点,而其后的补语从句是信息焦点,所以 not 的否定对象是补语从句的可能性较大。27b)中的 whisper 是说话方式类动词,语义丰富,因此优先成为 not 的否定对象,其后的从句是背景构式,所以 27)a 的补语从句中成分移位要比 27)b 中的可接受程度高。

6. 小结

以上综述说明,岛屿限制现象研究经历了从先天论到涌现论的发展过程。先天论将岛屿限制看作纯句法现象,相关的句法知识是先天的,对于语言习得者来说不需要学习。涌现论认为语言加工因素以及构式的信息结构特征等非语法因素可以解释岛屿限制的形成,岛屿限制知识的学习和一般的学习机制没有区别。涌现论和先天论的分歧为语言学、心理语言学以及语言习得提供了许多很好的研究切入点。

二、汉语中的岛屿限制现象研究

1. 研究背景

上节关于岛屿限制现象的文献都是以英语为研究对象并且例子大部分是特殊疑问句。由于汉语中的疑问句不涉及疑问词移位,所以关于移位的岛屿限制现象在汉语中主要体现在话题化和关系化结构中。

汉语中的话题化和关系化移位限制研究长期以来主要在生成语言学框架内进行,但一直存在争议。所谓话题化(topicalization)是指话题结构的形成过程,关系化是指关系从句的形成过程。英语话题化和关系化都普遍被看作是移位现象,争议不大。汉语话题化和关系化是否是由移位所形成则存在很大争议。与此相关的一个争论焦点是汉语话题化和关系化是否遵循邻接原则。支持移位说的话题化研究主要有 Huang(1982),支持移位说的关系化研究主要有 Ning(1993)、Huang, et al.(2008)、陈宗利和温宾利(2013)等。反对移位说的话题化研究主要有徐和兰格登(Xu & Langendoen)(1985)、徐烈炯和刘丹青(1998)等,反对移位说的关系化研究主要有杨彩梅(2008)、杨彩梅和杨艳(2013)等。

移位说的优点是可以解释符合邻接原则的句子,但面临的问题是难以解释违反邻接原则的句子,非移位说或基础生成说可以解释违反邻接原则的句子,但又不能解释符合邻接原则的句子。下面,我们将在生成语法之外寻求对汉语话题化和关系化现象的新解释。

2. 汉语话题化移位限制的涌现论分析

根据戈尔德贝格(2006),岛屿限制现象是构式整合过程中长距离依存构式所涉及的各个子构式的信息结构特征的不匹配而导致推理过程崩溃。由英语岛屿限制现象而提出的 BCI 理论是涌现论框架下核心句法研究的典范,BCI 中最重要的概念信息结构不是句法原则,而是非句法因素,因此对句法自主说构成了挑战。

根据 BCI,英语特殊疑问句、关系化和话题化等结构中移出的词语如果是从状语从句、关系从句、主语从句等结构中提取的,所形成的句子是否可以接受要看被提取构式的背景化程度。时间、地点等状语从句在句子中是修饰成分,通常表达背景信息,所以其中成分通常不可移位,而目的和原因等状语从句中的成分移位则具有较高的可接受性,因为这类构式表达焦点信息。同理,关系从句可以根据信息结构特征分为非呈现型关系从句和呈现型关系从句,前者是背景构式,其中的词语不能移位,而后者是焦点构式,其中的成分可以移位。对于宾语从句,如果其主句谓语动词语义比较丰富,往往会吸引更多的注意资源,从而导致其后的宾语从句成为背景构式,其中的成分不可移位。

从构式的信息结构特征角度来分析汉语话题化移位限制,需要确定汉语背景构式有哪些。根据戈尔德贝格(2006),英语句子中除主语或主题以及焦点之外,其他成分都是背景构式,这是因为,英语句子主语通常是默认的话题,虽然表达旧信息,但从主语指称的心理激活程度来看,通常又是处于突显状态的。英语一般的陈述句重心在尾部,即焦点自然落在句末。汉语句子中的话题部分通常表达旧信息,说明部分通常表达新信息,但是相对于语篇或语境中其他成分,话题仍然是注意中比较突显的(徐烈炯和刘丹青,1998)。由于汉语是话题凸显的语言,所以在句子中认知突显性是最高的。张立飞、董荣月(2008)认为,汉语句子成分在加工者认知中的显著性程度按照从高到低依次为:主题＞主语＞宾语＞旁语＞修饰语。按照这些论述,汉语句子中的焦点构式可以初步确定为主题、主语以及焦点成分,除此之外的成分都是由背景构式充当。

张敏(2009)认为,汉语话题化凡是能够成立的,都是从焦点构式中提取词语,可以用认知加工中激活扩散模型来解释。该文探讨了汉语话题化中的 CNPC、SSC 以及 LBC(Left Branch Condition,左分支条件)等移位限制,认为这些限制不是自足的句法,而是与句子成分所指的认知激活程度有关。尽管该研究的思路和 BCI 理论比较接近,但忽视了汉语不同类型状语从句、关系从句以及汉语话题化移位限制中的主宾不对称现象。

我们在张敏(2009)的基础上,运用 BCI 理论来研究汉语话题化中的各种移位限制,包括关系从句、主语从句、左分支结构、双宾结构、主谓宾结构等。本章简要介绍其中关于关系从句的探讨,至于主语从句、左分支结构、双宾结构、主谓宾结构,有兴趣的读者可以参看贾光茂(2017)。

复杂名词短语尤其是关系从句中的成分通常不能移位,如果话题化的成分是从关系从句中移出,会违反复杂名词短语限制,句子通常不可接受,但28)和29)中的a句都涉及关系从句中成分移位,却都可以接受,因此复杂名词短语限制不能解释这一点,如果凭这一点就判断汉语话题是基础生成的,那么又如何解释移位却能成立的句子呢?BCI可以对这一难题给出较好的解释,28)a和29)a中都有作为焦点标记的副词、否定词、情态动词等,这些词语的使用使其所修饰的复杂名词短语处于无定、非特指状态,成为焦点构式,因此关系从句中的成分移位后句子可以接受,如果把这些词去掉,句子就不合法。

28) a. 那道题$_i$,我都没见过能解答e_i的学生。
   b. *那道题$_i$,我见过能解答e_i的学生。
29) a. 这么脏的饭馆$_i$,我都看不到愿意去e_i的顾客。
   b. *这么脏的饭馆$_i$,我看到愿意去e_i的顾客。

由此可见,汉语话题化移位限制如果仅仅从句法角度难以获得合理的解释,但如果考虑所移出的结构是否处于焦点状态就很好解释。有定或特指的名词所表达的概念是已知信息,焦点程度低,无定或非特指名词表达新信息,焦点程度高(张敏,2009)。从非特指名词短语中移出成分比从特指名词短语中移出成分要更容易,又如:

30) a. 张三$_i$,e_i写的文章不少。
   b. *张三$_i$,e_i写的文章发表了。

30)a中关系从句的中心词"文章"是无定和非特指名词,而30)b

中的中心词是有定和特指的名词,所以30)a可接受性程度比30)b高。

汉语中话题、主语和焦点可以看作前景构式,除此以外的成分通常可以看作是背景构式。本节的分析表明,汉语话题化所形成的长距离依存结构是否可以接受,受提取词语所在构式的信息结构特征影响很大。传统话题化研究未能解决的问题可以通过运用BCI理论来分析。

3. 汉语关系化移位限制的涌现论分析

根据戈登柏格(Goldberg)(2006)的"背景构式是岛屿"假设,背景化程度高的构式中的成分不能移出。话题和焦点都是焦点构式,所表达的概念在认知中激活程度比较高,话题和焦点之外的其他成分心理激活程度较低。

31) a. *Who did Tom meet the man who married __?
b. Which star are there many students who admire __?

31)中疑问词从关系从句移出,都违反邻接原则,应该都不可接受,但实际上31)b可接受度较高。根据信息结构假设,31)a中的关系从句是修饰中心词的,句子的焦点在主语部分,从句是背景构式,而31)b是呈现型关系从句,从句是信息焦点,所以31)b可接受度较高。

上节运用BCI理论分析了汉语话题化结构,但该理论也适用于汉语关系化结构。本节基于BCI,探讨汉语关系化中的移位限制问题,主要介绍关于复杂名词短语和主语从句的分析,对其他结构如左分支结构、状语从句、双宾结构的分析可以参看贾光茂(2015)。

名词特指性和非特指性的对立在汉语关系化中也有所体现。特指的名词表达已知信息,而非特指名词表达新信息,如果复杂名词短语中的中心词是特指和有定的,其中的成分移位难度较大,而非特指名词短语中成分的移位可接受性较高,如(贾光茂,2015):

32) a. 去过 e_i 的人很多的那个景点$_i$
b. *去过 e_i 的人回来了的那个景点$_i$

32)a 中的名词"人"是不完全确定的,具有非特指性,修饰该名词的关系从句中成分移位可以接受,32)b 和 a 结构一样,但名词"人"是确定的,具有特指和有定性,所以其修饰成分中词语移位不可接受。另外,关系化移位限制也存在主宾不对称现象,如:

33) a. 那个歌手唱的歌很好听→e_i唱的歌很好听的那个歌手$_i$
b. 我爱听那个歌手唱的歌→*我爱听 e_i 唱的歌的那个歌手$_i$

在 33)a 中,名词短语中心词"歌"充当主语,所以该名词短语中的关系从句中提取成分后句子可以接受。33)b 中的名词"歌"充当宾语,修饰该名词的关系从句中成分移位不可接受。不过,只要在句子中加上一些焦点副词,主宾不对称现象又会消失。

主语从句是否是岛屿也受其信息结构特征影响,例如:

34) a. 张三上 e_i 最合适的那门课$_i$
b. *张三上 e_i 是出于无奈的那门课$_i$

34)a 中的主语从句"张三上＿"不是已然的,是非特谓性事件,34)b 中的主语从句则是已然的,其中的成分移位后形成的句子不可接受。另外,主语从句在主句中的位置也是其中成分能否移位的重要因素。根据宁春岩(Ning)(1993:75-77),汉语主语从句中成分关系化后如果作主语,则整个句子可以接受,如果作宾语,则句

92

子可接受性不高,如:

35) a. e_i 躺着看书对眼睛没好处的人_i
    b. *他躺着看 e_i 对眼睛没好处的书_i
36) a. e_i 开那部车说明他爸爸很有钱的那个人_i
    b. *他开 e_i 说明他爸爸很有钱的那部车_i

在35)中,a句主语从句位于句首,处于最显著的位置,所提取的成分又是主语从句的主语,因此容易提取,b句主语从句虽然也位于句首,但所提取的成分是从句宾语,并不位于句首,因此句子不可接受。36)的情况类似,同样是主语从句,提取主语要比提取宾语的词语容易,说明句首位置是汉语主语从句中成分能否提取的一个重要因素。

BCI 假设认为词语提取难度与其所在构式的背景化程度相关,被提取成分与提取所在构式如果同时处于激活状态,则所形成的关系化结构完全可以接受,否则,可接受程度就会低。构式的背景化程度受位置、焦点标记、认知脚本、构式典型性等非句法因素影响。

三、总结

本章第一大节对岛屿限制现象的语言学研究文献进行了梳理,归纳出生成语言学和认知语言学的分歧所在,对两大阵营中关于岛屿限制的理论邻接原则和 BCI 假设进行了详细的对比,归纳了两种假设对岛屿限制句可接受性的不同预测。

本章第二大节根据 BCI 假设分析了语言学界一直存在争议的汉语话题化和关系化现象,得出的结论是:汉语话题化和关系化中的移位限制也是由提取词语所在构式的背景化程度决定的,以上分析为涌现论提供了来自汉语的证据,说明 BCI 不仅适用于解释英语中移位限制,也适合汉语这种看起来和英语差异很大的语言。虽然我们的研究支持 BCI 的观点,但同时也说明生成语言学关于普遍语法研究具有重要价值,毕竟岛屿限制现象是生成语法的重要发现,长期以来一直被视为该理论的支柱之一,如果不是生成语法学家对复杂句法现象的演绎式探讨,可能就不会有人发现这种微妙的隐性的语法现象。涌现论对于这一现象给出了不同的解释方案,BCI 理论只是其中的一种,但目前是最有影响的。

本章关于岛屿限制的理论探讨不仅对语言学领域最重要的课题——句法是否自治有重要的启示,也为从实证研究角度开展语言习得和加工研究提供了可行的方案和思路。

第六章 岛屿限制现象的实证研究

本章首先回顾二语习得领域关于岛屿限制现象的实证研究，然后报告研究者进行的关于中国学习者英语岛屿限制句习得和加工的心理语言学实证研究。

一、岛屿限制现象的实证研究回顾

关于本族语者习得和加工岛屿限制的实证研究在语言学、心理语言学、语言习得等领域已经非常丰富。从理论上来看，多数研究试图验证生成语言学相关理论，同时也探讨加工机制、语篇、语用、语义等因素对岛屿限制习得和加工的影响。从研究对象来看，基本可分为两大类：一类是关于母语者岛屿限制知识及加工过程的研究，另一类是关于二语学习者岛屿限制知识及加工过程的研究。从研究方法来看，主要有可接受性判断研究和加工过程研究。

1. 母语习得与加工研究

以母语者为对象的岛屿限制研究主要探讨哪些因素会影响岛屿限制句的可接受性，所采用的方法有语法判断、自定步速阅读、眼动、ERP 等，并在实证研究基础上提出或修订关于岛屿限制的理论，下文综述一些代表性的研究并阐释其研究逻辑。

斯托(Stowe)(1986)采用自定步速阅读方法对英语本族语者加工岛屿限制句的情况进行研究，发现在岛屿限制句中没有产生所谓"语缺被填充效应"，即在一般的可以接受的长距离依存结构中，当语缺被其他词语填充时，语言加工者在读或听到填充的词语时速度会放慢。以该研究中的实验句"The teacher asked what the silly story about Greg's older brother was supposed to mean"为例,该句中做主语的名词是复杂名词短语,介词 about 的宾语位置本来应该是最早可以消解疑问词 what 的依存关系的位置,但由于复杂名词短语构成移位岛,当受试在加工该句时,读到已被名词短语 Greg's older brother 填充的介词宾语位置时,加工速度并没有减缓,说明受试没有试图把复杂名词短语当作可以提取词语结构,从而证明了岛屿限制效应在语言加工中的确存在。用相同的逻辑,布达斯(Bourdages)(1996)考察了法语本族语者对宾语名词短语中的关系从句的加工情况,吉田等(Yoshida,et al.)(2004)考察了日语母语者对宾语名词短语中关系从句的加工过程,都发现受试对岛屿限制敏感。托雷克斯勒和皮克林(Traxler & Pickering)(1996)所进行的眼动研究也是通过对比岛屿限制句和非岛屿限制句的加工过程,发现语缺效应在岛屿限制句加工中会消失。

库尔茨曼和克劳福德(Kurtzman & Crawford)(1991)采用自定步速阅读范式和语法判断相结合的方法考察了英语本族语者加工岛屿限制句的情况,发现受试对岛屿限制现象不敏感,在加工"Who did your attempt to instruct (Jim) confuse?"这样的句子时,无论复杂名词短语中动词不定式的宾语位置是否被填充,受试都判断它们可以接受,说明受试对岛屿限制不敏感。克利夫顿和弗雷泽(Clifton & Frazier)(1989)也采用限时语法判断实验考察英语本族语受试对含有关系从句的岛屿限制句进行的判断,发现当关系从句谓语为及物动词时,受试的判断时间会变慢,说明受试忽略了岛屿限制。皮克林等(1994)采用眼动实验和自定步速阅读方法考察了英语本族语者加工关系化结构的情况,发现受试在读到作主语复杂名词短语中的关系从句谓语动词后位置时会减速,而不是等到主句谓语动词之后,说明受试对岛屿限制不敏感。

除了采用在线限时语法判断、自定步速阅读、眼动方法,还有研究采用ERP方法考察加工者对岛屿限制是否敏感。麦金龙和奥斯特泰特(McKinnon & Osterhout)(1996)发现,当受试带着未消解的疑问词依存关系读到岛屿区域时,大脑会产生P600效应。克鲁温德和库塔斯(Kluender & Kutas)(1993)的ERP研究也发现英语本族语受试能够察觉到岛屿限制区域的边界。ERP数据虽然显示受试能够觉察到岛屿的边界,但不能说明受试是否在岛屿区域内确定某个位置有语缺。

斯普鲁斯等(Sprouse, et al.)(2012)进行了一项比较大型的研究,考察工作记忆容量和岛屿限制句可接受性之间的关系,研究对象为300多位英语本族语者,工作记忆容量用序列回忆任务来测量,岛屿限制知识用语法判断来测量。结果发现,工作记忆容量与岛屿限制效应之间没有显著相关性,说明岛屿限制可能是语法限制而不是加工资源限制。

还有一类研究不是直接探讨岛屿限制效应,但与岛屿限制现象密切相关。例如,杰布森和沃伦(Gibson & Warren)(2004)利用自定步速实验考察了英语本族语者加工长距离依存结构的情况,结果发现,受试在遇到中间空隙时加工速度要放慢,说明他们在利用中间结构这种句法知识。中间空隙也称中间语迹(intermediate trace),如:

1) Who do you think t' that Mary likes t?

根据生成语法,移位按照续循环方式一步一步进行。在加工1)时,疑问词who先从补语从句的动词宾语位置提取出,移到补语从句的指示语位置,在这里设置中间语迹,然后再移到上一个CP的指示语位置。接续循环的移位过程虽然不是邻接原则直接规定的内容,但中间语迹和岛屿限制都与长距离移位有关,所以证明中间语迹具有心理现实性也就间接地证明了邻接原则等普遍语法对英语本族语者可及。

在实证研究的基础上,关于岛屿限制的母语习得与加工研究形成了几种代表性的理论。一种观点认为岛屿限制是普遍语法的一部分,是领域独有的语言习得机制。另一种观点认为岛屿限制完全是加工资源限制造成的,加工成本和句子可接受性之间有密切关系,加工难度大的句子可接受性低。此外,正如上一章所述,还有从语用、信息结构等焦点考察岛屿限制现象,认为岛屿限制与领域一般的认知机制有关,是非句法因素的互动造成的,这种观点被称为涌现论。然而,目前采用心理学实验方法的加工研究主要以前两种理论为框架,基于涌现论的实证研究不多,其中有代表性的是安布里奇和戈尔德贝格(Ambridge & Goldberg)(2008)的研究。

上一章中关于BCI和邻接原则的论战说明,涌现论可以对岛屿限制现象提供与生成语法不同的解释,从而为开展二语习得研究提供了新的视角。针对以上争论,英国利物浦大学心理学系本·安布里奇(Ben Ambridge)教授采用心理语言学方法来检验BCI理论和邻接原则的不同预测。安布里奇和戈尔德贝格(2008)运用语法判断方法考察英语本族语者对不同类型补语从句(complement clause)成分移位所形成的特殊疑问句的可接受程度。补语从句根据主句谓语动词分为三类:事实型、说话方式型和轻动词型,受试被要求判断这些句子的可接受程度,例如:

2) What did Ella realize that Adam threw? (factive verbs)

3) What did Vicky stammer that Cameron drew? (manner of speaking)

4) What did Kayla say that Aidan liked? (bridge verbs)

按照生成语法的预测,上述三类句式的可接受程度应该相同,因为它们都不违反邻接原则,而根据BCI,轻动词句应该可以接受,而事实型和说话方式型句子应该不可接受或可接受度较低。

为了解释语法判断测试的结果,该研究还采用否定测试方法调查了他们关于补语从句的信息结构知识。语法判断题中的实验句都是包含补语从句的特殊疑问句,这些复合句否定测试句由与语法判断测试句相应的三类组成,受试被要求判断 a 句在多大程度上隐含 b 句的意思,例如:

5) a. Sam did not say that Ellis knew the secret.
b. Ellis did not know the secret.

语法判断结果显示,受试对由轻动词型补语从句构成的疑问句接受度较高,对由事实型和说话方式型补语从句构成的疑问句接受度较低。否定测试结果显示,轻动词型补语从句更容易成为主句谓语中的否定词的否定对象,否定测试与语法判断具有相关性。这一结果支持 BCI 假设。但他们的研究仅局限于补语从句,对于状语从句、关系从句等岛屿限制句未进行研究。

2. 二语习得与加工研究

二语习得领域岛屿限制研究是在二十世纪八十年代生成语言学在二语习得中得到广泛应用的背景下开始的,并且形成了三种主要观点:(1) 邻接原则对二语习得者不可及,过了语言习得关键期二语习得者不能再利用先天语言能力;(2) 邻接原则对二语学习者仅部分可及;(3) 邻接原则对二语学习者仍然可及。邻接原则是普遍语法的一个重要组成部分,了解二语学习者是否具有相关知识具有重大的理论意义,因此引起了二语习得研究者的极大兴趣,岛屿限制作为一种抽象的微妙的句法现象,如果二语学习者具有这种隐性的句法知识,从语言经验、课堂教学等角度都不可能解释这一现象。在语言输入中,岛屿限制句极为罕见。在外语课堂教学中,一般不会有老师教这种知识,教材上也不会收录。汉语中的疑问词不移位,对于母语为汉语的英语学习者来说,他们的岛屿限制知识也不可能来自母语,这就构成了语言习得的逻辑问题或可学性问题。对于这种情况,假设存在先天的普遍语法目前可能是最好的解释(Belikova & White,2009:200)。汉语疑问句中特殊疑问词不移位而英语中的移位,邻接原则又是关于移位限制的理论,因此岛屿限制句成了检验中国英语学习者是否具有邻接原则知识的最理想的测试目标。本节综述原则参数框架下邻接原则可及性研究以及最简方案下相关学说的发展。

普遍语法不可及说首先由克拉森和穆伊斯肯(Clahsen & Muysken)(1986)提出,他们认为,普遍语法作为语言天赋对主要是成人的二语学习者来说已经难以利用。布利-弗罗曼等(Bley-Vroman, et al.)(1988)进一步提出了二语习得的"根本差异假设"(Fundamental Difference Hypothesis),主要观点是:二语习得和母语习得有着很大差异,已过语言习得年龄关键期的二语学习者由于大脑已经侧化,普遍语法对他们已经不能通达,也就是说,他们的语言表征已经不可能再像本族语者那样完整。根据这一观点,如果某种普遍语法现象在二语学习者的母语中没有出现,那么他们就不会具有相关的语法知识。弗罗曼等(1988)用语法判断方法测试了 L1 韩语、L2 英语的学习者的邻接原则知识,发现他们的得分明显比英语本族语者要低,说明邻接原则对他们不可及或仅部分可及。

沙切特(Schachter)(1989)以不同母语背景的二语学习者为研究对象测试了他们的邻接原则知识。受试的母语分别是印尼语、汉语和韩语。研究工具仍然是语法判断,其中包括 24 句违反邻接原则的句子,用来测试邻接原则知识,还包括 24 句与实验句相关的陈述句以测试受试是否具有参加测试所必需的相关句法知识。结果发现,受试大部分都通过了句法测试,但是邻接原则知识测试的得分都很低。由于不同母语背景的二语学习者都不具有或仅具有有限的邻接原则知识,说明邻接原则对于二语学习者基本不可及。

约翰逊和纽波特(Johnson & Newport)(1991)采用语法判断

方法调查了母语为汉语的英语学习者的邻接原则知识,受试根据到达美国后在全英语环境下生活的时间长度来分类,然后考察邻接原则知识和到达美国的年龄之间的关系。结果发现受试的邻接原则知识测试得分与他们到达美国的年龄有密切关系,到达美国较早的学习者得分较高,到达美国较迟的学习者得分较低,说明二语习得关键期的确存在,过了关键期的中国英语学习者对邻接原则不可及或仅部分可及。

普遍语法可及说以怀特为代表,她(1990)认为上述支持普遍语法不可及的研究忽视了加工等语言运用因素对测试结果的影响,即使二语学习者邻接原则测试得分低于英语本族语者也不能简单地认为普遍语法不可及。从二十世纪九十年代开始,更多的研究支持普遍语法可及说(Martohardjono,1993;Li,1998;White & Juffs,1998;吴红岩,2004;倪锦诚,2012)。

马多哈贝罗(Martohardjono)(1993)运用语法判断调查了母语分别为印尼语、汉语、意大利语的英语学习者的邻接原则知识。结果发现,受试大部分不接受强岛屿(关系从句、状语从句、主语从句)中的成分移位,而部分接受弱岛屿(名词补语从句、疑问词补语从句)中的成分移位。这一结果支持乔姆斯基(1986)提出的语障论,即岛屿限制有强弱之分。李(Li)(1998)关于中国英语学习者岛屿限制知识的调查也发现了类似的结果。这两项研究说明,弗罗曼等所依赖的证据是关于弱岛屿的知识,不能支持邻接原则不可及说。

怀特和朱夫斯(White & Juffs)(1998)运用语法判断和反应时测试调查了中国英语学习者的邻接原则知识,结果发现中国英语学习者的各类岛屿限制知识测试得分都很高,并且与反应时数据关系不大,说明中国英语学习者对邻接原则完全可及,他们的邻接原则知识不受句子加工因素影响。

普遍语法可及性的重要研究总结见表 6-1。

表 6-1　邻接原则可及性代表研究

	研究	涉及的岛屿类型
普遍语法不可及	Bley-Vroman, et al. (1988)	疑问词补语从句、关系从句、名词补语从句
	Schachter (1989)	关系从句、主语从句、名词补语从句、疑问词补语从句
	Johnson & Newport (1991)	关系从句、名词补语从句、疑问词补语从句
普遍语法可及	Martohardjono (1993)	关系从句、名词补语从句、疑问词补语从句
	Li (1998)	关系从句、主语从句、疑问词补语从句
	White & Juffs (1998)	关系从句、主语从句、名词补语从句、疑问词补语从句、附加语从句

国外二十世纪九十年代以后关于邻接原则可及性的研究主要包括：1) 调查更多种母语背景的二语学习者（Uziel, 1993; Netto, 1995; Al-Banyan, 1996; Ozaki, 1999）；2) 将语法判断和其他研究工具如反应时测试相结合，既调查邻接原则和其他句法知识，也调查加工难度，以区分普遍语法与加工因素对习得者的影响（Juffs & Harrington, 1995; White & Juffs, 1998; Juffs, 2005）；3) 采用新的理论如参数重设以及浅加工假设来解释研究结果（Hawkins & Chan, 1997; Marinis, et al., 2005）。

在最简方案阶段，狭义的先天的语言能力被缩小到语言的递归性（Hauser, et al, 2002），体现递归性的主要是计算系统中的合并（Merge）程序（Chomsky, 1995）。合并是句法推导的最基本操作手段，就是由计算系统按照两叉分支原则先将中心词与补语合并，再与指示语合并，构建出短语结构，进而造出句子。最简方案认为句子中成分的移位是为了对语类的语法特征进行核查。语类分为词汇性语类和功能语类,相当于传统语法中的实词和虚词。功能语类中的一部分有语义内容的形式特征是在逻辑式中可以解读的,还有一些没有语义内容的特征是不可解读的,不可解读特征在进入逻辑式前要核查并删除。普遍语法的原则和参数特征主要体现在功能语类上。对于世界上的不同语言,体现先天语言能力的计算程序是一致的,只有词汇特征特别是功能语类特征是不同的。例如,英语疑问词中的 wh-特征是强语素,需要进行特征核查并触发了移位,而汉语特殊疑问句中的 wh-特征是弱语素,所以疑问词不需要移位。

与岛屿限制相关的邻接原则已经不再被看作是普遍语法,但由于与岛屿限制有关的移位是算子移位,遵循经济原则,并且可以看作是递归性在句法上的具体体现,所以岛屿限制知识虽然不能直接等同于先天的普遍语法知识,但仍然间接地说明先天的递归性机制的存在。不过在具体的研究中,二语学习者的岛屿限制知识是由母语迁移还是普遍语法造成的在最简方案理论框架下很难区分(Belikova & White, 2009)。不能再因为二语学习者具有邻接原则知识就断定普遍语法可及,无论是母语者还是二语学习者都天生就有计算系统,也就是具有了合并等运算机制(Yusa, 1999)。

在这一背景下,很多学者试图修改自己先前提出的理论。部分学者根据最简方案避免过多设置普遍语法原则的思想减少了对普遍语法原则可及性的探讨,而把注意力转向功能语类。史密斯和斯姆普里(Smith & Tsimpli)(1995)认为二语习得的主要困难在于重设功能语类的特征参数值。儿童在习得母语时就已经设定了母语中功能语类的特征参数,如果过了语言习得关键期再学习第二语言,则很难再重设二语功能语类特征参数值。这种观点被称为特征失效假设或表征缺损假设。在此基础上,斯姆普里和迪米特拉科普洛(Tsimpli & Dimitrakopoulou)(2007)又提出了功能语类特征可解读性假设(Interpretablity Hypothesis),认为狭义句法(narrow syntax)如合并程序是所有二语学习者都能通达的,功能语类特征如果是可解读特征则对二语学习者可及,如果是不可解读特征对二语学习者则不可及。

以特征失效假设为指导对二语学习者移位限制知识的研究以霍金斯和陈(Chan)(1997)为代表。该研究以特殊疑问句作为实验句来考察中国学习者是否能够接受关系从句中成分移位,实验句中一部分使用接应代词,一部分是语缺。研究发现,受试对岛屿限制效应不敏感,并且将使用接应代词的句子判为可以接受。他们认为,这一结果是由英汉疑问词特征参数值的差异导致的,是因为中国英语学习者不能重设英语疑问词特征而导致邻接原则不可及。霍金斯和哈特里(Hawkins & Hattori)(2006)对日本英语学习者的研究也得出了类似的结论。

另外一些研究者(Lardiere,1998;Prévost & White,2000)反对中介语句法表征缺损的观点,认为二语习得的困难在于难以将句法与形态特征进行正确的匹配,或者受母语韵律特征的干扰(Goad & White,2006)。在关于功能语类能否被习得的研究中(Ohba,2006;Ojima,2005,转引自 Hawkins & Hattori,2006;Saad,2009),邻接原则知识测试是实验的重要部分,受试接受或拒绝岛屿限制句被看成是参数能否重设的证据之一。

进入二十一世纪,句子的加工过程逐渐成为二语习得研究的重点。曾经持普遍语法不可及说的克拉申提出了"浅结构加工假设"(Shallow Structure Processing Hypothesis)。主要观点是:本族语者具有完成的句法表征,他们的句子加工是基于句法的,二语学习者加工句子主要依赖词汇信息,而不是像本族语者那样基于句法信息(Clahsen & Felser,2006)。浅结构加工假设成了近十多年来二语句法加工研究中最为重要的理论,也大大促进了采用心理学方法的二语句法加工研究的发展。马里尼斯等(Marinis,et al.)(2005)率先采用移动窗口实验方法考察了多种母语背景学习者习得英语长距离依存句式的情况,结果验证了浅结构加工假设,英语本族语者受试在句子加工时遇到中间语迹会有一定时间的停顿,而二语学习者则没有停顿,说明二语句子加工中没有中间语迹效应,也就是说,二语学习者在加工句子时不能利用中间语迹。

3. 小结

在母语习得领域,早在二十世纪八十年代就掀起了采用心理学方法来验证语言学理论的研究热潮。进入二十一世纪,这种热潮也波及到了二语习得领域,很多基于心理学方法的二语句法加工研究都从母语习得与加工研究中获得灵感或借鉴方法。例如,马里尼斯等(2005)以及很多后续研究都借鉴了吉布森和沃伦(2004)的研究思路和实验方法,特拉克斯勒和皮克林(Traxler & Pickering)(1996)的眼动研究则成了很多二语句子加工眼动研究的典范。

现有的关于岛屿限制句的加工研究大部分在生成语法框架下开展,而涌现论在理论上的进展已经为岛屿限制句加工研究提供了一种新的可行的思路。但目前受 BCI 理论启发的二语习得研究特别是二语句子加工研究还很罕见。而岛屿限制涌现是否具有心理现实性又迫切需要进行验证。

受生成语言学与涌现论争论的启发,我们以中国英语学习者为研究对象调查了他们的岛屿限制知识(Jia, 2011),其中的语法判断实验部分的结果已经发表(贾光茂,2013)。该研究采用语法判断的方法,因此研究结论还有待采用更为先进的心理学实验方法对其进行进一步验证。鉴于此,本章下面两节报告研究者进行的两项实证研究。第一项采用对画线部分提问测试的研究方法对中国英语学习者的岛屿限制知识进行进一步验证。第二项采用眼动实验方法,考察中国英语学习者句子加工中是否存在岛屿限制效应。

二、中国英语学习者岛屿限制知识研究

1. 研究概况

受安布里奇和戈尔德贝格(2008)以及二语习得领域的普遍语法可及性研究启发,贾(2011)在 BCI 理论的指导下,借鉴传统二语句法研究中广泛采用的语法判断方法考察了中国英语学习者的岛屿限制知识,以检验先天论和涌现论关于二语学习者岛屿限制知识的不同预测。研究还采用否定测试考察受试的信息结构知识,并采用对划线部分提问方法以获取数据来印证语法判断的结果。研究对象根据英语水平分为四组,其中三组为中国英语学习者,一组为英语本族语者。

语法判断方法虽然饱受争议,但在考察复杂句法时仍然非常必要且具有可信度,关键是要控制好各种干扰变量,如:

6) What did Emily think that Brown ate __?

所有的测试句字数一样,且同类型的句子结构一样,受试被要求给6)这样的句子打分,句子可接受性从低到高由 1 到 7 分表示。

否定测试是语言学家经常用来判断某个成分或结构是否是焦点的重要手段,也具有较高的信度。否定测试题中共有 33 句,其中状语从句 12 对,关系从句 12 对,补语从句 9 对,用来调查二语学习者对构式背景化程度的判断并探讨他们的岛屿限制知识和构式信息特征知识之间的关系,例如:

7) a. He did not go to New York in order to meet Mary.

b. He went to New York but not to meet Mary.

在测试中,受试要给 7a 这样的句子打分,看其是否隐含 7b 表达的意思。

语法判断和否定测试的主要研究结果如下:

(1) 四组受试的语法判断结果显示,状语从句、关系从句的平均分都低于 3.5 分,说明英语本族语者和不同水平的中国英语学习者都认为从这两类句子中提取成分可接受程度不高,也就是说,所有受试整体上将状语从句和关系从句看作移位岛屿。对于事实型和说话方式型补语从句,中低水平组给出的分数均值超过了 3.5,但中高水平组和高水平组给出的分数均值逐渐降低,说明高水平中国英语学习者将这两类补语从句当作岛屿。

(2) 对于不同类型的岛屿限制句,受试给出的分数均值有较大差异。在三类状语从句中,从目的状语从句提取成分的特殊疑问句得分高于从地点、时间状语从句中提取成分的特殊疑问句得分。在两类关系从句中,从呈现型关系从句中提取成分的特殊疑问句均分比从非呈现型关系从句中提取成分的特殊疑问句均分高。从轻动词型补语从句中提取成分的特殊疑问句得分比从事实型和说话方式型补语从句中提取成分的特殊疑问句的得分要高。对于双宾语句,所有受试都判断接受者移位形成的特殊疑问句不可接受,说明句子中背景化的成分不能移位。

(3) 对于各组受试来说,虽然有的组目的状语从句和呈现型状语从句的均分并不高于 3.5,另一些组事实型和说话方式型补语从句的均分高于 3.5,但不能忽视的是,同样是状语从句,所有的组目的状语从句均分都普遍高于其他两类状语从句;同样是关系从句,呈现型关系从句均分普遍高于非呈现型关系从句;同样是补语从句,轻动词型补语从句均分普遍高于其他两类补语从句均分。这一结果说明句子结构并非是决定岛屿限制效应的唯一因素,被提取构式的背景化在一定程度上决定移位后的句子的可接受程度。

(4) 否定测试显示,四组受试对不同类型的句子给出的分数均值不同。总体上符合信息结构假设预测,即背景化程度高的结构不容易成为否定词否定的对象。运用相关性分析表明,受试语法判断分数和否定测试分数呈正相关并且达到了显著性水平。这些结果表明,构式的背景化程度与岛屿限制句的可接受程度有着密切的关系。

邻接原则预测受试对结构相同的句子可接受度的判断应该相同。本研究结论不支持这一观点。本研究结果基本符合 BCI 假设的预测,为涌现论提供了来自中国英语学习者的证据,对语言学界句法是否自治的争论以及二语学习者句法知识是否是领域独有的有一定启示。

该研究中语法判断和否词测试的核心数据及研究结果已经发表,参见贾光茂(2013)。下面简要报告对划线部分提问测试的研究结果。

2. 对画线部分提问测试

(1) 研究设计

对画线部分提问任务的设计参考了怀特和加福斯(White & Juffs)(1998),该项研究中的测试工具由本人和莉迪亚·怀特(Lidia White)通过电邮联系获得。本研究中对画线部分提问测试题共 24 句,包括 18 句实验句和 6 句控制句,实验句又分为 6 句状语从句、6 句关系从句和 6 句补语从句,状语从句包括 3 句目的状语从句和 3 句时间或原因状语从句,关系从句包括 3 句呈现型关系从句和 3 句非呈现型关系从句,补语从句分为 3 句轻动词型和 3 句其他型。受试和参加语法判断和否定测试的一致,他们被要求就下面句子中的画线部分词语提问,将每个陈述句改变成一个语法上合格的特殊疑问句,例如:

8) Jane spoke to her friend before she called Sam. (时间状语从句)

9) John took the front seat to see the blackboard clearly. (目的状语从句)

10) Alice loves the man who makes shoes. (非呈现型

关系从句)

11) I find many students who adore <u>Bill Gates</u>. (呈现型关系从句)

12) Jordan stammered that Ryan fixed <u>the computer</u>. (说话方式型补语从句)

13) Jennifer said that John liked <u>the cake</u>. (轻动词型补语从句)

对画线部分提问的设计逻辑是,如果受试具有岛屿限制知识,他们就会想办法改变表达方式以避免产出违反岛屿限制的句子。如果他们的语法知识符合普遍语法理论的预测,就应该对不同类型的状语从句、关系从句、补语从句一视同仁。如果他们的语法知识符合涌现论的预测,就会在对画线部分提问时将不同类型的状语从句改变成不同类型的疑问句,对于不同类型的关系从句和补语从句也应采用不同的方式造出疑问句。

在测试开始前,研究者给受试讲解答题规则,并用例句作示范。试卷收上来后,如果受试造出的疑问句结构和陈述句的结构不一致,则得 0 分,如果一致则得 1 分,与句子结构无关的语法或词汇错误忽略不计。

(2) 研究结果

① 控制句实验结果

对画线部分提问中控制句的统计结果见表 6-2。

表 6-2 各组受试对画线部分提问测试控制句描述性统计

	组别	受试数	平均分	标准差
控制句	中低水平组	45	.89	.14
	中高水平组	46	.83	.16
	高水平组	15	.89	.15
	本族语组	8	.59	.15

表 6-2 显示,三组中国英语学习者的均分都高于.80,说明 80%以上的二语学习者产出的疑问句除了特殊疑问词移位之外未改变原句结构。也就是说,大多数受试已经习得了长距离依存疑问句,并且能够按照要求答题。因此,大部分二语学习者是合格的受试,有理由相信他们关于实验句的数据具有较高的信度和效度。英语本族语组的均分低于二语受试,一个可能的原因是他们没有非常严格地按照要求作答或者对这种题型不熟悉。尽管如此,他们的均分也达到了.59,因此他们关于实验句的数据也有一定的可信度。

② 实验句总体结果

在 18 句实验句中,有 15 句是邻接原则和 BCI 理论都认为是岛屿的句子,包括 6 句状语从句、6 句关系从句和 3 句补语从句。受试的得分见表 6-3。

表 6-3　各组受试岛屿限制句得分描述性统计

岛屿类型	中低水平组 N	Mean	SD	中高水平组 N	Mean	SD	高水平组 N	Mean	SD	本族语组 N	Mean	SD
状语从句	45	.40	.31	46	.31	.23	15	.36	.33	8	.17	.15
关系从句	45	.31	.39	46	.14	.25	15	.16	.35	8	.00	.00
补语从句	45	.67	.39	46	.50	.41	15	.27	.40	8	.25	.39
总计	45	.46	.36	46	.32	.30	15	.26	.36	8	.14	.18

注释:N=受试数,Mean=平均分,SD=标准差

从表 6-3 可以看出,四组受试状语从句和关系从句的均分都低于.40,说明不到 40%的受试造出的疑问句违反了岛屿限制,大部分受试在产出含有状语从句和关系从句的疑问句时试图改变句子结构以避免句子不合法,也就是说,他们把状语从句和关系从句看作岛屿,具有隐性的岛屿限制知识。对于补语从句,尽管中低水平组和中高水平组的均分高于.50,但所有实验句均分都低于控制句,并且高水平组和本族语组的均分都很低,说明受试对岛屿限制敏感。

③ 不同类型状语从句均分统计结果

状语从句分为目的类和其他类。研究者采用非参数的二相关样本检验(Wilcoxon)方法对两类状语从句均分进行比较,结果见表6-4。

表6-4 两类状语从句的均分比较

组别	状语从句类型	N	Mean	SD	z	Asymp. Sig
中低水平组	其他类	45	.21	.35	-4.84	.000
	目的类	45	.59	.35		
中高水平组	其他类	46	.12	.20	-5.18	.000
	目的类	46	.51	.33		
高水平组	其他类	15	.20	.37	-2.170	.030
	目的类	15	.51	.42		
本族语组	其他类	8	.04	.12	-1.857	.063
	目的类	8	.29	.28		

从表6-4可以看出,三组中国英语学习者的目的状语从句均分都显著高于其他类状语从句均分。说明对于中国英语学习者,从目的状语从句中提取成分的疑问句可接受性更高。

④ 不同类型关系从句均分统计结果

关系从句分为呈现型和非呈现型两类,研究者采用非参数的二相关样本检验(Wilcoxon)方法对两类关系从句均分进行了比较,结果见表6-5。本族语组的均分为0,所以未分析。

表6-5 两类关系从句均分比较

组别	关系从句类型	N	Mean	SD	z	Asymp. Sig
中低水平组	非呈现型	45	.26	.40	-2.401	.016
	呈现型	45	.36	.41		
中高水平组	非呈现型	46	.13	.29	-.332	.740
	呈现型	46	.14	.26		

(续表)

组别	关系从句类型	N	Mean	SD	z	Asymp. Sig
高水平组	非呈现型	15	.13	.35	−1.414	.157
	呈现型	15	.18	.35		

表 6-5 显示,对于三组中国英语学习者,呈现型关系从句均分都高于非呈现型关系从句均分,但仅有中低水平组两种类型关系从句均分之间的差异达到了显著性水平($z=-2.401$, $p<.05$)。这一研究结果似乎很难解释。填充语与语缺之间的距离可能是一个重要的因素,对画线部分提问是一种语言产出任务,加工压力较大,因此无论是哪种关系从句,疑问词和语缺之间的距离都基本相同,加工者为了缓解压力,多采用缩短两者之间距离的做法来造疑问句。定性研究数据证实了这一点,受试很多情况下是通过把关系从句改变成补语从句或者简单句的方式来产出特殊疑问句。

⑤ 不同类型补语从句均分统计结果

两类补语从句的均分采用了非参数的二相关样本检验(Wilcoxon)方法进行比较,结果如表 6-6 所示。

表 6-6 两类补语从句均分比较

组别	补语从句类型	N	Mean	SD	z	Asymp. Sig
中低水平组	其他类	45	.67	.39	−.900	.368
	轻动词类	45	.71	.39		
中高水平组	其他类	46	.50	.41	−2.495	.013
	轻动词类	46	.59	.42		
高水平组	其他类	15	.27	.40	−1.841	.066
	轻动词类	15	.38	.45		
本族语组	其他类	8	.25	.39	−.816	.414
	轻动词类	8	.38	.38		

从表 6-6 可以看出，四组受试轻动词类补语从句均分都高于其他类补语从句均分，除了中低水平组和本族语组两类补语从句均分没有显著性差异外，中高水平组和高水平组两类句子均分达到或接近了显著性水平。结果说明，中国英语学习者和本族语者都更有可能在对轻动词句中的画线部分提问时不改变原句结构。不过，两类补语从句均分的差异并不十分明显并且变化较大，仅仅用主句谓语动词的语义类型差异还不足以解释以上结果，填充语与语缺间的距离因素可能是一个重要的干扰变量。观察受试产出的句子，可以发现他们在试图缩短依存距离。

14) What did Ryan fix as Jordan stammered?

这样的例子说明，受试主要采用将补语从句的主句部分改成短语，再将整个句子改成简单句的方式对画线部分提问，这样做缩短了填充语与语缺间的距离。

3. 小结

本节首先简要介绍了关于中国英语学习者岛屿限制知识的语法判断研究结果以及关于他们的信息结构知识的否定测试结果，接着重点报告了对画线部分提问的研究结果。总体来看，对画线部分提问的结果支持了语法判断的结果，二者形成了互证关系。研究结果支持了涌现论中的 BCI 假设。不过，由于语法判断测试的是元语言知识，在测试过程中不可避免会涉及加工因素，却只能对加工因素的影响进行猜测。对画线部分提问任务面临的问题也是无法准确衡量加工因素的影响，只能根据受试产出的句子进行主观的事后的分析。因此，采用更先进的心理学实验方法研究这一问题显得尤为迫切。

三、中国英语学习者句子加工中岛屿限制效应的眼动研究

1. 引言

由于岛屿限制现象被提升到普遍语法的理论高度,所以引起了心理语言学及语言习得研究者的极大兴趣,掀起了测试或验证语言使用者岛屿限制知识及心理表征的热潮。在二语习得领域,研究者早期主要采用语法判断等方法检验二语学习者是否具有邻接原则知识(Bley-Vroman, et al., 1988;Schachter, 1989; Johnson & Newport, 1991;Martohardjono, 1993;White & Juffs, 1998)。不过,语法判断方法获取的仅仅是二语学习者的元语言知识,其心理现实性仍值得怀疑。在这一背景下,采用更可靠的心理语言学实验方法来考察语言使用者自然的句子加工过程是否受岛屿限制制约成为当前二语句法研究的热点和发展方向。

2. 文献综述

特拉克斯勒和皮克林(1996)采用眼动研究方法考察了英语本族语者句子加工过程是否受岛屿限制影响。该研究的实验句分为以下四类:

> 15) a. We like the book that the author wrote unceasingly and with great dedication about while waiting for a contract.
> b. We like the city that the author wrote unceasingly and with great dedication about while waiting for a contract.

c. We like the book that the author who wrote unceasingly and with great dedication saw while waiting for a contract.

d. We like the city that the author who wrote unceasingly and with great dedication saw while waiting for a contract.

15)a 和 15)b 中的关系化过程不是从关系从句中提取宾语,因此不是岛屿限制句,而 15)c 和 15)d 的关系化过程都是从关系从句中提取宾语,因此是岛屿限制句。15)a 和 15)c 中关系代词 that(指代 the book)和从句动词 wrote 可以构成语义合理的动宾关系,而 15)b 和 15)d 中的关系代词 that(指代 the city)和从句动词 wrote 之间构成动宾关系时语义上是不合理的。该项测试的假设是,受试处理语义不合理的依存关系比语义合理的依存关系可能要花费更长的时间,如果受试加工 15)b 中的动词 wrote 比 15)a 中的 wrote 时间长,就说明受试对语义合理性敏感;在加工 15)c 和 15)d 时,如果受试还是表现出同样的差异,就说明岛屿限制句与非岛屿限制句没有区别,如果受试受岛屿限制知识影响,在处理 15)c 和 15)d 中动词时就应该不会有差异,因为岛屿限制会使受试无法建立动词与其移位宾语之间的联系。该研究结果证实了这一假设。

近年来一些二语习得研究者也采用与上文相似的思路考察二语学习者句子加工是否受岛屿限制影响。卡宁斯等(Cunnings, et al.)(2010)采用与特拉克斯勒和皮克林(1996)相似的实验句和研究工具考察了母语分别为德语和汉语的英语学习者以及英语本族语者的句子理解过程,发现二语学习者和英语本族语者都对岛屿限制敏感,在加工非岛屿限制句时会试图建立动词与移位的疑问词或关系代词(都是 Wh-算子)之间的语义匹配关系,而在加工岛屿限制句时会避免建立这种语义匹配关系。他们认为,由于母语为德语和汉语的英语学习者的表现没有差异,所以二语学习者的加工行为不应该归因于语法结构知识,而应该归因于加工负担,因为如果是语法知识在起作用,那么由于汉语疑问词不移位而德语疑问词移位,母语为汉语的英语学习者应该不会像母语为德语的英语学习者那样具有岛屿限制知识。弗尔舍等(Felser, et al.)(2012)在上述实验的基础上增加了有无句法空位这一变量,受试包括母语为德语的英语学习者以及英语本族语者,结果显示,二语和母语者在句子加工中都对岛屿限制敏感,但对无空位句子的加工行为却不同。虽然以上两项研究都发现二语学习者和英语本族语者在句子加工中受岛屿限制影响,却都试图对二语和母语者的语言表征作不同的解读,以使其结论符合"浅结构假设"(Clahsen & Felser, 2006),即二语加工主要基于语义而非句法。

有些研究则将二语句子加工受岛屿限制影响这一现象看作反驳浅结构假设的证据。欧玛奇和舒尔茨(Omaki & Schulz)(2011)采用了自定步速阅读实验方法,发现母语为西班牙语的英语学习者的句子加工过程和英语本族语者一样都受岛屿限制影响,并据此认为二语学习者具有层级结构语法知识,而不是仅仅依靠语义来加工句子。为了使句子加工符合自然的阅读理解过程,上述研究中的实验句都是陈述句,且涉及关系化移位。与此略有差异的是,金姆(Kim)(2014)的实验句都涉及疑问词移位,如:

16) The police learned which hotel the maid who cleaned occasionally sued before she disappeared.

例16)是陈述句,但其中 which hotel 引导的宾语从句是间接引语形式的疑问句。金姆(2014)采用句子合理性测试以及眼动实验方法考察了母语为韩语的英语学习者对例16之类句子的加工过程,之所以采用疑问词移位句,是因为韩语中的疑问词不移位,按照其设想,这样可以排除母语迁移的影响。该实验的结论是,韩国英语学习者和英语本族语者的句子加工都是基于句法结构的,二者的差异可以由受试的工作记忆能力来解释。金姆等(2015)还发现母语为西班牙语的英语学习者对16)这类句子的加工受岛屿限制影响。约翰逊等(2016)关于岛屿限制句加工的研究也发现,母语为韩语的英语学习者句子加工和英语本族者一样都依赖句法信息。

从以上文献可以看出,通过考察自然的语言加工过程是否受岛屿限制制约已经成为验证语法心理现实性的一种重要途径。不过,相关研究总体上还不多,虽然都发现二语句子理解受岛屿限制影响,但他们对所收集数据的解读存在争议,即二语句子加工是基于语义还是句法。这种争议也是当前二语加工领域最主要的一个问题(Johnson, et al., 2016),与此相关的还有关于岛屿限制到底是什么的问题,菲利普斯(Phillips)(2006)和斯普鲁斯等(Sprouse, et al.)(2012)认为岛屿限制是句法原则,而克伦德和库塔斯(Kluender & Kutas)(1993)、霍夫迈斯特和萨格(Hofmeister & Sag)(2010)等认为岛屿限制只是反映了语言使用者句子加工能力的限制。

这些争论都是在浅结构假设及生成语法框架下进行的,没有考虑其他可能解释句子加工结果的语言学理论。另外,现有研究虽然已采用了眼动方法,但分析数据的指标主要是关键区域的注视时间,而未包括注视点数、瞳孔直径等指标。有鉴于此,本研究继续采用眼动方法考察中国英语学习者的句子理解过程,但结合注视时间、注视点数和瞳孔直径数据,以期更全面地描述二语句子加工过程。

3. 研究方法

(1) 研究问题

本研究回答的问题是"中国英语学习者句子加工是否受岛屿限制影响?"

(2) 研究对象

参加本次实验的受试中共29人(7男22女)数据有效,另外2名受试因数据有多项为零而被排除在统计之外。受试都是同一所高校的在校生,其中24名为非英语专业研究生,他们都参加过大学英语六级考试且成绩合格,5 名为英语专业本科大四学生,都参加英语专业四级考试且成绩合格,他们的母语都是汉语,英语学习主要通过中国学校的系统教育,年龄在 22—24 岁之间,裸眼矫正或视力正常,在实验过程中,眼球移动情况能够被眼动仪正常抓取。实验结束后,每位受试获得一定课程平时成绩加分或 50 元人民币作为报酬。

(3) 研究工具

本研究采用的工具包括离线的语法判断测试和眼动实验。语法判断测试题共由 24 句组成,其中岛屿限制句 12 句(6 句是疑问词移位,6 句是关系化移位),另外 12 句为非岛屿限制句,不涉及移位。受试阅读这些句子,并对其可接受性作出判断,1 表示完全不可接受,7 表示完全可以接受,如 17)。

17) I wonder which cloth the traveler who washed infrequently used the soap after he lost his bag.
完全不可接受　1　2　3　4　5　6　7　完全可以接受

眼动实验程序通过 E-Builder 设计,实验仪器是 Eyelink 1 000 Plus。实验材料由 72 个英语句子组成,其中 24 句为控制句,48 句为实验句,实验句共 12 组,每组 4 句,其中 6 组涉及疑问词移位,另外 6 组为关系化移位,这些句子参考了金姆(2014)和欧玛奇和舒尔茨(2011),从他们的实验句中选择了一些没有生僻词汇的句子。实验句分为四种类型,研究的自变量为语义合理/不合理和有/无岛屿限制,形成 2×2 被试内设计,如例 18 所示。

18) a. The police learned which hotel the maid cleaned occasionally for before she disappeared. (无岛屿限制,语义合理)

b. The police learned which family the maid cleaned occasionally for before she disappeared.

（无岛屿限制，语义不合理）
c. The police learned which hotel the maid who cleaned occasionally sued before she disappeared.
（岛屿限制，语义合理）
d. The police learned which family the maid who cleaned occasionally sued before she disappeared.
（岛屿限制，语义不合理）

在18)中，a和b句为非岛屿限制句，c和d句为岛屿限制句，a和c从句动词和疑问词可以形成语义上合理的搭配，b和d则不可以。以上设计的理据和假设是：受试阅读含有长距离依存关系的句子时，通常会采取"主动填充语策略"(active filler strategy)尽快消解依存关系(Clifton & Frazier, 1989)，所以在遇到从句动词wrote时，就会试图在wh-算子和动词之间建立动宾语义关系。当语义关系不合理时，受试的反应时间可能会和处理语义关系合理的句子不一致。如果这种语义合理性判断差异在遇到岛屿限制句时消失，则说明受试的句子加工受岛屿限制影响。

为确保受试认真阅读每个句子，每个实验句后都有一个与长距离依存关系无关的问题与A、B两个答案，受试要按键1表示选A，键2表示选B。所有实验句和控制句按照拉丁方设计成四个版本，随机呈现，以防止受试看出研究目的。所有句子都在电脑屏幕上以一行黑字呈现，背景色为淡灰色。

（4）数据收集与分析

受试先以纸笔形式进行语法判断测试，过程10分钟左右，语法判断卷上要求填写姓名、性别、年龄、大学英语六级或专业四级成绩等信息。完成后进行眼动实验，实验在安静无噪声的眼动实验室里进行，主试和受试分别在各自电脑前坐好后，主试讲解实验要求，并对受试进行眼校准，程序为九点校准，包括相机设置、校准、确认和输出记录等步骤。实验材料的开头有指导语，受试要读完指导语，然后阅读5句练习句并按题目要求作答，以熟悉实验步骤和流程。练习句完成后开始呈现正式的实验句,受试按照自己的速度阅读每句,读完并回答问题后按空格键进入下一句,过程20—30分钟左右。

测试和实验完成后,语法判断数据直接输入 SPSS。眼动原始数据首先采用 Data viewer 软件分析,所选择兴趣区域(Interest Area)为从句首个动词和其后的副词,如例 5 中的 cleaned occasionally,分析指标包括兴趣区首次注视时间(First Fixation Duration)、回视路径时间(Regression Path Duration)、总停留时间(Dwell Time)、注视次数(Fixation Count)、平均注视瞳孔直径(Average Fix Pupil Size)。首次注视时间反映的是早期加工状况,回视路径时间反映的是晚期加工(汪玉霞、陈莉,2019),总停留时间和注视次数体现的是加工过程中耗费的认知资源,瞳孔直径反映了加工的心理负荷情况(闫志明等,2018)。关于这些指标的数据以 Excel 表格形式保存,再逐类导入 SPSS 软件。

对数据的分析采用了一般线性模型中的二因素重复测量方法(Repeated Measures),自变量为语义合理与否和岛屿限制的有无,因变量为上述 5 种眼动数据。对实验句理解问题的回答统计显示,准确率为 84.2%,说明受试仔细阅读了绝大部分实验句,因此实验结果具有较高的信度。

4. 结果与讨论

(1) 语法判断结果

对 29 名受试非岛屿限制句和岛屿限制句语法判断数据进行的配对样本 T 检验结果见表 6-7。

表 6-7 语法判断测试

	N	平均分	标准差	T	p
非岛屿句	29	5.175	1.012	6.190	.000
岛屿句	29	3.701	.873		

表6-7显示,非岛屿限制句可接受性判断的均分比岛屿限制句的均分高,并且差异达到了显著性水平($p<.01$),说明受试具有岛屿限制知识。不过,由于岛屿限制句均分也达到3.7,说明他们并非总是能准确地判断出岛屿限制句不可接受。这种不确定性在二语习得研究文献中早有论述,关于二语学习者是否具有岛屿限制知识多年来争论不休,但结果支持普遍语法可及的研究总体上更多(Belikova & White, 2009)。

（2）眼动实验结果

兴趣区眼动指标的描述性统计结果见表6-8,推断性统计结果见表6-9。

表6-8 兴趣区眼动指标平均值(N=29,括号内为标准差)

	首次注视时间	回视路径时间	总停留时间	注视点数	瞳孔直径
非岛屿/合理	241(78)	1558(837)	1490(931)	6.68(4.14)	1071(521)
非岛屿/不合理	227(55)	1752(1237)	1117(726)	4.88(2.74)	1084(542)
岛屿/合理	227(57)	1266(767)	1023(691)	4.6(2.76)	1075(531)
岛屿/不合理	230(65)	1306(740)	935(660)	4.14(2.65)	1073(539)

注:时间单位：毫秒;瞳孔直径单位是Eyelink 1 000 Plus参照毫米的自定义单位(arbitrary unit)

表6-9 兴趣区眼动指标的重复测量方差(N=29)

	首次注视时间		回视路径时间		总停留时间		注视点数		瞳孔直径	
	F	p	F	p	F	p	F	p	F	p
合理性	.494	.488	1.623	.213	13.472	.001	14.231	.001	.629	.434
岛屿	.809	.376	17.781	.000	29.559	.000	28.410	.000	.336	.567
岛屿*合理性	1.603	.216	.371	.547	2.695	.111	3.986	.055	1.211	.281

从表 6-8 和表 6-9 中可以看出,四种实验句兴趣区首次注视时间差别不大,其中非岛屿/语义合理的句子时间最长。语义合理性和岛屿限制因素主效应都不显著(p＞.05),二者的交互效应也不显著(p＞.05)。说明中国英语学习者在加工句子的早期对动词和其移位的疑问词宾语之间语义搭配的合理性,以及句子是否是岛屿限制句不敏感,没有立即试图消解长距离依存关系。

对于回视路径时间,非岛屿限制句均值明显高于岛屿限制句均值,且在非岛屿与岛屿两种情况下,语义不合理型句式均值都高于语义合理句均值。不过语义合理性的主效应没有达到显著水平(p＞.05),而岛屿限制的主效应显著:$F(1, 28) = 17.781$,$p<.01$。对四类句子交叉进行的配对样本 T 检验显示,在非岛屿和岛屿两种情况下,语义合理/不合理句式之间的差异都不显著($t=-.985, p=.333; t=-.397, p=.694$);而在语义合理和不合理两种情况下,非岛屿和岛屿句式之间的差异显著($t=2.557, p=.016; t=2.411, p=.023$)。数据说明在句子加工晚期,中国英语学习者对岛屿限制敏感,对语义不合理性也有所察觉。

对于总停留时间,非岛屿限制句均值高于岛屿限制句均值,语义合理句式均值都高于语义不合理句式均值。语义合理性和岛屿限制的主效应都达到了显著水平,分别为:$F(1, 28)=13.472, p<.01; F(1, 28)=29.559, p<.01$。配对样本 T 检验显示,在非岛屿情况下,语义合理/不合理句式之间的差异显著($t=2.743, p=.010$);在岛屿情况下,二者的差异不显著($t=1.318, p=.198$)。在语义合理/不合理两种情况下,非岛屿和岛屿句式之间的差异都显著($t=3.709, p=.001; t=2.283, p=.030$)。结果说明,受试对岛屿限制敏感,总体上对语义合理性没有充分关注。

注视点数据和总停留时间情况比较相似,语义合理性和岛屿限制的主效应都达到了显著水平,分别为:$F(1, 28)=14.231, p<.01; F(1, 28)=28.410, p<.01$。配对样本 T 检验显示,在非岛屿情况下,语义合理/不合理句式之间的差异显著($t=3.208, p=.003$);在岛屿情况下,二者的差异不显著($t=1.587$, p=.123)。在语义合理/不合理两种情况下,非岛屿和岛屿句式之间的差异都显著(t=4.034,p=.000;t=2.237,p=.025)。结果再次说明,岛屿限制影响句子加工,而语义合理性则没有显著影响。

瞳孔直径数据差别不大,其中非岛屿/语义不合理句式均值最高。语义合理性和岛屿主效应和交互效应都不显著。说明受试加工四类句子时的认知负荷差距不大,但非岛屿/语义不合理型句式加工难度最大。

(3) 讨论

本研究结果表明,中国英语学习者的句子加工过程受岛屿限制影响,具体体现在回视路径时间、总停留时间和注视点数三项指标上,而首次注视时间和瞳孔大小则没有体现出岛屿限制效应。在与本研究方法相同的三项二语句子加工研究中,卡宁斯等(2010)和弗尔瑟等(2012)发现,首次注视时间和回视路径时间指标都体现了岛屿限制的影响,而在金姆(2014)中,只有首次注视时间体现了岛屿限制效应。另外,上述研究中关于英语本族者的数据以及特雷克斯勒和皮克林(1996)都验证了岛屿限制效应在母语句子加工中的存在。以上发现结合前人及本研究中的语法判断结果,使我们有理由相信,二语学习者和英语本族语者的句子加工过程一样都受岛屿限制制约。

上述研究都将指派论元的动词(subcategorizer)与其移位论元(填充语)之间语义匹配是否合理作为检验语言使用者是否在句子加工中建立长距离依存关系的诊断方式,其理据是:填充语与动词后语缺的整合同时涉及词汇语义匹配以及句法结构线索(为动词指派论元),如果发现受试对语义合理性敏感,就说明他们同时也在建立句法层级结构关系。在卡宁斯等(2010)和弗尔瑟等(2012)中,二语学习者在加工非岛屿限制句时对这种语义合理性敏感,在加工岛屿限制句时对此不敏感,说明受试在加工岛屿限制句时试图避免建立长距离依存关系。不过,语义合理性的测试结果并不总是一致,弗尔瑟等(2012)中的英语本族语受试在加工非岛屿/语义不合理句子时却花费了较少的时间；金姆(2014)发现语义合理性不具有主效应；在本研究中，虽然回视路径时间和瞳孔直径两项指标显示受试处理语义不合理句子付出了较多的认知努力，但在总停留时间和注视点数两项指标上则表现出相反的情况。

由于现有研究关于语义合理性判断的研究结果不一致以及对岛屿限制的性质认识有差异，因此对句子加工研究结果的解读产生了很大分歧。以卡宁斯等(2010)为例，该研究发现二语句子加工受岛屿限制影响，但又根据中国英语学习者和德国英语学习者的表现没有差异来否认岛屿限制是语法知识。实际上汉语虽然没有疑问词移位，但岛屿限制在汉语关系化和话题化中都存在(Huang, et al. 2008)，因此这种说法站不住脚。此外，由于动词论元指派和语义匹配是同时进行的，所以语义合理性评估虽然可以视为建立结构依存关系的诊断依据，但带来的问题是难以区分加工者到底是依赖语义线索还是结构线索。弗尔瑟等(2012)认为二语学习者早期加工主要基于语义而非句法，理由是他们对动词后有/无空位不像本族语者那样敏感，问题是如果二语句子加工主要基于语义，那么又如何解释二语学习者有岛屿限制这种句法知识呢？该研究只好否认岛屿限制是语法原则，将其看作加工能力的限制，问题是加工理论只能解释少数岛屿限制现象，对关系从句这种强岛屿无能为力。上述分析思路对于本研究结果也面临同样的问题，由于本研究中语义合理性的各项指标要么没有主效应，要么与预测相反，说明受试可能没有试图建立结构依存关系，但受试同时又对岛屿限制敏感，如何解释这种自相矛盾的情况呢？

我们认为，现有研究争论不断的主要原因还是对岛屿限制性质的认识不同。一种可能的思路是将岛屿限制完全看作是一种语义/语用现象。迪恩(1991)指出，岛屿限制并非自足的句法，而是与语言加工者注意中心有关。戈尔德贝格(2006)认为，岛屿限制现象可以由构式的信息结构特征来解释，即背景化程度高的构式中的成分不能移出，并指出长距离依存结构涉及多个构式的整合，

如果构式的信息结构特征不一致,会导致语用推理崩溃,形成不合语法的句子,例如:

19) *Who did Mary meet the girl who loved?

按照信息结构假设,19)中的关系从句是背景构式,因此句子不可接受。这类句子传统上只能由邻接原则才能解释,加工理论目前对此还没有涉及。由此可见,和单纯的加工理论相比,信息结构理论能够对更多的岛屿限制现象作出与普遍语法不同的解释。

就本研究的结果来说,中国英语学习者对岛屿限制不够敏感,说明加工主要是基于语义的,并且可能集中在词汇提取上而忽视了词语间的语义联系;受试在加工的晚期和句法整合的过程中对岛屿限制敏感,很有可能是意识到关系从句是背景构式,从而试图避免建立动词和填充语之间的联系,而不是因为他们先天具有岛屿限制这种句法知识;另外,在早期加工中对岛屿限制不敏感,也能辅助说明岛屿限制可能并非先天的普遍语法。将岛屿限制看作信息结构特征可以有效解决二语句子加工是基于句法还是语义的争论。

5. 结论

本研究采用眼动测试方法考察了中国英语学习者句子理解过程,并辅以语法判断方法调查了他们的岛屿限制知识,结果显示中国英语学习者具有岛屿限制知识,他们的句子加工过程受岛屿限制影响,同时语义合理性诊断显示受试可能并没有试图建立结构依存关系。现有的加工理论似乎难以解释这种矛盾的现象,而信息结构假设可以对本研究结果提供统一和自然的解释。

关于英语学习者自然的句子阅读过程的眼动研究能够比较有效地揭示岛屿限制知识的心理现实性,但不足之处是难以区分句法和语义线索,而 ERP 方法则可能弥补这一不足(Covey, et al., 2017)。此外本研究未考虑学习者的英语水平、工作记忆容量等个体差异因素,这也是未来研究需要进一步考察的方向。

四、总结

在语言学领域,形式语言学派将岛屿限制现象看作纯形式的自足的句法模块,通过人为规定的移位限制条件来描述各类岛屿限制现象。涌现论将岛屿限制现象看作句法涌现特征,致力于用非语言的因素特别是信息结构和普通的加工机制来对其作出解释。在二语习得领域,有关岛屿限制现象的研究大多以生成语言学为指导,早期的相关研究主要探讨普遍语法对二语学习者是否可及,近年来关于岛屿限制效应的句子加工研究已经成为热点。但从涌现论角度研究岛屿限制现象的还不多见。

本章回顾了研究者对中国英语学习者岛屿限制知识进行的一项对画线部分提问研究,结果显示,中国学习者的岛屿限制知识符合涌现论中 BCI 假设的预测而不是生成语言学中邻接原则的预测,这一结论对普遍语法可及性研究构成了挑战。

本章重点报告了一项关于岛屿限制效应的眼动研究,结果显示,中国英语学习者的句子加工过程受岛屿限制影响,但语义合理性诊断显示受试可能并没有试图建立结构依存关系,涌现论可能更好地解释上述关于中国英语学习者岛屿限制句加工过程的研究结果。

岛屿限制现象是理论语言学多个流派争论的焦点。本研究受涌现论和先天论的争辩启发,基于涌现论关于岛屿限制的假设,通过实证研究探讨中国英语学习者复杂句法知识表征,验证有关的语言学理论假设,从而有助于解决语言学理论上的争议,促进语言学和认知科学的发展。从语言学角度研究二语习得不仅可以提供新的视角,促进二语习得理论发展,还可以提升二语习得的学科地位,使二语习得融入前沿的认知科学中去。句法习得一直是涌现论研究的薄弱环节,本研究有利于拓宽涌现论在二语习得领域的应用范围,催生突破性成果,深化我们对中介语特征和本质的认识。方法上,本章采用了心理语言学中新兴的眼动实验方法,对二语习得研究方法的改进有一定启发。本研究结果可以为中国的英语教师和学习者探索和认清外语学习规律提供参考。

第七章　照应现象的理论研究

本章首先综述语言学领域有关照应现象的研究成果,对比先天论和涌现论关于照应现象的具体假设,然后运用涌现论分析英汉语中的若干照应现象。

一、语言学领域的照应研究

照应现象被认为是语言学研究的一个窗口。几十年以来,国内外学者分别从句法、语义、语用和认知等多个角度对这一现象进行了大量的、广泛深入的研究(Chomsky, 1981; Givón, 1983; Fox, 1987; Ariel, 1990; Gundel, J. K. et al., 1993, van Hoek, 1995; Halliday & Hasan, 1985; Halliday, 1994; Huang, 1994; 许余龙, 2002, 2004)。本节首先阐述照应的基本概念,然后对照应的相关文献进行梳理,先综述理论语言学界关于照应的几种主要的理论,再回顾汉语照应研究和研究者本人的探索,最后概述研究者提出的关于反身代词的"分裂的自我"假设。

1. 照应的基本概念

照应(anaphora)是句子或语篇中两个成分之间的同指或约束关系。在各种照应语中,受到较多关注的是名词性成分,通常包括代词和其他指称词语。根据指称词语与所指对象的位置先后关系,人们把指称对象位于指称词语之后的照应称为前照应,也称下指、预指、逆回指或后指(cataphora),把指称对象位于指称词语之前的照应称为后照应,又称回指(anaphora)、前指。由于后照应是语言的常规形式,所以语言学界通常将后照应等同于回指。

根据所在语言单位的不同,照应还可以分为句内照应和跨句照应。跨句照应也称篇章回指(discourse anaphora)。篇章回指根据指称词语的表现形式分为直接回指(direct anaphora)和间接回指(indirect anaphora)。直接回指是常见的回指形式,即指称词语和其先行词都在上下文中出现,二者之间可以直接建立指代关系,如代词和先行词。也有一些指称词语和先行成分在语言表述上不是直接的指代关系,需要通过部分—整体、近反义、上下义等关系才能将二者联系起来,这种回指被称作间接回指。

本书主要探讨句内照应,因为句内照应是生成语法、语用学、认知语法、功能语法、涌现论都关注的焦点。句内照应中用来指代先行词的语言形式有:(1)照应语(anaphor),包括反身代词或相互代词;(2)人称代词(pronoun),主要指第三人称代词;(3)指称词语(r-expression),指完整的名词短语,尤其是有定名词短语。不过,由于句内照应和篇章照应在许多时候有重合之处,并且句法可能来源于章法,涌现论关于照应的理论很多与篇章照应有关,因此我们也对篇章照应的文献进行了梳理,关于篇章照应的一些语用和认知理论也可以应用到句内照应中来,从而对句内照应和篇章照应进行统一的解释。

2. 生成语法研究

乔姆斯基(1981)认为句内照应现象反映了普遍语法,对此他提出了著名的约束原则(Binding Principles),原则 A 规定反身代词在管辖域(governing category)内受到约束,原则 B 规定代词在管辖域内是自由的,原则 C 规定指称词语在任何语境中都是自由的,如 1)所示。

1) a. John$_i$ admires himself$_i$.
   b. *John$_i$ admires him$_i$.

c. * He$_i$ said that John$_i$ won.

1)a 中的反身代词 himself 只能指小句主语 John,符号原则 A。1)b 中的代词 him 不能和小句主语共指,而是指小句之外的某个人,符合原则 B。1)c 中的指称词语 John 不受约束,因此不能和成分管制它的主句主语 he 共指,符合原则 C。

约束原则 A 中最重要的概念是管辖域,但是不同的语言中管辖域并不一致,所以生成语法学家通过设置管辖域参数来处理这一问题。管辖域参数的定义为(Manzini & Wexler, 1987):

(1) γ 是 α 的管辖域当且仅当 γ 是包含 α 的最小域并且有:
    a. 一个主语,
    b. 一个曲折语素,
    c. 时态,
    d. 指称时态,
    e. 主句时态。

英语管辖域符合参数 a,例如在 Alice thinks that Sue loves herself 中,herself 只能和最小域中的 Sue 约束,日语和汉语管辖域符合参数 e,因为日语反身代词 zibun 和汉语反身代词"自己"都可以和主句主语共指也可以和从句主语共指。然而,管辖域参数没有考虑不同语言中的反身代词形式可能不一致,以汉语为例:

2) a. 张三$_i$ 知道李四$_j$ 喜欢自己$_{ij}$。
   b. 张三$_i$ 知道李四$_j$ 喜欢他自己$_j$。

2)a 说明,汉语反身代词"自己"既可以指最近的"李四",也可以指较远的"张三",而复合反身代词"他自己"则只允许近距离约束。普罗戈瓦茨(Progovac)(1993)据此提出了相对化大主语的概念,即简单反身代词并不将管制它的任何最大投射作为其大主语(先行词),而复合反身代词则需要将最近的最大投射作为先行词。普罗戈瓦茨(1993)还注意到,俄语中的反身代词可以允许跨越非限定从句的长距离照应,但不允许跨域限定性从句的长距离照应,而汉语反身代词则既允许跨域非限定从句的照应,也允许跨越限定性从句的照应。

约束原则 B 和 C 并没有清晰地描述句法结构如何限制代词和名词的指称。早期的生成语法认为代词和名词之间的照应关系需要满足两个条件:要么代词位于名词之后,要么名词管制代词,但是这两个条件在处理 3)b 时遇到了困难。

3) a. Near him$_i$, Dan$_i$ saw a snake.
   b. * Near Dan$_i$, he$_i$ saw a snake.

3)b 中的代词位于名词之后,但是共指不成立。为了能够更加概括地描述代词和名词之间的照应关系,雷恩哈特(Reinhart)(1981)提出了成分管制条件(c-command condition):代词不能和其成分管制范围内的名词共指。成分管制可以表述为:A 成分管制 B 当前仅当控制 A 的第一个节点同时控制(dominate)B 并且 A 不控制 B。虽然例 3 在表层结构上介词短语位于主句主语之前,但其深层结构却如下面的树形图所示:

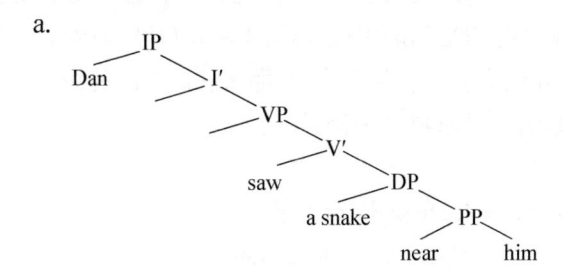

a.
```
         IP
        /  \
      Dan   I'
           /  \
          VP
         /  \
        V'
       /  \
     saw   DP
          /  \
     a snake  PP
             /  \
           near  him
```

b.

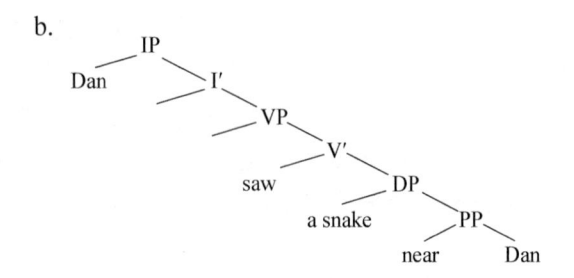

```
        IP
   Dan /  \
         I'
        /  \
          VP
         /  \
           V'
         /    \
       saw    DP
             /  \
         a snake PP
                /  \
              near  Dan
```

在 3)a 中,Dan 成分管制 him,因为控制 Dan 的第一个节点同时也控制 him,共指完全成立。在 3)b 中,he 成分管制 Dan,控制 he 的第一个节点同时又控制 Dan,因此二者不能共指。但是成分管制条件似乎不能解释 4)。

4) a. In Carter$_i$'s home town, he$_i$ is still most highly regarded.
   b. *In Carter$_i$'s home town, he$_i$ spends his most pleasant hours.

4)a 和 4)b 表层结构一致,但 4)a 中的代词和名词共指成立,而 4)b 中则不可以。雷恩哈特(Reinhart)(1981)对此的处理方案是假设 4)a 和 4)b 的深层结构不一致,但这样的解释似乎有些牵强。

代词和名词的约束问题不仅是句法现象,还涉及语用和语篇问题。为了区分句法和语用现象,雷恩哈特(1983)指出,如果先行词是量词,并且成分管制某个代词,那么它们之间的约束关系一定符合约束原则。以原则 B 为例:

5) a. *Lucie$_i$ adores her$_i$.
   b. *Everyone$_i$ adores her$_i$.

5)a 违背约束原则 B,her 不能和 Lucie 共指,如果将 Lucie 替换成全称量词 everyone,那么 everyone 和代词肯定也不能共指。也就是说,如果先行词和代词之间是变量约束关系,它们也一定是共指关系,但共指关系不一定是变量约束关系,如(Grodzinsky & Reinhart,1993):

  6) a. Most of her_i friends adore Lucie_i.
   b. * Most of her_i friends adore every actress_i.

6)a 中的代词 her 和名词 Lucie 只是共指关系,但不是约束关系。该句中的名词 Lucie 并不成分管制代词 her,如果将名词(Lucie)替换成变量(every actress)后二者不能共指,如 6)b 所示。也就是说,共指现象可能与语用或其他因素有关,但约束现象一定符合普遍语法。

3. 功能语法研究

  功能语法的流派很多。较早关注照应现象的流派是系统功能语法,主要关注篇章照应(discourse anaphora),即超越句子界限的回指现象,由回指语和先行词构成,二者之间是同指关系(许余龙,2002)。系统功能语法将篇章照应看作是语篇衔接关系中的一种(Halliday & Hasan, 1976),例如:

  7) Wash and core six cooking apples_i and put them_i into a fireproof dish.
         (Halliday & Hasan,1976:2)

在 7)中,them 为回指语(anaphor),six cooking apples 为先行词(antecedent),它们组成了一个篇章回指纽带(anaphoric tie),也称指代(reference),指代和替代、省略、逻辑连接词、词汇重复等被看作是篇章上下文几种最主要的衔接方式,衔接是语篇连贯的基础,也是三大元功能中的篇章功能在语言中最重要的体现。

虽然系统功能语法关注照应现象比生成语法还要早,但并没有对句内照应进行深入的分析。除了系统功能语法,还有一些关于篇章照应理论属于广义的功能语言学范畴,主要有以下几种(Huang,2000)。

(1) 杰旺(Givón)(1983)的主题延续模式(topic continuity model),认为照应语的编码主要由主题的延续性决定,主题延续性可以通过回指语与先行词间距离的远近、潜在先行词的数量、主题信息(thematic information)等因素来衡量。

(2) 福克斯(Fox)(1987)的层级模型,认为照应语的编码和解码受篇章层级结构制约。篇章层级结构也称修辞结构,包括对话中的话轮、语篇中的段落等。影响篇章照应的主要因素是语篇的体裁特点,例如一个篇章结构单位的开头通常会使用名词短语,之后再次提及时会使用简化的短语如代词等。

(3) 冈代尔(Gundel)(1993)的认知模型(cognitive model),认为照应的编码是由认知激活状态决定的,如先行词的心理激活程度以及说话人的注意状态等。

以上几种模式中,主题延续模式、认知模型和可及性理论在很多方面有相似性,阿里尔(Ariel)(1990)的可及性理论更具影响力(详见下节),虽然这些理论都声称句内照应也遵循同样的规律,但都未深入探讨句内照应。

较早系统考察句内照应的是库诺(Kuno)(1987)提出的功能句法。功能句法和后期的涌现论思想基本一致,致力于从非句法视角考察句法。库诺认为有四个非句法因素会决定照应是否成立:(1) 感知策略;(2) 信息流,包括主题和说明、预设、旧信息和新信息,激活和非激活状态等;(3) 直接话语视角,指的是从句表达主句主语的思想意识;(4) 移情视角,指说话人可以选择不同角度,可以选择与事件参与者较远的或较近的位置,也可以融入事件本身。库诺重点考察了直接话语视角和移情视角对句法的影响。

8) ?? That Ali_i was the best boxer in the world was claimed by him_i repeatedly.

在例8)中,尽管 him 位于名词 Ali 之后,符合回指的常规形式,但共指的可能性却不大,这是因为该句来源于直接引语句9)a 以及转换成间接引语的9)b。

9) a. Ali claimed "I am the best boxer in the world."
b. Ali claimed that he was the best boxer in the world.

在直接引语转换成间接引语的过程中,从句主语由第一人称代词转换为第三人称代词,而不会转换成名词 Ali,所以例8即使符合回指的常规形式也不能使共指成立。再看移情对照应的影响。

10) ? Someone_i talked to Mary about himself_i.

库诺(1987:154)认为,如果句10)被理解成关于 someone 的客观描述,反身代词指代主语的可能性不大,如果说话人知道 someone 的身份,这种情况下共指完全可以接受。可见,说话人角度的变化对照应是否成立产生了影响。

库诺的功能句法最大的特色不仅在于详细考察了非句法因素对句法的影响,还在于采用量化模型来精确衡量照应能否成立的程度。以困扰生成语法学家很久的图像名词照应为例,约束原则 A 和 B 预测反身代词和代词呈互补分布,但图像名词照应似乎不完全符合这一规律。库诺(1987:183-201)详细论述了图像名词照应所涉及的非句法因素以及量化模型,主要规则及打分标准如下。

(1) 触发名词(先行词)是否有意识:当前意识(+3)＞先前意识(+1)＞无意识(-5)。

(2) 图像名词领有者作为触发名词：显性领有者(＋2)＞隐性领有者(0)＞被动标记 by 后的施事(－3)＞间接施事(－3)＞无施事(－6)。

(3) 图像名词中领属成分是否介入：隐性领有者(－4)＞被动标记 by 后的施事(－6)＞显性领有者(－8)。

(4) 语义格等级：施事(＋2)＞经验者(＋1)＞目标(0)＞其他格(－5)。

(5) 表层结构等级：主语(＋2)＞宾语(－1)＞其他成分(－3)。

(6) 照应等级：有定名词(＋2)＞无定名词(0)＞不定代词(－2)。

(7) 生命性等级：人(＋2)＞有生命事物(0)＞无生命事物(－2)。

以"? John hates stories about himself by Jane"为例，该句中触发名词 John 是有意识的，得 3 分；图像名词领属位置没有施事，扣 6 分；图像名词短语有 by 短语修饰，扣 6 分；触发名词是经验者，加 1 分；触发名词是主语，加 2 分；触发名词是有定名词，加 2 分；触发名词是有生命的，加 2 分。总计得分是负 2 分，所以该句中用反身代词 himself 不是非常合适，用代词 him 更好。

4. 语用学研究

莱文森(Levinson)(1987)认为照应现象可以用语用原则来解释，他在格莱斯(Grice)的数量次则(the maxims of Quantity)基础上提出数量原则(Q-principle)和信息原则(I-principle)。数量原则(Q-principle)从说话人的角度是指尽量不要提供弱于他的世界知识的信息，从听话人角度是指尽量把说话人的陈述内容看作他所知道的最大信息。信息原则(I-principle)从说话人角度是指尽量用最少的语言表达思想，满足交际需要即可，从听话人角度是指尽可能详细解读说话人的意思，也就是说人信息最小化和听话人推理最大化。名词短语的编码规律即词汇名词＞代词＞零回指反映了语用原则。照应现象可以根据语用原则来解释,要点包括:在句法允许直接编码共指关系的情况下,使用信息量较弱的表达式将数量隐含非共指解读,例如在可以使用反身代词指代先行词的环境下,如果使用非反身代词如代词或语缺,将使共指不成立,同样在使用代词或语缺比较合适的语境中使用词汇名词也会数量隐含非共指解读。除了数量原则(Q-principle)和信息原则(I-principle),还有方式原则(M-principle)也会影响照应语编码,就是说话人要尽量不说冗长的、晦涩的、有标记的表达式。

莱文森(1987)认为语用原则有助于简化生成语法中的约束原则,如果将约束原则 A 看作语法的基本原则,那么约束原则 B 和 C 根据语用原则就可以取消,因为根据约束原则 A 和语用原则就可推导出反身代词和代词呈互补分布的规律,同样也可以解释代词和词汇名词的互补分布现象。由于约束原则 B 和 C 可以在原则 A 基础上用语用原则推测出来,也就没有必要将约束原则 B 和 C 看作是普遍语法的内容。

黄(Huang)(1991)也认为照应现象反映了语用原则,并在莱文森的理论上作了一些修正,但是他们所提出的照应语解读原则仍然过于简单。在实际语言使用中指称词语的类别要更加丰富,不同类别的指称词语也不完全是呈互补分布的,很多时候可以互换。鉴于这些问题,艾利尔(Ariel)(1990)提出了关于指称词语的可及性理论,主要观点是:照应语的编码和解读基本受先行词的心理可及程度决定。例如,代词的先行词通常在较近的语言语境中,在语言使用者加工过先行词之后不久就会遇到代词,这时代词的指称在语言加工者心理上激活程度还比较高,提取难度不大,所以代词的心理可及性很高。又如,名词短语特别是专有名词的所指通常在文化或百科知识语境,需要加工者到长时记忆中去提取其所指,所以名词短语的可及性较低。

影响照应词语编码复杂程度的因素有信息量、严格程度、强调程度。例如,名词短语传递的信息量较大,编码形式也最复杂,代词的信息量较少,编码形式简单。又如,鲁迅和一位著名作家都是名词短语,但前者严格程度更高,其所指可及性更低。强调程度主要是指非重读词语,是较高的可及性标示语,而重读词语是较低的可及性标示语。先行词的心理可及程度高低由多种因素决定,其中最主要的是距离、竞争、显著性和同一性。先行词离照应语越远,心理可及度就越低。语篇或语境中具有成为先行词的潜在词语越多,竞争越激烈,先行词可及性越低。如果先行词处于句子或语篇中的显著位置,如主语或主题,则可及度较高。此外,如果回指语和先行词属于同一心理框架,或在概念上有一致性,则提取先行词比较容易,可及性较高。可及性理论将照应词语编码和解读与语言加工机制联系起来,使得心理学中的加工机制如工作记忆容量、激活状态、短时和长时记忆等概念可以被用来解释词语的指称。当指称词语的所指处于激活状态,就采用形式简单的词语如代词或零代词,如果词语所指的心理激活状态不高,就要采用形式复杂、信息量大的名词短语来编码。

该理论的基础是英语语篇中照应语分布情况的统计数据,见表7-1。

表7-1 英语篇章回指分布规律

回指语类型	篇章位置				总计
	同一句	前一句	同一段	跨段	
人称代词	110 (20.8%)	320 (60.5%)	75 (14.2%)	24 (4.5%)	529 (100%)
指示代词	4 (4.8%)	50 (59.5)	17 (20.2%)	13 (15.5%)	84 (100%)
名词	4 (2.8%)	20 (14.1%)	65 (45.8%)	53 (37.3%)	142 (100%)
总计	118	390	157	90	755

从表7-1可以看出,人称代词的先行词在前一句中的比例最高,在同一句中的比例也不小。指示代词的先行词前一句的比例最高,在同一段和跨段中的比例也不小,在同一句中的比例则较

小。有定名词的先行词在同一段和跨段中的比例都很高,而在同一句和前一句中的比例较小。说明照应语与先行词间的距离越远,照应语编码形式就越复杂。因此,人称代词被称为高可及性标示语,指示代词被称为中可及性标示语,有定名词是低可及性标示语。可见,英语中的篇章回指分布规律基本符合可及性理论的预测。

由于可及性理论是基于语篇中照应语的分布规律提出的,所以在一段时间内主要被用来分析篇章照应,用于句内照应分析的应用研究不多,直到该理论被融入认知照应理论中情况才有所改观。

5. 认知照应理论

可及性理论被范·霍克(van Hoek)(1995)吸收进入了认知照应理论。范·霍克(1995)认为认知主体或概念化者在篇章解读过程中,通常优先选择语篇中某个显著的名词性成分作为概念参照点,然后以此为基础对领地中的其他名词性成分进行定位和识解。领地指的是概念结构,在语言中通常是表达一个命题的句子,也可能范围更广。选择什么词语作概念参照点由多种因素决定,最重要的是显著性、概念联系性和线性语序。对于句内照应来说,显著性和观念联系性比线性语序更重要。从可及性角度来说,某个词语如果充当概念参照点,则在其领地中不能出现比其可及程度低的指称词语。首先看显著性在代词解读中的作用。

11) * He_i likes $John_i$'s mother.
12) The people who work with her_i like $Sandy_i$.

英语是主语突显的语言,句子主语通常被默认为句中最显著的成分,所以认知主体一般会优先将主语确立为概念参照点。在11)中,名词 John 处于代词 he 的领地中,由于 he 是主语,通常被优先确定为参照点,但 John 比 he 的可及性程度低,因此不能建立共指关系。在句 12)中,代词 her 位于表达背景信息的关系从句中,因此不会被选为参照点,共指可以成立。由此可见,认知语法中领地和可及性等概念完全可以代替纯句法的成分管制条件。下面再看概念联系性对照应的影响。

13) a. With *her*~i~ umbrella, *Sally*~i~ nudged Sam.
    b. * With *Sally*~i~'s umbrella, *she*~i~ nudged Sam.
14) a. From *his*~i~ drawer, *Tom*~i~ took out a gun.
    b. * From *Tom*~i~'s drawer, *he*~i~ took out a gun.

如 13)—14)所示,句中前置附加语为表示工具、目标和来源的介词短语,前照应可以成立而后照应不能成立。这是因为这类附加语虽然不是谓语动词的论元,却是谓语动词表达完整动作所必须要求的成分,如果去除则会使语义不完整,因此和主句概念联系性很强。它们虽位于主语之前却仍然处于主语(概念参照点)的领地中,概念参照点要求其领地内不能出现比其可及性低的实体,所以 13)b 和 14)b 中的代词和名词不能共指。

15) a. After *she*~i~ got home, Mary~i~ took a shower.
    b. After Mary~i~ got home, *she*~i~ took a shower.

当前置附加语为状语从句时,前后照应都可以成立。如果仅从结构角度来说,主句主语仍然应该被优先选作参照点,状语从句应该不可以摆脱主句中概念参照点的领地,所以 15)a 成立。15)b 也可以接受,原因可能有两点:首先,状语从句本身表达的是另外一个事件框架,和主句的联系性应该比介词短语更低,在这种情况下线性语序的作用就比较明显(Van Hoek,1995:320),Mary 因先被感知而成为参照点;其次,状语从句前置后显著性增高,从语义角度来说实际成了新的概念结构,一定程度上摆脱了主句主语 she 的领地。

16) a. In *her*ᵢ latest movie, *Kathleen Turner*ᵢ falls in love with Tom Cruise.
b. In *Kathleen Turner*ᵢ's latest movie, *she*ᵢ falls in love with Tom Cruise.

Kathleen Turner 和 she 分别属于现实空间和虚拟空间，不同的心理空间使得这类附加语与主句之间没有很强的联系性，附加语前置后不再被看作领地的一部分，认知主体不再参照句子主语来识解附加语中的成分。综上所述，句子结构所表达的概念之间的联系程度可以解释很多困扰生成语言学的问题。

认知照应理论对于反身代词也基本适用。范·霍克(1997)关于反身代词的探讨基本上是以库诺(1987)为基础，不过她将库诺提出的各种等级简化为通用认知机制，特别是概念参照点确立机制。

6. 加工者特征理论

认知照应理论主要关注确立概念参照点这种通用认知能力在语言中的体现，但照应现象非常复杂，还需要进一步探讨。奥格雷迪(2005, 2011, 2014)基于遵循效率优先的加工处理器对反身代词的照应问题进行了研究。奥格雷迪(2005)将大脑计算系统比作"木工"而不是"建筑师"，也就是说，语言能力不是按照图纸（先天的普遍语法）发展起来的，而是因为人类大脑是天生要遵循效率优先原则按照线性方式加工语言的处理器，计算系统在加工句子过程中总是试图尽快消解指称依存关系，这种加工方式导致看似语法规则的语言特征的产生。以反身代词为例：

17) Harveyᵢ admires himselfᵢ.

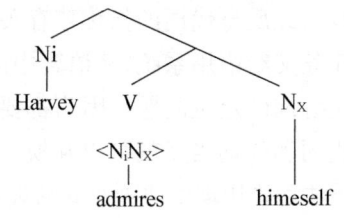

$$N_i$$
Harvey V N_X
⟨N_iN_X⟩
admires himeself

反身代词必须和最近的名词共指,生成语法将此看作普遍语法的一部分即约束原则。奥格雷迪认为其实不存在约束原则,局部照应可以由计算系统自身的特性来解释。动词 admires 是二价动词,有主语和宾语两个论元依存关系要消除,加工系统在处理过左边的名词 Harvey 后遇到动词自然会在第一时间消解主谓之间依存关系,也就是将名词标示 N_i 放到了 admires 的论元格子中。在遇到反身代词 himself 时,动宾之间的依存关系得以消除,也就是把 N_x 也放到了 admires 的论元格子中,由于这时动词论元格子中有 Harvey 的论元标示 N_i,所以反身代词的指称依存关系遵循效率优先选择一定会在这时消除,因为这是最早的一个消除指称依存关系的机会。

在生成语法理论框架下,有许多约束原则 A 的反例难以进行统一的描述和解释,最为典型的是所谓"图像名词短语"(O'Grady,2005:42):

18) The picture of her_i/$herself_i$ delighted $Mary_i$.

19) $John_i$'s diary contains several pictures of him_i/$himself_i$.

在例 18)和 19)中,反身代词的指代对象都不在最小的管辖域内,并且和代词可以互相替换,形成自由变异现象,违背了约束原则 A 和 B。

根据奥格雷迪(2005),这些反例可用计算系统与生俱来的特点来解释。加工系统遵循尽快消解指称依存关系的原则,和反身代词合并的图像名词的论元格子中除了反身代词的标示之外并不含有另一个名词的标示,因此反身代词的指称依存关系不能立刻得到消解,只能把这个任务交给语用系统,从语篇中的话题性、语境、视角等因素来解决先行词的定位问题。因为都要靠语用系统来解决依存关系,反身代词和代词当然就可以互换。在传统的反身代词研究中,有普遍语法和语用理论两种对立的观点,加工处理器理论既弥补了语用理论对核心的约束现象解释力不强的问题，也解决了生成语法忽视词汇和语用在句子处理作用的问题。又如：

20) a. Mary's sister$_i$ overestimates herself$_i$.
    b. *Mary$_i$'s brother overestimates herself$_i$.

在加工 20)a 时，计算系统先合并领有者 Mary 和被领有者 sister，再作为整体与动词 overestimates 合并，这时放到动词论元格子中的是论元 sister 的标示，在动词与反身代词合并时，只有 sister 的信息可以使 herself 的指称依存关系立即得到消解，所以 herself 与 sister 共指而不是与 Mary 共指。加工系统是按线性方式加工句子的，自然就会呈现出近距离约束现象。在 20)b 中，加工系统遇到动词后存入动词论元格子中的信息是 brother，由于反身代词性别特征不同，无法使反身代词指称依存关系立刻得到消解。要使加工系统能够到语境中寻找消解依存关系的机会，必须提供适当的语言环境，例如 19)中的反身代词出现在无定名词短语中，无定名词短语往往表达新信息，焦点性高，焦点结构中反身代词或代词的指称依存关系更容易消解。

7. 自然语言加工研究

照应语解读也是自然语言加工领域的重要课题。根据苏可汉克等(Sukthanker, et al.)(2020)，研究者在照应语的自然语言加工研究中设计了多种算法，根据其理论模型可以分为基于规则的解析方法、基于学习机制的解析方法和深度学习模式。

基于规则的模型又可以分为基于句法的模型和基于语篇的模型。基于句法的模型通过分析句法树来确认先行词，并辅以世界知识来消除不合格的先行词。基于篇章的模型中最著名的是向心理论。该理论中最核心的概念是"中心"，即联系话语或句子的实体，包括前瞻中心和回顾中心，一个实体能否成为"中心"所依据的规则是实体在语篇中的显著性和位置。"中心"确认过程包括三个阶段:中心延续、中心保持和中心变化,制约"中心"的两大原则是成为注意中心的实体容易代词化以及加工者倾向于将同一实体一致保持为中心。

在二十世纪九十年代,基于规则的回指解析方法逐渐被基于学习机制的方法代替,这主要得益于标注语料库的建设。基于学习机制的回指解析模式大致有三类。第一类是将代词和先行词看作指称对子(mention-pair),对每个对子进行二元分类决策以确定共指能否成立。第二种模型不是对每个对子进行判断,而是根据名词的特征如性或数来确定其是否可以充当先行词。第三类是将指称(mention)进行排序,以确定哪个能成为最佳的先行词。

深度学习共指解析模型是近十多年发展起来的,主要目标是减少人工设计的特征。该模式采用神经网络模型模拟指称的解析过程,是非线性的模型,不像传统方法那样只关注单个指称(mention)的特征,而是采用聚类的方法利用指称的簇特征。以克拉克和马宁(Clark & Manning)提出的模型为例,该模型包括四个部分:一个指称对编码器(mention-pair encoder),用来生成一对指称的分布表征;一个簇对编码器(Cluster-Pair Encoder),用来生成一对簇的表征;一个簇打分模型(Cluster-Ranking Model),用来评估这两个簇是否可以成对;一个指称打分模型(Mention-Ranking Model),用来评估两个指称是否可以指称同一对象。在该模式中,词之间的语义依存关系以向量形式表示,进行指称解析时只需输入较少的宏观特征即可,例如嵌入特征、指称的类型、文本特征、距离特征等。

8. 小结

生成语法和涌现论都对照应现象提出了比较细致的分析框架。无论是采用约束原则和成分管制条件,还是采用概念参照点理论或加工理论,它们关于核心照应现象的描述其实是一致的,即反身代词的所指应该是最近的名词,代词的先行词要在远一些的语篇环境中,名词的所指则要更远。两派的分歧在于一些比较特殊的结构,例如前照应现象。对于代词和名词来说,在前照应中更容易看清楚概念联系性对照应的影响,通过对概念联系性的考察可以检验生成语法和涌现论关于照应现象的假设。在解释层面,两派理论则有着很大差异,生成语法用自足的普遍语法原则来解释照应并提出约束三原则,但面临着众多的反例,而涌现论则从句法之外寻求解释,将照应现象看作是多因素互动的结果。语言学理论上的争议为实证研究者检验各种假设提供了很好的切入点。

语用学、认知语言学以及语言加工理论都和涌现论兼容,它们共同之处在于,都认为照应并非纯形式的句法现象,而是非语言因素互动的结果。可及性理论虽然是基于篇章照应的分布规律而提出的理论,但也可以运用到句内照应中,其核心思想已经被融入认知照应理论中。影响照应语可及性的因素与认知照应理论中影响参照点确立的因素有一些重合之处,如二者都将显著性看作影响照应是否成立的重要因素,可及性理论中的是否属于同一心理框架与认知照应理论中的概念联系性所传递的意思也基本一致。

二、汉语照应现象研究

在汉语学界,关于汉语照应现象的研究也可以分为形式和功能两条路径。形式路径主要以生成语法为框架,功能研究则流派众多。本节先梳理关于汉语照应的形式和功能路径的相关文献,然后介绍本书作者对汉语前照应现象所做的研究。

1. 生成语法研究

在约束原则提出之后,汉语界学者在这一理论框架下对汉语照应现象进行了深入研究。汉语反身代词"自己"允许长距离约束,似乎不遵守约束原则 A,这一现象引起了研究者的极大兴趣。一种方案是将"自己"的长距离照应现象通过移位分析为局部照

应,例如(Huang,2008:575):

21) 张三_i以为李四批评了自己_i。
[IP 张三[I 自己_i][VP 以为[IP 李四[I t'_i][VP 批评了 t_i]]]]

例21)中长距离照应可以接受的原因是反身代词"自己"在逻辑式中隐性移位到了主句 I 位置,所以可以和主句主语"张三"形成局部约束关系。虽然移位说可以解释反身代词长距离约束现象,但长距离照应远远不止这么简单。有学者(Chen,1992)发现,汉语反身代词指称具有主语倾向性的特点,即不管句子中的可能的先行词有多少个,充当主语的往往优先成为其先行词,这就违背了约束原则。许(Xu)(1993)认为题元等级是影响反身代词约束的重要因素,可以用来解释主语倾向性,题元等级又和名词短语的生命性等级以及句子成分的显著性等级相关。胡建华和潘海华(2002)也认为制约汉语反身代词约束的主要因素是显著性等级。

反身代词的长距离约束中还可能出现阻断效应(blocking effect),这也是困扰句法学界很久的问题,例如(Huang & Tang, 1991):

22) 张三_i说我_j知道李四_k常批评自己_k。

例22)中的反身代词"自己"之所以可以是最高层主句主语"张三",按照逻辑式移位说应该是通过移位实现的,但其语迹和第二层主句的主语"我"在人称上不一致,导致长距离约束被阻断。

汉语反身代词"自己"和英语反身代词的一个不同是可以违反"次管制约束"。

23) 张三_i的骄傲害了自己_i。

在23)中,反身代词自己可以和位于领属成分"张三"形成约束关系,而英语中相应的句子不可以使用反身代词,必须使用代词才能形成约束关系。

由于汉语反身代词的复杂性,有的学者开始试图将能够用篇章或语用功能因素解释的现象排除在外,以澄清哪些是句法可以解释的现象。黄等(Huang, et al.)(2008)指出,对于长距离约束的反身代词"自己",如果其先行词位于管辖域之外,就可以看作视点回指(logophor),如果先行词位于管辖域之内,还是应该用约束原则A来解释。

汉语代词的指称问题在生成语法中通常用原则B来解释,但是由于语用因素对代词指称的影响非常明显,汉语界的研究者也试图区分可以用语用原则解释的代词指称现象和必须用普遍语法解释的照应现象,一个重要的思路就是区分代词的变量约束和共指关系,将代词变量约束关系看作是受普遍语法制约的现象,而将共指关系看作是受语用和各种非句法因素制约的现象,例如(Huang, et al., 2008:607):

24) 我看到张三$_i$的时候,他$_i$在吃饭。
25) *我看到每个人$_i$的时候,他$_i$在吃饭。

在24)中,先行词"张三"位于状语从句中,不能够成分管制代词"他",但共指仍然成立,这可能是因为先行词在代词之前造成的,说明共指现象不严格受成分管制条件制约。在25)中,先行词是全称量词"每个人",尽管位于代词之前,仍然不能同指,这是因为全称量词和代词之间只有约束关系,约束关系必须严格遵循成分管制条件。

2. 功能语言学研究

从功能角度对汉语照应现象的研究也基本紧跟国际语言学理论发展的潮流,所运用的理论主要有语用原则、库诺的直接话语和移情理论、可及性理论、概念参照点理论等。

黄(Huang)(1991)在语用学框架下考察汉语照应,他的理论比莱文森更加彻底,把零回指和反身代词的照应现象也看作是语用原则起作用的结果,例如:

26) a. 张三$_i$说 e$_i$下周回国。
    b. 张三$_i$说自己$_i$下周回国。
    c. 张三$_i$说他$_i$下周回国。
    d. ＊张三$_i$说张三$_i$下周回国。
    e. ＊张三$_i$说这个人$_i$下周回国。

26)a 中的零回指信息原则导致的,即尽量用最简洁的语言。26)b 中的"自己"之所以能和主句主语共指,是由其语义特征取消了可能的方式原则导致的不共指解读。26)c 中的代词"他"和先行词之间可以共指是因为世界知识取消了方式原则可能导致的不共指解读。26)d 和 26)e 中使用名词短语后共指不成立是方式原则导致的,即在能够使用零回指的情况下使用冗长和有标记词语会导致异指解读。

库诺的功能句法理论似乎对困扰生成语法学家的阻断效应有一定解释力。黄等(Huang, et al.)(2008:582-583)运用库诺的直接语篇视角理论考察了下面的句子。

27) a. 张三$_i$埋怨李四$_j$批评自己$_{i/j}$。
    b. 张三$_i$埋怨我$_j$批评自己$_{i*/j}$。
    c. 张三$_i$埋怨,"李四批评我$_i$"。
    d. ＊张三埋怨,"我批评我"。

在 27)a 中,自己可以和"张三"形成长距离照应,也可以和"李四"形成局部照应。在 27)b 中,把宾语从句主语"李四"换成第一人称代词"我",就会出现阻断效应。这是因为 27)a 中的"自己"做长距离照应解读时句子可能是从直接引语 27)c 转化来的。而有阻断效应的 27)b 如果假设从直接引语转换而来,就会是 27)d 这样的句子。

许余龙(2000)运用可及性理论考察了汉语指称词语的篇章回指分布规律,语料是 18 篇汉语民间故事,结果如表 7-2 所示。

表 7-2　汉语语篇中回指分布规律

回指语类型	篇章位置				总计
	同一句	前一句	同一段	跨段	
零代词	630 (91.3%)	53 (7.7%)	4 (0.6%)	3 (0.4%)	690 (100%)
反身代词	16 (94.1%)	1 (5.9%)	0	0	17 (100%)
人称代词	90 (55.2%)	69 (42.3%)	1 (0.6%)	3 (1.8%)	163 (100%)
指示代词	6 (35.3%)	6 (35.3%)	4 (23.5%)	1 (5.9%)	17 (100%)
有定名词	45 (12.9%)	118 (33.9%)	38 (10.9%)	147 (42.2%)	348 (100%)
总计	787	247	47	154	1 235

研究发现,汉语中零代词和反身代词的先行词位于同一句中的比例很高,可以看作高可及性标示语。人称代词的先行词出现在同一句和前一句中的比例较高,使用频率却远远低于英语,因此看作中可及性标示语才比较合适。指示代词的先行词在同一句、前一句和同一段都有不小比例的分布,所以是典型的中可及性标示语,有定名词的先行词在跨段的环境中,可以看作低可及性标示语。结果表明,汉语指称词语也基本遵循可及性等级,可及性从高到低的顺序是:零代词>人称代词>指示代词>有定名词。

高原(2003)在认知照应理论框架下考察了汉语句内照应线性,发现汉语句内照应也可以用概念参照点理论来解释。和英语一样,汉语句内照应语指称的确立受显著性、线性语序、概念联系性等因素影响。

3. 汉语前照应研究

照应现象可以分为前照应和后照应。大部分关于照应的研究探讨的都是后照应,也就是回指,因为这是照应的常规形式。生成语言学认为句内照应符合约束三原则,莱因哈特(Reinhart)(1981,1983)认为代词和先行词之间的关系不仅是指称关系,也是变量约束关系,受符合成分管制条件制约。也就是说,在某个代词成分管制范围中如果出现一个名词,则这个名词一定不能和该代词共指。但是,在有些情况下,代词却能和其成分统制区域中的名词共指,对于这些反例,用成分管制条件难以进行解释。另外,汉语中是否存在前照应现象一直存在争议,王宗炎(1994)、王灿龙(2000)、赵宏和邵志洪(2002)认为汉语中没有前照应现象,即不存在句内下指。高原(2003)、许余龙和贺小聃(2007)认为,汉语句子中存在前照应。下文简要介绍我们根据涌现论中的认知照应理论对汉语前照应的分析,详细分析参见(贾光茂,2014)。

根据范·霍克(1995,1997)的认知照应理论,汉语前照应的偶然存在应该是一种涌现现象。根据朴正九(2007),汉语能够置于主语之前的介词短语通常表示处所、依据、原因、目的等语义角色,表示工具、施事、主题和目标的介词通常不能放在主语之前,但有些介词(如"从")的分布规律并不确定。这种分布规律如果从认知照应理论来看,实际上是受介词宾语的抽象程度影响,而介词宾语的语义抽象程度又和主句的概念联系性有密切关系。工具、施事、主题等在事件结构中都是核心成分,互相之间的语义联系性较强,而处所、依据、原因、目的等成分属于附加成分,与事件主要参与者之间的语义联系性较弱,因此,与其说是语义角色还不如说是事件成分之间的语义密切程度决定了照应是否成立。如果介词短语与主句谓语动词语义关系不够紧密,那么前后照应都可以成立,介词宾语可以看作是名词化的结构,或者说是隐喻形式。如果将介词的抽象宾语改为具体名词，照应就会不成立。

除了介词宾语的语义抽象程度外，代词和充当主句主语的名词之间共指的可接受性也与汉语指称词语可及性的常规要求有关。在句首的介词短语中，汉语通常应该使用高可及性的零代词，而代词在语言形式上比零代词复杂，可及性比零代词低，在该使用零代词的语境中使用人称代词会造成信息过量。另外，句首位置在汉语中具有特殊地位。汉语作为主题显著语言（Li & Thompson，1976），位于句首的前置介词短语会获得一定程度的主题性，相对于英语前置介词短语来说突显程度高，因为英语是主语显著的语言，主语即使不在句首也一定是最突显的成分，英语位于句首的介词短语不太可能像汉语中相应结构那样能和主语竞争概念参照点地位。

以上论述说明，汉语中前照应能否成立是多因素互动的结果，而不是仅仅由句法原则制约的。这样的结论说明，句内照应看起来是句法问题，但是可以用非句法因素的互动来解释，因此句法不是自治的体系，而是通用认知能力和语言运用因素相互作用而产生的现象。

三、"分裂的自我"假设

1. 提出背景

生成语法将反身代词必须与局部主语约束的现象看作普遍语法的重要内容，但正如本章2.1所述，约束原则难以解释汉语反身代词约束中的主语倾向性、阻断效应、违反次统制约束等现象。虽然生成语法学家提出了多种繁琐的方案来处理汉语中的这些问题，但仍然有顾此失彼之嫌。涌现论从视角、加工效率等角度来接受这一现象。奥格雷迪（2015）认为反身代词指称消解过程中只是因为人脑偏好效率优先的线性加工方式才表现出局部约束，并不

是先天的普遍语法。但加工机制也无法解释汉语反身代词为什么会允许长距离照应,例如:

28) 张三$_i$说李四$_j$喜欢自己$_{i/j}$

袁(Yuan)(1994)认为汉语和英语反身代词对应的应该是复合反身代词如"他自己",而不是"自己"。但是"自己"毕竟是汉语中最常用的反身代词,并且在可以使用复合反身代词的场合也可以使用"自己"。以上例子说明,尽管英汉反身代词存在共性,但汉语反身代词又似乎表现出和英语反身代词不一样的特征,这在现有的研究中都没有得到很好的解释。

2. 理论假设

英语中有大量的"动词+反身代词"构式,如 adjust (oneself) to、worry (oneself)、dress (oneself)、prepare (oneself) for 等(Quirk, et al., 1985:358)。在这些构式中,反身代词有时可以出现,有时又可以省略。动词和反身代词组成的构式往往表达强烈的致使意义,如(殷红伶,2010:17):

29) She ran (herself) to the store.

例29)中如果动词 ran 后使用反身代词 herself,则整个句子表达的意思是"她使自己用跑的方式到达那个商店"。在许多英语"动词+反身代词"构式中,反身代词已经失去了指称意义,例如 enjoy yourself 的意思是"祝你玩得愉快",并没有强调"你自己"的意思。失去指称意义的反身代词可以看作假反身代词。

博阿斯(Boas)(2003)认为,假反身代词体现了人格心理学中关于自我的概念,心理学中将自我分为"超我""自我""本我",其中"超我"和"自我"与反身代词的使用密切相关,"超我"指的是自己的思想和意识,"自我"是指自己的身体。与心理学自我理论有异曲同工之妙的是，莱考夫（Lakoff）（1996）使用隐喻概念理论来分析自我概念，他将自我分为主体的自我（Subject）以及一个或多个客体的自我（self）。主体的自我和"超我"意思接近，是自我的意识或思想，客体自我和"自我"意思相近，指自我的身体、社会角色、过去的行为等。主体自我通常包含在客体自我当中。在"动词＋反身代词"构式中，动词的主语通常对应作为主体的自我，而反身代词则表示作为客体的自我。自我可以分裂为主体和客体的思想早在笛卡尔的那句名言"我思，故我在"中已经有所体现，我的思想才是真正的主体，我的身体只是自然界所有客体的一部分，可以说，这是一种比较彻底的主客二分思想。笛卡尔提倡二元论，认为精神和物质可以独立，主体和客体可以分开，对西方近现代科学的发展起到了巨大的感召作用。主客二分的思想在英语中有多种表现，如大量使用非人称结构、假反身代词等。

可能是受中国自古以来一直强调的天人合一、物我不分的思想影响，汉语中不存在与英语类似的假反身代词。汉语反身代词"自己"在句子中既可以作主语，也可以作宾语，还可以作属格语，说明汉语母语者可能没有将自我分裂为主体和客体的强烈意识，"自己"往往既是主体的自我，也是客体的自我。自我的主客二分在汉语的语言编码中没有体现出来。

汉语中的反身代词可以允许长距离照应而英语不允许，这一现象完全可以在认知照应理论框架下结合英汉自我概念的差异结合来解释。英语中作动词宾语的反身代词可以看作是自我的客体，由于主客二分的思维习惯，在不必要十分强调客体自我的情况下也会保留反身代词，即假反身代词。按照认知语法的观点，自我在概念上分裂为主体和客体的自我后，分别作句子主语和宾语，基本上对应参照点和目标关系，因为在典型的主谓宾句式中，主语通常会被优先选为参照点，宾语是目标。和事件结构中的其他参与者相比，客体的自我和主体自我本来就是一体的，只是暂时分开，在与其他参与者互动时一定会统一起来，所以作宾语的反身代词一定会优先以主谓宾结构中的主语作为先行词，表现在语言上就是英语反身代词严格遵守局部约束。实际上,这可能是因为自我的分裂通常是暂时的,有时甚至是无意识的,即使分裂开来,自我的心理可及程度仍然很高。

汉语由于主客不分,"自己"所表达的概念并没有将自我主体和客体分离开来,所以"自己"一词在句子中不像英语反身代词那样有诸多限制,因而违反约束原则的长距离约束、主语倾向性、阻断效应、违反次统制等问题都可以得到自然的解释。英汉自我概念的对比再结合认知照应理论中的概念参照点理论可以对英汉反身代词的差异作出比生成语法更加优越的解释。英汉反身代词的指称差异现象说明英汉语反身代词的句法特征是建立在其概念基础上的,具体分析参看(贾光茂,2020)。汉语中也不像英语那样有丰富的假反身代词,因此中国英语学习者在习得英语假反身代词时受汉语关于"自身"的概念化方式和语言编码特征影响,一定会有很大困难。

四、总结

本章第一大节对照应现象的语言学理论研究进行了梳理。在理论语言学领域,从生成语法到语用学、各种功能语言学派以及认知语言学都对照应现象进行了大量研究,不过众多的文献都可以根据其哲学基础归入到先天论和涌现论这两种理论框架中。生成语言学和涌现论的分歧主要集中在两个方面:代词与反身代词是否总是呈互补分布,照应现象是否能完全从句法角度描述。涌现论框架下的照应理论不仅能够解释句内照应,还能解释篇章照应,而生成语言学照应理论仅能解释句内照应,并且还会遇到许多反例。

在第二大节,我们对汉语中的照应研究进行了综述,并对汉语前照应的涌现规律进行了分析,指出汉语前照应是否成立与线性语序、突显度、概念联系性以及介词宾语的语义抽象程度有关,即汉语照应是多因素互动的结果,而不仅是句法现象。

在第三大节,我们提出了"分裂的自我"假设,对英汉反身代词的差异进行了分析,提出英语反身代词的局部约束现象与分裂的自我隐喻密切相关,汉语中反身代词允许长距离照应则可能是汉语自我概念的主客不分造成的。

第八章　照应现象的实证研究

本章首先回顾语言习得领域国内外有关照应现象的实证研究,接着报告一项本书作者进行的关于中国英语学习者照应语解读的研究,以及一项关于中国英语学习者代词变量约束关系的加工眼动实验。

一、照应语习得的实证研究回顾

在语言习得领域,照应研究主要以生成语法为指导,多集中在反身代词方面,因为代词的习得涉及语用或语篇因素,情况比较复杂,研究者往往难以区分语法和语用的关系。以涌现论为指导的照应习得研究目前还比较少见,主要有奥格雷迪根据加工涌现论所提出的二语习得加工提升假设及其相关研究。近年来,运用心理语言学实证研究方法探讨照应现象已经蔚然成风(Felser & Cunnings, 2012; Runner & Head, 2014; Cunnings, et al., 2014; Jager, et al., 2015, 2014; Xu & Zhou, 2016; Liang, et al., 2018;吴明军、王同顺,2013;吴明军、潘娟,2017;汪玉霞,2017;于善志,2017;吕骏,2020)。而基于涌现论的心理语言学实证研究却还很少见到。此外,利用计算机模拟技术模拟照应语习得的研究也常见报道(Frank, et al., 2013),但计算机模拟研究还是要建立在学习者的加工和习得研究基础之上。

1. 基于生成语法的照应语习得研究

（1）普遍语法可及性研究及反身代词加工研究

在生成语法框架下，约束原则 A 在语言习得研究最受关注，约束原则是普遍语法，如果在语言习得研究中发现学习者具有约束原则知识，就说明普遍语法对他们是能够通达的。约束原则是抽象的隐性的句法，本族语儿童和二语学习者不可能在语言输入中学习到这种规则，如果他们具有约束原则知识，如果不假设这种知识是先天的普遍语法就难以解释这种知识的可学性问题。中国英语学习者反身代词的习得更是难题，汉语中的反身代词"自己"不仅可以局部照应，也允许长距离照应，而目标语英语中反身代词只允许局部照应，那么中国英语学习者在没有人讲解这种语法现象的情况下怎么能够排除母语的影响而知道英语反身代词只允许局部照应？这一现象似乎只能用普遍语法来解释。对于英语本族语者儿童进行的研究基本上都发现受试具有约束原则知识，争议不大，而关于约束原则对二语学习者是否可及的研究则争议不断，形成了三种主要观点：

（1）约束原则 A 对二语学习者不可及；

（2）约束原则 A 对二语学习者可及，但前提是其在二语学习者的母语中实例化，也就是说，如果母语和二语参数值不一致，二语学习者不能重设参数；

（3）约束原则 A 对二语学习者完全可及。

菲涅尔和布罗兹洛（Finer & Broselow）(1986)调查了 L1 韩语 L2 英语的学习者的照应知识。结果发现，如果反身代词在限定性从句中，大部分受试会将其理解成短距离照应，如果反身代词位于非限定性从句中时，受试将其理解成长距离约束的可能性大大增加。他们(1991)对母语是日语和汉语的英语学习者进行了同样的调查，结果基本一致，说明二语学习者能够重设管辖域参数，约束原则 A 对二语学习者完全可及。同时，该研究还发现，二语学习者不具有约束原则 B 相关的知识。

托马斯（Thomas）(1989)调查了 L1 汉语 L2 英语的学习者以及 L1 西班牙语 L2 英语的学习者的照应知识。西班牙语和英语中的反身代词都要求近距离约束，而汉语中的反身代词既可以近距离约束也允许长距离约束。结果发现，尽管母语分别为汉语和西班牙语，但这些二语学习者都知道英语反身代词只能局部照应，说明他们都具有英语照应知识。平川大辅（Hirakawa）(1990)考察了 L1 日语 L2 英语的二语学习者的反身代词照应知识，结果也支持普遍语法可及说。

托马斯(1991)又调查了 L1 日语 L2 英语和 L1 西班牙语 L2 英语的学习者关于英语反身代词约束的知识，同时调查了 L1 英语 L2 日语和 L1 汉语 L2 日语的学习者关于日语反身代词 zibun 约束知识。结果发现，以上各种类型的二语学习者具有约束原则 A 知识，并且都能重设二语管辖域参数，说明二语学习者对于反身代词指称的解读不会超越普遍语法所允许的范畴。

但以上研究似乎没有注意到不同语言中的反身代词的差异。为了解释各种语言反身代词的差异，麦克劳克林（MacLaughlin）(1998)认为应该设置反身代词参数。另外，管辖域是限定小句还是非限定小句与反身代词所在小句的动词时态是呈显性还是隐性相关，所以管辖域参数可以由时态参数代替。

贾（Jiang）(2009)注意到，反身代词解读不仅与反身代词参数有关，还与先行词的类型有关。先行词是量词还是名词对照应也会有影响。她对中国英语学习者的照应知识进行了调查，发现当复合句中主句主语是量词时，有些受试会将其当作反身代词的先行词，也就是长距离约束。这一发现和生成语法的预测不一致。莱因哈特(1983)曾经认为，先行词是量词时照应关系一定符合约束原则，而先行词是一般的名词时所谓的照应其实只是指称关系。

虽然大部分关于反身代词的研究都支持约束原则 A 对二语学习者可及的观点，也支持二语学习者能够重设二语管辖域参数的观点。但是，约束原则 A 是否可及以及参数能否重设的研究还存在一些悬而未决的问题(Jiang, 2009)。由于各种语言中的反身代词的形式有差异,要区分二语学习者的照应知识是来自母语迁移还是普遍语法很困难。有的研究发现二语学习者表现出个体差异,或者对不同类型句式如限定性和非限定性从句中反身代词的指称解读也不一致。

如果说早期的反身代词习得研究主要采用诱导式模仿、真值判断、多项选择理解测试等方法,近年来关于反身代词的实时加工研究则成为热点。实时加工类研究吸收了心理学上抑制和促进效应等概念,抑制效应表现为加工速度减缓,促进效应表现为加工速度加快。这类研究通常操控反身代词及先行词的语义变量,如生命性、性别、数等特征,或者句法变量,如成分管制,以及加工者变量,如工作记忆容量、语言水平、年龄等。考察语义变量的研究主要验证基于线索的方案(McElree,2000),而考察句法变量的研究试图验证基于句法结构的方案。一些研究(Xiang, et al., 2009; Dillon, et al., 2013; Kush & Phillips, 2014; Cunnings & Sturt, 2014)支持基于结构的方案,另一些研究(Felser, et al., 2009; Clackson, et al., 2011)则支持基于线索的方案。

卡宁斯和斯图尔特(2014)通过眼动研究发现,反身代词指称的局部性限制(即句法限制)与性别匹配相比是更加重要的提取线索,结果支持结构方案。雅格等(Jäger, et al.)(2015)采用眼动实验方法考察了汉语母语者对反身代词"自己"的加工,发现先行词的生命性以及与反身代词的距离都对反身代词的加工造成影响,他们认为基于结构的加工方案和基于线索的加工模型都不能很好地解释上述结果,因而提出了改进的基于线索的加工模式来解释研究结果。还有一些研究只考察性别、生命性等语义特征的影响。梁等(Liang, et al.)(2018)采用ERP技术考察了汉英双语者反身代词的加工,发现先行词和反身代词在性别上是否一致对受试的加工没有影响,这和董等(Dong, et al.)(2014)的结论不一致。

国内关于反身代词习得的早期研究和国际上一样,主要关注约束原则A对中国英语学习者是否可及(王文斌,2000;李红,2002)。近年来国内关于反身代词的加工研究也逐渐增多。由于汉语反身代词允许长距离照应并表现出主要倾向性,所以很多研究关注中国英语学习者反身代词习得是否像母语那样更倾向于将主语而不是宾语解读为先行词。伊普和唐(Yip & Tang)(1998)发现母语为粤语的学生解读英语反身代词时表现出主语倾向性。吴明军、王同顺(2013)也发现中国初级英语学习者对反身代词的指称的确定具有主语偏好,但随着英语水平的提高,偏好主语的比例会逐渐减少。还有一些研究关注限定性和非限定性从句中反身代词的约束差异。

(2) 约束原则 B 和 C 的可及性与代词加工研究

关于约束原则 B 的二语习得研究相对较少。但是在母语习得中还是出现了一些有影响的研究。阎喻琴和维克斯勒(Chien & Wexler)(1990)通过真值判断测试发现,儿童在解读 1)a 和 1)b 时表现出了差异。

1) a. Mama bear is washing her.
   b. Every bear is washing her.

1)a 的先行词是普通名词,根据约束原则 B,代词不能指 mama bear,但是有 50% 的受试将 mama bear 解读为 her 的所指,说明英语本族语儿童似乎不具有约束原则 B 知识。但是,在处理 1)b 时,大部分受试都不把 every bear 解读为 her 的所指,也就是说,1)b 相关的数据似乎说明儿童具有约束原则 B 知识。这一结果支持了莱恩哈特(Reinhart)(1983)的理论,即量词和照应语之间的关系变量约束关系,一定符合约束原则,但一般的名词和代词之间只是共指关系,可能受语用因素影响。伊普等(Yip, et al.)(1996)用类似的方法对香港的双语儿童进行了研究,结果显示他们对约束原则 B 的习得要晚于原则 A。

怀特(1998)认为,如果说约束原则 B 涉及语用和篇章因素,那么具有较高语用和加工能力的二语学习者习得约束原则 B 应该没有困难。她对 L1 法语 L2 英语和 L1 日语 L2 英语的学习者进行了调查,结果发现二语学习者具有约束原则 B 知识,和英语本族语者基本一致,因此不存在原则 B 延迟效应。然而,帕特森等(Patterson, et al.)(2014)发现二语学习者代词在线加工中存在 B 原则延迟效应,该研究考察了英语本族语者和母语为德语的英语学习者对不同环境下代词指称的解读,发现受试并不会选择不符合约束原则 B 的先行词而只选择符合约束原则 B 的先行词。

吴明军(2016)采用移动窗口技术考察了中国英语学习者对代词 her 解读过程,通过自定步速阅读实验发现,受试不仅在代词与符合约束原则的先行词之间建立指称关系,也在代词与不符合约束原则的先行词之间建立指称关系,说明受试可能不完全遵守约束原则,加工机制可能是造成这一结果的原因。于善志、翟清旭(2017)采用 E-prime 软件记录反应时的研究方法考察中国英语学者对约束原则 C 是否敏感,结果发现中国英语学习者代词理解受 C 原则制约。吴明军等(2018)考察了加工深度对中国英语学习者代词理解的影响,发现二语学习者并非只能采用浅结构加工策略。

2. 涌现论视角下照应语解读与加工研究

(1) 反身代词和代词的解读与加工

基于加工的涌现论,奥格雷迪(2005)认为约束原则这样的句法现象实际上只是句子加工者特征和语用因素共同作用的产物。按照这一思路,二语学习者如果具有约束原则知识,并不一定要用普遍语法来解释,用加工机制来解释也是可行的。儿童英语习得研究发现(Chien & Wexler, 1990),英语本族语儿童很早就具有英语反身代词的约束知识,而关于代词的约束现象要到较晚才能习得。在涌现论中,基于输入特征的理论强调频率在二语习得中的作用,但实际情况是反身代词在各种语言中的使用频率要低于代词,代词的习得却都是晚于反身代词,所以输入频率对于照应词语的习得可能不是决定性因素。基于加工效率的涌现论认为反身代词的局部约束最符合效率优先的线性加工机制,儿童只要掌握了反身代词的词汇,就会优先将最近的名词确认为先行词以消解依存关系,反身代词习得的过程中并不需要普遍语法的参与。代词的习得比反身代词困难主要是由语用因素导致的,克拉克森等(Clackson, et al.)(2011)采用眼动实验方法考察了英语本族语儿童和成人对反身代词和代词的在线加工,发现在有多个潜在先行词的句子中,受试加工反身代词会表现出一定的犹豫不决,说明他们在选择线性加工还是语用加工时,只是因线性加工胜出才接受局部照应。

奥格雷迪(2013)提出的加工提升假设在以上研究的基础上更进一步,认为二语句法知识的习得是学习者加工能力提升的结果。二语学习者通过使用加工惯例来降低加工难度,所谓的语法在加工过程中没有任何作用。语言习得是加工能力提升的副产品,语法只是二语习得研究者的一种幻觉。加工提升假设可以更自然地解释反身代词的习得过程。和英语本族语者一样,二语学习者习得反身代词的早期也会不能确定是采用线性加工还是语用加工。英语是一种语法型语言,反身代词遵循的是线性加工惯例或句法加工惯例,也就是说尽量将句法中最近的名词作为所指。日语和汉语是语用型语言,反身代词的加工惯例是尽量通过语用系统来确定指称对象。所以对于母语是汉语或日语这类语用型语言的英语学习者,更容易接受长距离照应。虽然在线下的解读或判断任务中,二语学习者和英语本族语者的照应语理解行为都符合约束原则A,表现没有很大差异,但是在线加工的反应时却可能不同。费尔瑟等(2009)采用限时语法判断和眼动实验方法调查了母语为日语的英语学习者解读反身代词的过程,测试句举例如下:

2) a. John said Richard had cut himself with a very sharp knife.
b. Jane said Richard had cut himself with a very sharp knife.

母语为日语的英语学习者解读2)a中的反身代词himself所花的

时间要比解读2)b中的反身代词所花的时间长,而英语本族语者则没有表现出这一差异。由于2)a中主句主语John和从句主语Richard性别一致,并且主句主语处于最突显的位置,所以会对受试的解读产生干扰,而2)b中的主句主语Jane和从句主语性别不一致,所以不会产生干扰。费尔瑟和卡宁斯(2012)用同样的方法研究了母语为德语的英语学习者加工英语反身代词的情况,获得的结果基本相似。这一发现表明,二语学习者有时会受到语用或篇章因素影响,无论这是由母语迁移还是个体差异造成的,他们对照应语的解读都反映了线性加工和语用加工两种惯例相互竞争的过程。

对于为什么非限定性从句中的反身代词比限定性从句中的反身代词更容易允许长距离照应,类型学研究已经揭示了其中的规律。霍金斯(1999)发现,在瑞典语、日语和韩语中关系从句的成分可以移位,不是移位岛,而英语和法语中的关系从句的成分则不能移位,另外,德语和俄语中的限定补语从句和关系从句允许其中成分移位。因此,非限定从句和限定从句构成了语言结构加工复杂度等级。

3) ett ben som jag ser en hund som gnager pa(瑞典语)
 a bone which I see a dog which is gnawing on __
4) * Kogo ty dumaeš [čto Ivan priglasil __]? (俄语)
 Who you think that Ivan invited?

霍金斯(1999:262)提出了一个语言结构加工复杂度等级(从低到高):非限定补语从句<限定补语从句<关系从句。由于非限定补语从句复杂度小于限定性补语从句,所以一种语言的限定从句中的成分可以被提取,那么该语言的非限定从句中的成分也一定可以被提取。和长距离依存关系一样,指称依存关系的加工也受结构复杂度影响,非限定性从句要比限定性从句复杂度低,所以更容易允许其中的反身代词和先行词形成长距离照应。

先天论和涌现论关于反身代词的理论分歧主要集中在一些代词和反身代词不呈互补分布规律的句子中，例如：

5) a. John thinks that I mistrust Mary and himself.
   b. John thinks that I mistrust Mary and him.

在 5)a 中，反身代词可以和 John 共指，违反了约束原则 A，但是该句中的照应却能成立。这说明反身代词的照应现象不仅仅是句法问题。通过测试二语学习者关于这类句子的照应知识，将能够检验约束原则和涌现论的不同预测。

反身代词之所以有时违反约束原则 A，是因为受到视角、加工、语义、语用或语篇等因素的影响。以 6)为例：

6) a. Phil$_i$ hid the book behind him$_i$/himself$_i$.
   b. Phil$_i$ ignored the oil on him$_i$/himself$_i$ *

麦克威尼(2008：379)指出，6)a 中代词和反身代词都能和先行词共指，而 6)b 中的反身代词不可以，这是因为 6)a 中的动词 hide 的语义要求其主语 Phil 是动作的执行者，整个事件是以 Phil 为中心，而 6)b 中的动词 ignore 语义上并不要求主语具有很高的主动性，整个句子以事件之外某个观察者为视角，所以反身代词不能与 Phil 共指。

7) a. John$_i$ saw a picture of him$_i$/himself$_i$.
   b. John$_i$ took a picture of *him$_i$/himself$_i$.

当反身代词位于 picture 或 story 等名词短语中时，视角容易发生转换，这是 7)a 中的代词 him 能够和 John 共指的原因。7)b 中代词 him 不能和主语共指是因为 took a picture of 表达一个整体的动作，主语 John 是动作的发出者，参与动作的全过程，不易发生视角转移。

现有的二语习得研究大部分都使用符合约束原则 A 的句子作为实验句,没有加入上述这些不符合约束原则 A 的句子。要更加全面地调查中国英语学习者的反身代词照应知识,可以采用真值判断方法,测试题既包括符合约束原则 A 的句子,也包括不符合约束原则 A 的句子。在测试过程中,受试首先观看图片,每幅图片下面有一个句子,要求受试指出句子意思是否与图片内容匹配,测试结果将能够检验普遍语法理论和涌现论关于句内照应的不同预测。在心理语言学领域,已经有研究采用类似的思路,凯泽等(Kaiser, et al.)(2009)采用选择图片和眼动实验等方法来调查英语本族语者对反身代词和代词的解读,结果发现语言使用者的视角等因素会影响照应词语的解读。约束原则 A 的反例在汉语中也同样存在:

8) a. 张三$_i$看到了一张他$_i$/他自己$_i$的照片。
b. 张三$_i$拍了一张 * 他$_i$/他自己$_i$的照片。

例 8)显示,汉语复合反身代词和代词的指称确认也像英语一样受视角转换影响,当主语是动作主动发出者或者说动词及物性较强时,不易发生视角转换。涌现论所探讨的非句法因素为反身代词习得和加工提供了新的视角,也为探讨中国英语学习者反身代词习得中是否存在母语迁移提供了新思路。即使中国学习者的英语照应知识是母语迁移的结果,那么这种迁移也应该是语义迁移,或者可以说是他们在处理不同的语言时使用了具有普遍性的一般认知能力。

(2)篇章照应的解读与加工研究

涌现论认为句法实际上是由章法演化而来,因此考察篇章回指的解读对于统一解释回指加工中的制约因素也很有必要。自二十世纪七十年代以来,篇章照应已成为语言学和心理语言学关注的焦点。主要原因有:首先,系统功能语言学和语篇分析理论的兴起使得人们认识到篇章照应作为一种篇章衔接关系，对实现语篇连贯有很重要的作用(Halliday & Hasan，1976，1985)；其次，对于心理语言学来说，研究篇章照应有助于揭示工作记忆的规律和语篇理解的过程(Caroll，2000：163)。很多学者(Brown & Yule，1983；Caroll，2000)都认为语篇理解是旧信息和新信息不断整合的动态过程。对于读者/听者来说，看到或听到什么样的照应词语可以提示他们照应语所指内容是已知信息还是新信息，从而有助于他们成功地理解语篇内容。

由指称词语与其指代对象构成的篇章照应纽带(anaphoric tie)是非常重要的一种语篇衔接方式，照应语的理解就是确认指称对象的过程(Halliday & Hasan，1976)。但是，由于影响先行词确认的因素很多，所以研究者们因其视角不同而观点不一。吉旺(Givón)(1983)提出的主题延续模式强调主题性对指称词语编码的影响，艾利尔(1990)的可及性理论则认为影响指称词语的编码形式复杂程度的因素包括照应语与先行词的距离、潜在先行词的竞争、突显度以及是否处于同一心理框架。福克斯(1987)则认为篇章照应编码主要受篇章结构(如话轮、段落等)决定，篇章距离不是主要因素。范·霍克(1995)提出的认知照应理论将照应语和先行词之间的关系看作概念参照点和目标的关系，认知主体确认照应语的所指就是将照应语作为参照点再去寻找能够成为目标的先行词。概念参照点确认受显著性、概念联系性和线性语序等因素制约，句子中显著的实体容易成为概念参照点，概念联系性类似于可及性理论中的同一性，即是否属于同一心理框架。阿尔默(Almor)(2000)的信息负荷假设将可及性理论和信息加工理论结合起来，认为指称词语的复杂程度与其所承担的篇章功能相对应，代词的概念内容贫乏，加工成本较低，有定名词因其不但具有重复旧信息的功能还有传递新信息的功能，所以加工成本较高。

以上几种关于篇章照应的理论主要是根据照应在语篇中的分布规律得出的。关于篇章照应语加工过程的实证研究主要采用心理学中的自定步速阅读实验，即在电脑屏幕上呈现句子，受试读完每句后按键表示完成,电脑自动统计阅读反应时间。哈维兰德和克拉克(Haviland & Clark)(1974,参见 Brown & Yule,1983:256)通过自定步速阅读实验考察了直接照应和间接照应的加工过程。

9) a. Mary got some beer out of the car.
   b. The beer was warm. (直接照应)
10) a. Mary got some picnic supplies out of the car.
    b. The beer was warm. (间接照应)

读者加工 9)b 中的 the beer 比加工 10)b 中的相同词语所花的时间更长。这一结果说明间接照应比直接照应更难解读,读者解读间接回指时要根据背景知识来进行架桥式推理。

自定步速实验中使用的语篇通常比较简短,是根据语言学或其他领域的理论设计的,真实语篇中照应的解读可能并非如此,读者的反应时间不一定能够完全反映阅读理解的真实过程(Garnham,1989:393)。因此有必要进行真实语篇中的篇章照应解读研究。

受篇章回指相关理论启发,贾(2006)考察了篇章回指解读的过程,结果发现,受试对有定名词解读的正确率低于指示代词和人称代词解读的正确率。这一结果支持可及性假设,即指称词语的心理可及性反映了其在记忆中提取的难度。研究还发现,先行词与篇章照应语之间的距离对照应语理解有重要影响。此外,有无潜在先行词的竞争以及先行词的显著程度也在照应解读中起重要作用。但这些因素往往共同起作用,并相互影响。费瑟等(Felser, et al.)(2009)的反应时研究也表明,在句子在线加工过程中,潜在先行词的竞争会影响二语习得者对反身代词的解读。

3. 小结

生成语法坚持句法自治,试图将句法和语用区分开来,同时通过设置各种参数来描述不同语言中照应现象之间的差异,但是过多的参数使得约束原则的普遍性受到了质疑。涌现论把句法与语用之间的差异以及不同语言之间的差异都看作是难度等级不同的加工惯例,这样可以更加自然地解释语言习得和加工的过程。文献回顾显示,目前从语言习得角度探讨中国英语学习者照应语加工和解读的研究通常以生成语法或加工理论为指导,并且多集中在反身代词以及代词与先行词的共指关系,忽视了变量约束关系,也很少有研究意识到涌现论也可能对照应现象提供比较合理的解释。涌现论认为约束原则是语言使用过程中涌现的,是多因素互动的结果,但照应这种句法涌现现象的心理现实性还鲜有实证研究涉及。

二、中国英语学习者回指解读研究

1. 研究背景

尽管关于篇章回指的研究已经很丰富,但该领域仍存在一些争议。例如,使用语篇衔接手段是否能确保语篇连贯就颇具争议,韩礼德和哈桑(Halliday & Hasan)(1976)认为语篇衔接手段可以确保语篇连贯,因为语言加工者要找到先行词才能解读回指语,布朗和尤尔(Brown & Yule)(1983)则认为衔接手段的运用不能确保语篇是连贯的,语言加工者不一定每次都到上文中去找先行词,而是依赖建构的心理表征。对于回指加工中的影响因素,也有不同观点,有的强调先行词和回指语之间的距离因素,有的强调先行词显著性的作用,有的强调语篇修辞结构的作用,还有的强调背景知识的作用。

2. 研究设计

为进一步搞清楚回指解读所遵循的机制,我们对中国英语学习者如何解读回指语进行了研究。受试为 60 名中国非英语专业大学生,研究工具由三篇英语短文组成,受试被要求在阅读每篇文章时找出照应语的所指,篇章中的照应语用下画线划出,共有 81 个。受试阅读完每篇文章并找出每个指称词语的先行词后,再回答每篇文章后关于该文的阅读理解题。通过这样的设计,使读者把该阅读任务当作正常的阅读理解活动,而寻找指称词语的先行词只是理解活动的一部分。在完成阅读测试后,研究者对部分受试进行了访谈。

实验语篇中画线的回指语包括人称代词、指示代词和有定名词三类,分别代表不同类型的可及性标示语。可及性理论的预测:高可及性回指语应该比低可及性回指语容易解读,即人称代词最容易解读,有定名词最难解读;回指语的解读还受语篇距离和有无先行词竞争等因素影响。

3. 结果与讨论

三类回指语解读的正确率均值、标准差以及关于均值的单因素方差分析结果如表 8-1 所示。

表 8-1 不同类型回指解读正确率

	N	Mean(%)	S.D(%)	F	P
人称代词	40	72.29	26.66	.429	.652
指示代词	14	71.19	28.03		
有定名词	27	66.23	26.14		

从表 8-1 可以看出,人称代词解读的正确率均值最高,指示代词其次,有定名词最低,尽管单因素方差分析显示三者均值之间没有显著性差异,但这可能是由语篇 1 中的两个回指链的解读准确率较低造成的,这两个回指链涉及 8 个人称代词,如果将这两个回指链排除在外,则人称代词解读正确率均值达到 85.57,三类回指语解读均值之间有显著性差异(F=5.169,P<.01)。总之,高

可及性回指语比低可及性回指语解读难度要低。

按照先行词与回指语之间的距离远近来分类,先行词在回指语的前一句中共50个,在同一段中共21个,跨段落中共10个,三类回指语解读正确率均值以及它们之间的差异如表8-2所示。

表8-2 先行词距离远近的三类回指平均正确率比较

	N	Mean(%)	S.D(%)	F	P
前一句	50	74.57	24.83		
同一段	21	58.72	28.30	2.82	.066
跨段落	10	72.83	26.37		

从表8-2可以看出,先行词在前一句中比在同一段和跨段落中更容易确认。跨段中先行词确认的准确率比较高的原因可能是其中的一些先行词是篇章主题,所以使得确认比较容易。

有无潜在先行词的竞争可能会影响回指语解读的难度。按照先行词是否唯一来对回指语进行分类,有潜在竞争先行词的回指语共49个,无潜在竞争先行词的回指语共32个,两类回指语解读正确率如表8-3所示。

表8-3 有无潜在竞争先行词的回指语解读正确率比较

	N	Mean(%)	S.D(%)	P
无潜在竞争先行词	49	77.95	24.50	.001
有潜在竞争先行词	32	58.23	25.28	

从表8-3可以看出,如果回指语的先行词是唯一的,回指语解读正确率更高;如果有潜在竞争先行词,回指语解读正确率显著降低。独立样本t检验显示,二者均值之间有显著性差异($P<.01$)。结果说明,有无潜在先行词的竞争是影响回指语解读的一个重要因素。

关于部分受试的访谈显示,读者通常会去最近的语篇中寻找先行词,当遇到代词时,他们倾向于到上文中去寻找先行词,因为代词的先行词通常在较近的语篇环境中。受试在遇到有定名词时，通常不去上文寻找先行词，而是直接通过回忆或者根据背景知识来确定其所指。

4. 结论

本研究发现，对中国英语学习者，代词比有定名词更难解读，代词与先行词之间的距离以及有无潜在竞争先行词等因素都会影响回指语的解读。代词语义贫乏，会触发回指确认，而有定名词本身语义信息丰富，所以并不一定需要借助先行词来解读。本研究结果支持了可及性理论，也对解决语篇理解领域的争议有一定启示。

三、中国英语学习者代词变量约束加工的眼动研究[①]

1. 研究背景

关于代词解读的研究已经有很多，主要考察代词与先行词之间的共指关系，但是代词和先行词之间还存在变量约束（variable binding）关系，也就是先行词是量化词时与代词之间的约束关系，例如：

11) a. The man$_i$ heard that the boy$_j$ at school said that he$_{i/j}$ was happy.

b. The man$_i$ who the boy$_j$ at school heard said that he$_{i/j}$ was happy.

12) a. The man$_i$ heard that every boy$_j$ at school said that

---

① 本节详细内容见《外语教学与研究》2020 年第 5 期。

he$_{ij}$ was happy.

b. The man$_i$ who every boy$_j$ at school heard said that he$_{ij*}$ was happy.

例11)说明,代词和其先行词之间是共指关系时,无论先行词是否成分统制代词,只要先行词位于代词前,都能同指。例12)b中,代词的先行词是全称量词,却位于关系从句中,没有成分统制代词,所以和代词不能形成约束关系。也就是说,代词和全称量词之间的这种变量约束关系比共指关系更严格地遵循成分统制条件(Reinhart,1983)。

现有文献中关于代词变量约束加工的代表性研究有以下几项。库什等(Kush, et al.)(2015)探讨了英语本族语者加工变量约束和共指关系的差异,即先行词为量化词还是指称词语时的差异,研究方法包括离线句子判断和眼动实验。结果基本验证了变量约束假设,即先行词是量化词时,必须成分管制代词才被确认为代词所指。卡宁斯等(2015)以英语本族语者为受试采用眼动方法考察了代词变量约束加工的过程,研究发现,成分管制会影响变量约束关系而不是共指关系。巴克(Barker)(2012)认为约束关系能否成立的主要制约因素是量化词的语义辖域(scope)而不是成分管制条件。莫尔顿和韩(Moulton & Han)(2018)采用自定步速阅读实验和离线句子判断任务考察了英语本族语者的代词加工是受成分管制条件还是受语义辖域制约,实验句举例如下:

13) a. It seems each boy brought fresh water from the kitchen quickly right before he (she) went on an early break.（成分管制）

b. After each boy brought fresh water from the kitchen quickly it seems that he (she) went on an early break.（非成分管制）

该研究发现,语义辖域是决定代词变量约束能否成立的重要因素,但成分管制的作用也不能排除。

受母语习得中的句法加工心理学实验研究的启发,本课题考察了中国英语学习者如何加工代词变量约束关系。

2. 研究过程与结果

研究对象为来自南京某高校的 30 名非英语专业研究生。研究工具为离线的句子理解判断测试和眼动实验。对 30 名受试句子理解测试的统计结果见表 8-4。

表 8-4 句子理解测试

句型	N	平均分	标准差	T	p
成分管制句	30	3.992	.852	7.771	.000
非成分管制句	30	1.850	.984		

表 8-4 显示,成分管制句均分显著高于非成分管制句,说明中国英语学习者变量约束关系的解读受成分管制影响。

眼动实验中自变量为成分管制和性别,因变量为眼动指标数据。眼动实验中分析的数据为代词区域(Pronoun Region)和溢出效应区(Spillover Region)的三项指标:首次注视时间(First Fixation Duration)、回视路径时间(Regression Path Duration)、总停留时间(Dwell Time)。

代词区眼动指标的均值和标准差见表 8-5,二因素重复测量方法(Repeated Measures)的结果见表 8-6。

表 8-5 代词区眼动指标描述性统计(N=30,括号中数据为标准差)

句型	首次注视时间	回视路径时间	总停留时间
成分管制/性别一致	212(81)	380(150)	275(303)
成分管制/性别不一致	203(56)	355(196)	193(287)
非成分管制/性别一致	207(83)	285(114)	113(156)
非成分管制/性别不一致	214(97)	291(136)	109(182)

时间单位:毫秒

表 8-6　代词区眼动指标的重复测量方差分析(N=30)

因素	首次注视时间 F	首次注视时间 p	回视路径时间 F	回视路径时间 p	总停留时间 F	总停留时间 p
性别	.004	.948	.078	.784	1.668	.207
成分管制	.028	.870	10.106	.006	10.683	.003
性别*成分管制	.331	.573	.141	.712	1.074	.309

从表 8-5 和表 8-6 可以看出,首次注视时间均值差别很小,说明受试在解读代词过程的早期,可能忽视了性别和成分管制两个因素。回视路径时间数据说明,受试在加工代词区的晚期开始受成分管制条件影响。

溢出效应眼动指标的均值和标准差见表 8-7,重复测量方差分析结果见表 8-8。

表 8-7　溢出效应区眼动指标描述性统计(N=30,括号中数据为标准差)

句型	首次注视时间	回视路径时间	总停留时间
成分管制/性别一致	204(71)	1 319(1 199)	684(826)
成分管制/性别不一致	231(91)	927(643)	481(446)
非成分管制/性别一致	243(108)	776(474)	436(369)
非成分管制/性别不一致	205(81)	838(568)	354(342)

时间单位:毫秒

表 8-8　溢出效应区眼动指标的重复测量方差分析(N=30)

因素	首次注视时间 F	首次注视时间 p	回视路径时间 F	回视路径时间 p	总停留时间 F	总停留时间 p
性别	.212	.650	1.239	.277	2.547	.121
成分管制	.386	.541	6.774	.016	6.969	.013
性别*成分管制	8.443	.008	2.311	.142	.427	.519

从表8-7和8-8可以看出,溢出效应区数据和代词区数据差别不大,说明受试几乎忽视性别因素,成分管制因素也只有在加工晚期才有影响。

本研究中关于性别匹配变量的研究结果可以解读为:中国英语学习者在加工变量约束关系时没有试图建立代词与先行词关系。这一结果有可能被看作是浅结构加工的证据(Clahsen & Felser, 2006),也有可能是母语迁移造成的,因为汉语第三人称代词传统上并不区分性别,现在也只是书写有区别,在语音上仍不区分。

本研究中成分管制变量的研究结果无论是基于结构的方案还是基于线索的方案都很难对此进行统一的解释。我们认为,认知照应理论有可能是一种比较理想的解释方案(详细分析参见贾光茂,2020)。

四、总结

通过对二语习得领域照应现象实证研究的梳理发现,二语学习者的照应知识是来源于普遍语法中的约束原则,还是来源于加工、视角变换、语用等非语言独有的因素是争议的焦点。涌现论认为句法与语篇并无明显区别,句法照应知识来源于非语言因素的互动。今天的句法可能就是昨天的章法(Givón, 1983)。可及性理论就是来源于篇章回指分布规律的分析,认知照应理论同样适用于语篇分析。由于受生成语言学的影响,句法习得研究者通常排斥篇章照应的研究。而传统篇章照应的研究者主要以功能语法理论为指导,关注语篇的衔接与连贯,忽视了认知因素在篇章照应习得中的作用。我们以认知照应理论为基础对中国英语学习者的照应语解读过程进行了研究,运用定量和定性相结合的方法探讨了中国非英语专业大学生在英语阅读理解中如何解读照应语。研究发现,中国英语学习者照应语解读基本符合可及性理论及认知照应理论的预测。

由于文献中关于代词与先行词之间指称关系的习得和加工研究已经比较丰富,我们还选择了代词变量约束关系作为研究目标,采用眼动研究方法考察中国英语学习者对这一句法现象的加工。结果显示,中国英语学习者在晚期加工中对成分管制敏感,但语义合理性诊断显示受试可能并没有试图建立结构依存关系。涌现论能够更好地解释代词变量约束关系加工过程中的这种矛盾现象。

第九章　量词辖域的理论与实证研究

本章首先综述生成语言学框架下有关辖域现象的理论和二语习得研究,然后阐述涌现论视角下的辖域研究,最后是关于中国英语学习者对否定句中全称量词辖域解读的实证研究。

一、生成语言学框架下的辖域研究

1. 理论研究

辖域的概念来源于逻辑学,主要用来描述各种算子如疑问词、否定词、量词等的语义管辖范围。英语有两个量词或算子的句子会产生歧义,例如:

1) Every man loves a woman.

该句可以解读为"每个男人都有一个女人为他所爱"或"有一个女人,每个男人都爱她",用逻辑式分别可以表示为($\forall$ 表示全称量词,$\exists$ 表示存在量词):

$$\forall x \in \text{MAN} \ \exists y \in \text{WOMAN} \ (\text{LOVE}\,(x, y))$$
$$\exists y \in \text{WOMAN} \ \forall x \in \text{MAN} \ (\text{LOVE}\,(x, y))$$

当句1)表达第一种意思时,Every man 取宽域解读,表达第二种意思时,a woman 取宽域解读。

黄(Huang)(1982)指出,量词辖域现象受成分管制制约,如果 A 成分管制 B,则 A 的辖域比 B 的辖域大。梅(May)(1985)提出了量词提升(Quantifier Raising)的概念,就是为了将表层结构和逻辑式进行匹配而移动词类的过程。量词提升不仅包括量词的移位关系,也包括疑问词移位。不同的是,疑问词是嫁接到 CP 的指示语位置,而量词是嫁接到 IP 上。提升后的量词就可能作宽域解读。

奥安和李(Aoun & Li)(1993:88)提出了辖域原则和最小约束条件。辖域原则表述如下:算子 A 相对于 B 作宽域解读当且仅当 A 成分管制 B 或者一个位于非论元位置和 B 同标的成分,例如下面的句子有两种解读,分别如树形图 a 和 b 表示:

2) Everyone recommended a book.

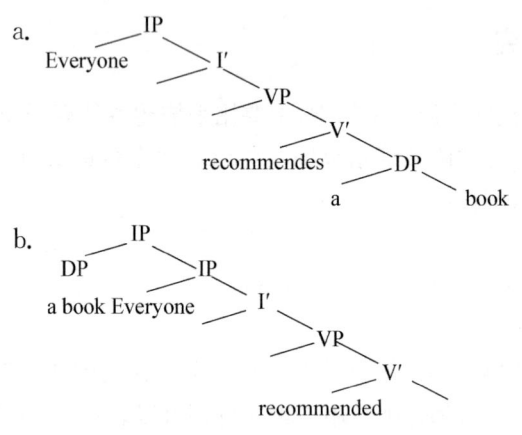

a.
```
        IP
Everyone   I'
            VP
              V'
    recommendes   DP
                 a    book
```

b.
```
         IP
DP          IP
a book Everyone   I'
                    VP
                      V'
               recommended
```

如 2)a 的树形图所示,everyone 成分管制 a book,所以 everyone 相对于 a book 作宽域解读,意思是"每个人都各自推荐了一本书"。2)b 显示,a book 提升至 everyone 之前,这种情况下,a book 成分管制 everyone,所以句 2)的另一种解读是"有一本书,每个人都推荐了"。

最小约束条件是指变量必须被最小区域的潜在 A′约束语约

束。在有两个量词的句子中(分别用 QP1 和 QP2 表示),经过量词提升后,其留下的变量 x1 以及 x2 之间会形成以下三种表征(Aoun & Li, 2000:134):

    a. QP1 ... x1 ... QP2 ... x2
    b. QP2 ... QP1 ... x1 ... x2
    c. QP1 ... QP2 ... x1 ... x2

在这三种表征中,b 和 c 都不符合最小约束条件,只有 a 符合最小约束条件。

霍恩斯坦(Hornstein)(1995)在最简方案框架下探讨量词辖域,采用拷贝理论来替代量词提升。量词提升后留下的是语迹,而拷贝理论认为移动一个短语后留下的是其拷贝,拷贝保留原短语的特征,以 3)为例。

    3) a. Someone attended every seminar.
       b. [e] I [Agr$_o$P[every seminar] Agr$_o$ [VP [someone] [V′ attended [e]...

要使 every seminar 作宽域解读,只要将 IP 指示语位置的 someone 的拷贝以及位于直接宾语位置的 every seminar 的拷贝删除。但这样做有一个缺陷,就是位于论元位置的拷贝被删除了,但也就无法继续承担论旨角色,导致论旨链中断。奥赫拉(Ouhalla)(2000:430)认为量词可以看作算子和变量的复合体,拷贝过程中删除的仅仅是算子而不是整个量词短语,例如:

    4) a. Mary attended every seminar.
       b. [e] I [Agr$_o$P[every x] Agr$_o$ [VP [Mary][V′ attended [x seminar]...

在4)b中,论元位置的量词并不是其整个拷贝都被删除,而仅仅是其中的算子被删除了。这样做的优点是,移位后算子仍然位于功能语类位置,而变量仍位于论元位置。

2. 实证研究

汉语中和英语相对应的量词辖域句没有歧义,但是符合普遍语法。"每个人都推荐了一本书"一般不会被理解成"有一本书,每个人都推荐了",因为"每个人"成分管制"一本书",符合辖域原则,所以只有一种解读,即"每个人各自推荐了一本不同的书"。韩语和日语也和汉语一样通常不允许辖域歧义,世界上其他语言虽然有的会允许辖域歧义,但是所有的语言都会允许符合辖域原则的解读。根据穆索利诺和利兹(Musolino & Lidz)(2006),符合辖域原则的解读可以看作是普遍语法在起作用。这种情况下,句法和语义是一致的,通常称为同构性解读(isomorphic interpretation)或顺序解读。量词辖域歧义现象则说明句法语义有时是不一致的,生成语法通常采用隐性的移位来解释这种现象,也就是上文所提到的量词提升,句法和语义不一致的解读也称非同构性解读(non-isomorphic interpretation)或逆序解读。

在基于生成语法的二语习得研究中,量词辖域知识被看作是刺激贫乏论的证据之一,以下面的句子为例(Schwartz & Spouse, 2013:157):

5) a. Someone read every book.(英语)
   b. Dareka-ga dono hon-mo yonda.(日语)
      Someone-Nom every book read.

如5)所示,英语和日语中有两个量词的句子解读方式有差异,英语句子有歧义,既允许同构解读也允许非同构解读,而日语对应的句子没有歧义,只能作同构解读。如果L1英语L2日语的学习者能够习得日语的解读方式,就存在语言习得的逻辑问题,日语输入只能让学习者知道日语中允许同构解读,但不会提示他们非同构解读是不允许的。由于英语中两种解读方式都可以,所以母语迁移不应该是学习者知道日语量词辖域没有歧义的原因,日语课堂上的语法知识讲解也不会是学习者了解日语辖域知识的来源,因为一般的语法教科书不会涉及这种微妙的隐性语法知识。这一思路对母语为英语的汉语学习者也同样适用,穆索利诺和利兹(Musolino & Lidz)(2006)认为没有负面证据可以使汉语学习者意识到逆序解读在汉语中不可以接受。

马斯顿(Marsden)(2009)用真值判断方法调查了不同母语日语学习者的辖域知识,受试母语分别是英语和韩语。由于韩语和日语中最常见的语序都是 SOV,并且都只允许主语量词作宽域解读,所以母语为韩语的日语学习者可以直接迁移母语知识,应该不会存在语言习得的逻辑问题,他们关于辖域知识的习得过程应该和母语为英语的日语学习者的习得过程不同。研究发现,虽然两组受试在日语学习的初级阶段表现的确不同,在高级阶段却没有区别,说明母语为英语的日语学习者在终端状态是能够习得日语辖域知识的,也就是说,不管有没有母语迁移,学习者最终都能习得日语辖域知识,那么只能假设普遍语法在二语习得中起作用。

量词辖域现象不仅涉及句法,同时也涉及语义和语用,所以有些研究试图区分句法、语义和语用因素对语言习得的影响。以 6)为例:

6) The professor didn't talk to every student.

穆索利诺和利兹(2006)认为,例 6)中否定词和全称量词的互动体现了句法、语义、语用因素,顺序体现了句法因素即成分管制,逆序解读不仅要进行量词提升,还会违背合作原则。Every>not 解读在语义上蕴含 not>every 解读,这种蕴含关系在语用学中称为级差含义(scalar implicature),由于 not>every 是常规解读方式,英语本族语者一般不会作出 every>not 解读是由于他们具有级差含义这种语用知识,从而会排除逆序解读,但在一定情况下需要强调全称量词时,也有可能作出逆序解读。对于全称量词位于否定词之前的句子,逆序解读发生的可能性就较大,因为 Every＞not 解读蕴含 not＞every 解读。穆索利诺等(2000)对英语本族语儿童解读6)之类句子的研究发现,绝大部分英语本族语儿童倾向于接受顺序解读,说明儿童的辖域知识受成分管制条件制约,符合辖域原则。穆索利诺和利兹(2006)对英语本族语成人和儿童的否定词和量词辖域关系进行了对比研究,发现和成人相比,儿童量词辖域知识有一定缺陷,允许逆序解读,他们认为这是由于儿童还没有很好地掌握语用原则。钟(Chung)(2012)将这一研究框架应用到二语习得领域,调查了韩国英语学习者和英语本族语者对于6)之类句子的解读,结果发现,英语本族语者偏好顺序解读,可能是因为他们具有级差含义这种语用知识。高水平韩国的英语学习者也倾向于顺序解读,而中低水平的韩国英语学习者偏好 every＞not 解读,由于韩语作宾语的全称量词通常位于否定词之前,因此这可能说明低水平学习者不能摆脱母语的迁移。金姆(Kim)(2007)也发现在英语环境中生活时间较短的韩英双语者仅接受顺序解读,而在英语环境中生活时间较长的受试倾向于接受顺序和逆序两种解读方式。

目前文献中有关汉语学习者量词辖域知识的研究多集中在母语习得领域。周和克雷恩(Zhou & Crain)(2009)考察了汉语本族语儿童和成人的辖域知识,受试被要求判断两类辖域现象:"每匹马都没有跳过篱笆"和"不是每匹马都跳过了篱笆"。结果发现汉语儿童将这两种句子都看作是有歧义的,而成人对每句则只接受一种解读,分别是 ∀＞not 和 not＞∀。他们认为,这一结果说明儿童语言发展中可能普遍存在一个阶段,就是将量词辖域看作是有歧义的。吴芙芸和李立园(2015)采用自定步速阅读和真值判断相结合的方法考察了汉语本族语者量词辖域句在线理解过程,实验句中含有全称量词"每"和否定词"没有",如"每个人都没有擦桌子",结果发现汉语母语者的辖域解读受句法、语义、工作记忆等多种因素共同影响。

探讨母语为英语的汉语学习者如何习得汉语辖域知识的研究还很少见。实际上,这方面的研究应该更有意义。由于英语中量词辖域有歧义而汉语没有,对母语是英语的汉语学习者来说,如果他们知道汉语中的量词辖域只有一种解读,这就构成了语言习得的逻辑问题。在缺乏正面和负面证据的情况下,似乎很难解释他们为什么能够摆脱母语的干扰。

有少数研究曾探讨过母语为汉语的英语学习者如何解读英语量词辖域。李等(Lee, et al.)(1999)考察了母语为汉语的英语学习者的辖域知识,英语量词辖域有歧义,而汉语没有,例如:

7) a. Some tourists visited every museum.
   b. 有一些游客参观了每个博物馆。

结果发现,受试能够接受 every>some 解读,和英语本族语者没有区别,说明汉语中的辖域知识没有发生迁移。李等(Lee, et al.)(1999)以生成语法为框架分析了这一结果,认为受试能够接受非同构解读,和英语本族语者没有区别,说明受试并没有受汉语量词辖域遵循句法同构原则这一特点的影响。但是该研究只考察了全称量词和数量词之间的辖域关系,没有考察全称量词和否定词之间的辖域关系。

当全称量词短语位于否定词之前,英语句子有歧义,而汉语没有,如:

8) Every horse didn't jump over the fence.

例8)有歧义,可以作顺序和逆序解读。汉语全称量词位于否定词之前的句子如"每匹马都没有跳过栏杆"只能作顺序解读。从跨语言角度来看,逆序解读(not>∀)比顺序解读(∀>not)加工难度大,两种解读方式构成了类型学上的难度等级,一种语言如果接受逆序解读也一定会接受顺序解读，而接受顺序解读的语言则不会接受逆序解读。在汉语中顺序解读成为常规形式，逆序解读就不被允许。对于中国英语学习者，逆序解读需要具备句法、语义和语用知识，因此很难掌握。

当全称量词短语作句子宾语时，韩语由于 SOV 语序的作用倾向于常将宾语置于谓语动词之前，汉语也允许宾语前置到谓语动词前，但大部分情况下宾语还是位于谓语动词之后，例如：

9) a. 他所有的饼干都没吃（He all the cookies did not eat）。
   b. 他没吃所有的饼干（He didn't eat all the cookies）。

马修斯和叶（Matthews & Yip）(2013：327)认为，在加工 He didn't eat all the cookies 时，如果 L1 汉语 L2 英语学习者接受逆序解读（∀＞not），就说明他们受汉语影响。

二、涌现论视角下的量词辖域研究

1. 理论研究

生成语法主要从句法角度研究量词辖域歧义，但在生成语言学之外，也有学者关注这一现象，最具代表性的是库诺等人从功能语言学角度对量词辖域的研究。库诺等（1999）认为量词辖域不能仅仅从句法角度来解释，还应该从语义、语用、篇章和词汇特征等方面来解释，例如：

10) 每个学生都怕一个男老师。

根据奥安和李(Aoun & Li)的句法解释,9)应该没有歧义,但实际上"一个男老师"在一定语境中可以特指"某一位男老师",该句实际上是有歧义的,又如:

11) What was worrying everyone?(有歧义)
12) Who was worrying everyone?(无歧义)

11)和12)句法结构相同,但11)有歧义,而12)没有歧义,两句不同之处在于11)中的特殊疑问词是无生命的,而12)中的特殊疑问词是有生命的,生命性导致量词辖域是否会产生歧义。

13) a. Every student admires some professor.(有歧义)
    b. Each student admires some professor.(无歧义)
14) a. Many of them hate some of us.(有歧义)
    b. Many of us/you hate some of them.(无歧义)

13)a 和 14)a 都有歧义,而 13)b 和 14)b 却无歧义,两例中 a 和 b 句的区别是词汇不同,13)说明 each 和 every 的语义差异会导致不同的量词辖域解读,例 14)则说明第一/二人称量词更倾向作宽域解读,第三人称量词则倾向于作窄域解读。针对上述违反辖域原则的例子,库诺等(Kuno, et al.)(1999)提出了量词辖域解读的专家系统,可以分为以下几个子系统(Q 表示量词):

(1) a. 主语 Q＞宾语 Q＞旁语 Q
   b. 左边 Q＞右边 Q
   c. 人类 Q＞非人类 Q
   d. 第一/二人称 Q＞第三人称 Q
   e. 语篇相关度高的 Q＞语篇相关度低的 Q(即先进入语篇的比后进入更容易占宽域)
   f. 主动性强的事件参与者 Q＞主动性弱的事件参与

者 Q

　　h. Each＞其他量词短语

(2) 话题化的 Q＞非话题化的 Q

(3) a. Wh-Q＞非 Wh-Q

　　b. 数字 Q＞非数字 Q

　　c. 全称 Q＞存在 Q

　　d. "都"修饰的 Q＞非"都"修饰的 Q

　　e. 主语　Q＞被动句施事 Q

在解读量词辖域过程中,专家系统主要根据(1)中 7 条原则权衡某个量词占宽域的可能性并进行投票,而(2)则是具有优先地位的一条原则,只要是话题化的量词,一定作宽域解读。(3)是关于汉语量词辖域的附加原则。

　　虽然库诺的专家系统考虑句法之外的因素,但只适用于量词辖域现象,而生成语法中的成分统制条件则可以解释更加广泛的句法现象。此外,专家投票的机制过于烦琐,可能没有抓住问题的本质。

　　贾光茂(2020b)在认知语法框架下提出了量词辖域解读的概念参照点模式,主要观点是,量词辖域歧义是否产生与概念参照点的确立机制有关,在常见的主谓宾句式中,当主语量词作宽域解读时,认知主体就是以主语为概念参照点来解读句子其余部分,这时作宾语的量词在主语的领地中,只能作窄域解读,当认知主体以宾语为概念参照点解读句子时,作宾语的量词就作宽域解读。概念参照点是人类认知的一种基本方式,不仅可以解释量词辖域现象,对与量词辖域相关的代词约束现象也有很强的解释力。通常情况下,认知主体会选择当前话语空间中最为显著的实体作为概念参照点,并以此来对领地中的其他实体(目标)进行心理接触,目标被识解后,认知主体又会以此为新的参照点再寻找新的目标。概念参照点的确认受显著性、概念联系性和线性语序等因素影响(van Hoek,1995),其中显著性以及线性语序和库诺提出的多条原则基本一致,因此可以将专家系统整合到概念参照点模式中。

2. 实证研究

涌现论视角下关于量词辖域解读的理论中最重要的是加工提升假设。该假设认为,解释二语学习者的量词辖域知识并不一定要假设存在辖域原则,学习者的辖域知识反映了加工能力的提升,是不同难度解读方式成为加工惯例的过程,如:

15) Tom didn't read all the papers.

例 15)这样的英语句子通常作顺序解读,有时也可以作逆序解读。这是因为对英语本族语者来说,顺序解读符合线性加工方式,而逆序解读是为了强调全称量词,加工难度也不大,语言使用者先加工的是 not,遇到全称量词时即使作逆序解读也不需要修正已经加工的信息,毕竟部分否定和完全否定都涉及否定。而对于韩语为母语的英语学习者来说,由于韩语中宾语常位于谓语动词之前,形成了 ∀＞not 这样的加工惯例,在解读英语量词辖域句时可能会受母语影响,不太容易接受顺序解读,not＞∀ 解读方式更加困难,加工成本更高。奥格雷迪(2013)提出,英语和韩语习惯解读方式反映了加工难度的提升。

奥格雷迪等(2009)调查了 42 名韩国人的韩语和英语辖域知识。结果发现,受试在韩语测试中普遍倾向于 ∀＞not 解读,而在英语测试中,受试仍然倾向于 ∀＞not 解读方式。这一结果说明,母语为韩语的英语学习者会将母语辖域知识迁移到目标语中。李(Lee)(2009)也考察了韩国英语学习者和英语本族语者的辖域知识,受试按照英语水平分为低水平组、中级水平组和高水平组。研究方法为真值判断任务,实验句举例如下:

16) a. All boys didn't take the medicine.
b. Two boys didn't take the medicine.
c. Every boy didn't take the medicine.

17) a. The girl didn't read every book.
    b. The girl didn't read all books.

所使用的图片举例如下：

Robert didn't cut down all the trees.

结果发现,大部分中低水平的韩国英语学习者逆序解读(∀＞not),高水平的韩国英语学习者采用英语中的顺序解读方式的比例则较高。

奥格雷迪(2013)调查了母语为英语的韩语学习者对量词辖域句的解读,发现受试基本上都采用韩语的逆序解读方式,英语中的顺序解读对他们几乎没有影响。将上述两项研究解读进行对比,说明量词辖域解读方式跨语言迁移存在不对称性。为解释这种迁移的不对称现象,奥格雷迪提出,加工难度或成本是迁移是否发生的重要因素。∀＞not解读是韩语中的加工惯例,在英语中虽然不是常规的解读方式,但在语境的作用下做出这样的逆序解读加工成本也不高,对于母语为韩语的英语学习者,将∀＞not解读迁移到英语中就比较容易发生。相反,在韩语中要做出not＞∀解读,加工成本很高,因为语言使用者首先遇到全称量词,后遇到否定词,这时要进行逆序解读需要对全称量词表达的意义进行修正,所以对于母语为英语的韩语学习者,英语中的加工惯例not＞∀向韩语中迁移不容易发生。

热纳里和麦克唐纳(Gennari & MacDonald)(2006)发现英语全称量词位于否定词前的句子非常罕见,因此儿童的量词辖域知识不应该是来自语言经验,也就是存在刺激贫乏。根据加工提升假设,对于全称量词在否定词之前的句子,逆序解读方式需要加工者修正对全称量词的理解,也就是说,逆序解读加工成本高于顺序解读。汉语这样的句子通常只允许同构解读。当中国英语学习者阅读英语中诸如 all the parts of the car are not made in this country 之类的句子时,可能倾向于 ∀＞not 解读方式,很少能够做出逆序解读,因为逆序解读加工成本过高。

近年来,考察中国英语学习者如何解读量词辖域的研究也成为热点。张(Zhang)(2013)发现中国英语学习者习得 ∀＞not 式英语否定句时,倾向于对句子作顺序解读,说明他们受母语解读方式影响。唐轶雯、陈晓湘(2018)采用基于图画的真值判断方法考察了不同水平英语学习者和英语本族语者对含有 every 和 a(n) 两个量词的句子的解读,发现高水平英语学习者仍然难以解读逆序辖域,他们认为该结果支持接口假说,即外接口特征难以习得。楚等(Chu, et al.)(2014)发现中国英语学习者和本族语者一样能够习得逆序辖域。吕骏、卢达威(2018)的实验也发现,中国英语学习者可以克服母语的影响,能够习得"存在量词先行"结构中的逆序辖域。不过,以上研究都仅从句法角度来探讨中国英语学习者对量词辖域的解读。

三、中国英语学习者对否定句中全称量词辖域的解读[①]

1. 理论背景

生成语法用普遍语法原则来解释量词辖域现象。有两个或以上量词的句子常常会产生歧义,按照生成语法,这可能是其中的量

---

① 本节详细内容参见《现代外语》2018 年第 3 期。

词发生了移位,结果造成两种解读方式。英语句子中如果有两个或以上的量词或算子,则会有顺序和逆序解读方式,而汉语、韩语和日语中句子量词辖域通常只能进行顺序解读。对于母语为英语的韩语、汉语或日语学习者来说,韩语、汉语或日语输入可以让他们了解到两个量词应该作顺序解读,但不能告诉逆序解读是不允许的,也即是说,二语输入中缺乏负面证据。这种复杂隐性的句法知识也不可能是由外语教师传授给学生的,因为教师可能也不会意识到有这种微妙的句法现象。生成语法框架下的语言习得研究也承认语义和语用因素对量词辖域解读有影响,穆索利诺和利兹(2006)认为逆序解读会违背合作原则中的数量次则,在可以采用顺序解读的句子中采用逆序解读会导致信息过量。

涌现论中的加工提升假设(也称加工决定论,O'Grady, 2015)认为二语学习者的量词辖域解读方式反映了他们加工能力的提升,而不是先天具有普遍语法。例如(O'Grady, 2013: 12-13):

18) a. Mike didn't eat all the cookies. (英语)
　　b. Mike-ka motun kawaca-lul an mekessta. (韩语)
　　　 Mike all the cookies not ate.

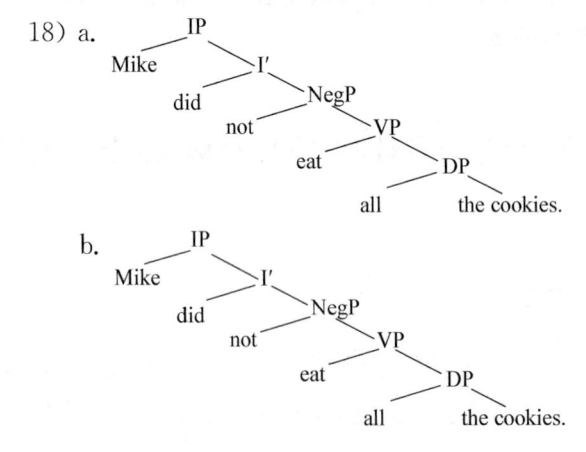

18) a.
```
        IP
       /  \
     Mike  I'
          /  \
        did  NegP
            /  \
          not   VP
               /  \
             eat   DP
                  /  \
                all  the cookies.
```

b.
```
        IP
       /  \
     Mike  I'
          /  \
        did  NegP
            /  \
          not   VP
               /  \
             eat   DP
                  /  \
                all  the cookies.
```

按照量词辖域原则,量词的阶段受成分管制条件制约,18)a 中否定词成分管制全称量词,所以解读为部分否定。韩语中宾语前置,全称量词成分管制否定词,所以 18)b 解读为完全否定。

奥格雷迪(2013)认为,英语和韩语量词辖域解读方式体现了跨语言的加工难度等级。英语中例 18)a 这样的句子部分否定和完全否定两种理解方式都可以接受,是因为逆序解读无需修正对 not 的解读。韩语全称量词放在 not 前,使得逆序解读变得很困难,因为在遇到否定词时已经加工过全称量词,如果进行逆序解读需要修正先前对全称量词的解读。奥格雷迪(2013:21)指出,如果二语习得者母语中的加工惯例比二语加工惯例容易,就会发生迁移,如果母语加工惯例比二语加工惯例难处理,就不会发生迁移。

现有的关于量词辖域加工的二语习得研究多以生成语法为理论框架。一些研究以英语本族者为受试(Crain & Thornton,1998;Musolino & Lidz,2006;Gualmini,2005/6;Gennari & MacDonald,2006),另一些研究以汉语本族语者为研究对象(Zhou & Crain,2009;Li,2017)。涌现论视角下的二语习得研究目前还不丰富。仅有几项关于韩国英语学习者的量词辖域知识的研究。奥格雷迪等(2009)和李(2009)都采用真值判断方法考察了 L1 韩语 L2 英语的学习者对含有全称量词和否定词的句子的理解,发现中低英语水平受试偏向顺序解读方式,可能是受韩语影响,高水平受试接受逆序解读方式的比例更高。奥格雷迪(2013)考察了 L1 英语 L2 韩语的学习者对类似句子的解读,发现中低水平受试基本上都倾向于韩语的解读方式(∀>not),他们母语的解读方式没有发生迁移。为什么会有这种跨语言迁移的不对称现象?奥格雷迪认为这些现象反映了语言迁移的成本计算法则:韩语中的加工惯例是 ∀>not,这种解读方式在英语中加工难度也不高,因为英语语序是 not>∀,在遇到全称量词无须修正理解方式,所以对于二语习得来说,从 L1 韩语到 L2 英语迁移容易发生。与此不同的是,not>∀ 解读对母语是韩语本族语者来说加工成本比较高,而对英语本族语者来说加工成本不高,所以从 L1 英语到 L2 韩语的迁移不会发生。

当全称量词短语作句子主语时,英语量词辖域有歧义,而汉语没有。汉语中的解读方式是∀＞not,英语中习惯的逆序解读 not＞∀加工成本要高,汉英加工套路形成了类型学上从低到高的一个难度等级。这时无论是按照辖域原则还是涌现论,中国英语学习者都应该是先习得∀＞not,后习得 not＞∀。当全称量词短语作句子宾语时,汉语虽然也允许宾语前置,不过更常见的情况还是宾语在动词之后。按照涌现论,中国英语学习者应该先偏好∀＞not 解读,后习得 not＞∀。按照生成语法,由于辖域原则是普遍语法,中国英语学习者应该立刻习得 not＞∀解读方式。

表 9-1 对中国学习者英语否定句中全称量词辖域知识的预测

	汉语	英语	汉英中介语
全称量词位于主语位置	∀＞not	not＞∀	先∀＞not,后 not＞∀(先天论和涌现论相同)
全称量词位于宾语位置	∀＞not/not＞∀	not＞∀	not＞∀(先天论),∀＞not/not＞∀(涌现论)

2. 研究设计

受试为 118 名不同英语水平的 3 组中国大学生。研究工具为真值判断任务。受试被要求看图片并判断后面的英语句子的真假值(True 或 False)。

Every duck didn't cross the river.　T　F
图 9-1　SA 类句例图

实验句分为四类,举例如下:

SA:All the pigs aren't eating water-melon.(∀位于句子主语位置,图片内容符合 not＞∀ 解读);

SB:Every horse didn't jump over the fence.(∀位于句子主语位置,图片内容符合∀＞not 解读);

OA:Robert didn't cut down all the trees.(∀位于句子宾语位置,图片内容符合 not＞∀ 解读);

OB:Tony didn't take every candy.(∀位于句子宾语位置,图片内容符合∀＞not 解读)。

数据收集完成后,研究者对真值判断结果进行分析。

3. 结果与讨论

不同英语水平三组受试 SA 和 SB 句得分的均值和标准差结果见表 9-2。

表 9-2 不同英语水平组 SA 和 SB 得分描述性统计

组别	N	SA Mean	SA SD	SB Mean	SB SD
高级组	40	.442	.377	.600	.294
中高组	40	.275	.291	.696	.229
中低组	38	.219	.135	.930	.148
总计	118	.314	.300	.739	.269

注:SA=主语/逆序 SB=主语/顺序

表 9-2 显示,三组受试对全称量词位于主语位置的否定句倾向于作逆序解读的比例随英语水平的提高而逐渐提高。三组受试偏好顺序解读的比例都高于逆序解读,如图 9-2 所示。

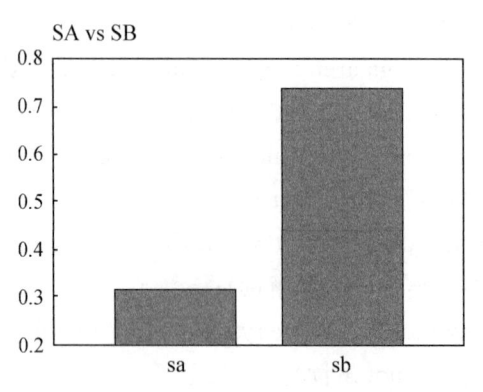

图 9-2　SA 和 SB 总均分差异

不同水平三组受试 OA 和 OB 句得分的均值和标准差结果见表 9-3。

表 9-3　不同英语水平组 OA 和 OB 得分描述性统计

组别	N	OA Mean	OA SD	OB Mean	OB SD
高级组	40	.838	.153	.800	.257
中高组	40	.954	.141	.738	.264
中低组	38	.789	.163	.886	.239
总计	118	.862	.166	.807	.259

注：OA＝宾语/顺序　OB＝宾语/逆序

从表 9-3 中可以看出,三组受试 OA 句得分均值很高,说明对于 not＞∀ 式句子,受试大都偏好顺序解读；三组受试 OB 句得分均值也较高,说明受试也能够接受逆序解读(∀＞not)。数据说明,受试对 not＞∀ 式句子的量词辖域解读方式和英语水平没有明显关系。表 9-3 还显示,OA 和 OB 句总均分之间的差异不大,总体均分如图 9-3 所示。

OA vs OB

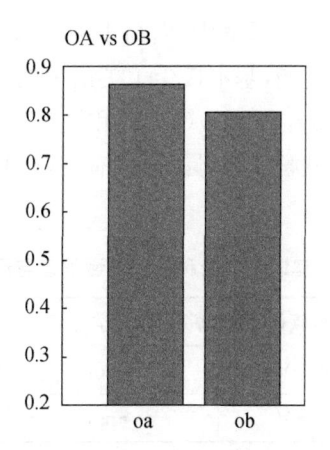

图 9-3 OA 与 OB 总均分差异

　　本研究的句法现象涉及句法和语用的界面,也涉及语言迁移。但在各种二语习得理论中,无论是界面假设(Sorace,2006)还是完全迁移/完全可及假设(Schwartz & Sprouse,1996)都难以解释本研究的结果。因为本研究受试作为成人,应该都具有逆序解读所要具有的语用和句法知识。按照完全迁移/完全可及假设,中国英语学习者对辖域原则应该完全可及并且将其完全迁移到二语中,所以他们会在解读英语句子时仍然采用汉语中习惯的同构解读方式,但是本研究发现高水平中国英语学习者并不都能习得英语中的逆序解读方式,因此本研究结果并不符合这一预测。

　　加工提升假设认为中国英语学习者关于 SA 和 SB 句的解读可能反映了加工能力的提升。汉语本族语者倾向于将这样的句子作顺序解读,这一点已有实验证明(范莉,2005),因此顺序解读是汉语的加工惯例。英语的逆序解读是加工惯例,比汉语的解读成本要高,所以从 L1 汉语向 L2 英语的迁移容易发生。

　　先天论预测中国英语学习者对 OA 和 OB 句应该按 not>∀ 解读,本研究结果似乎不完全符合这一预测。按照加工提升假设,目标语的加工惯例如果成本低于母语加工惯例,迁移就容易发生。李(Lee)(2009)发现,L1 韩语 L2 英语学习者会将其母语中的辖域解读方式迁移到英语理解中,而高水平韩国英语学习者则不受韩语辖域解读方式影响,基本接受了英语中的 not>∀ 解读方式。奥格雷迪等(O'Grady, et al.)(2009)和钟(Chung)(2012)也有类似的发现。量词辖域解读与母语语序有着密切的关系,如表 9-4 所示。

表 9-4 宾语位置全称量词辖域解读与母语语序

	英语本族语者	韩国英语学习者	中国英语学习者
辖域解读	not>∀	∀>not	∀>not 或 not>∀
母语语序	not→∀	∀→not	∀→not 或 not→∀

由于韩语中 SOV 语序占统制地位,全称量词作宾语时通常置于否定词和动词之前,从而形成 ∀>not 的加工惯例。汉语中作宾语的全称量词位置更加灵活,导致 ∀>not 和 not>∀ 两种加工惯例都有可能形成。由于汉语中宾语可以置于谓语动词之前,中国学习者在加工英语句子时有时可能受此影响而接受逆序解读,当然顺序解读对他们也是比较自然的。

4. 结论

本研究发现,对于英语 ∀>not 式句子,中国英语学习者偏好顺序解读而不是逆序解读,结果同时支持先天论和涌现论。对于英语 not>∀ 式句子,中国英语学习者既接受顺序解读也接受逆序解读,完全符合涌现论的预测。汉语中量词和否定词的语序对中国英语学习者量词辖域解读有重要影响。

在中国的英语课堂上,教师常常将 All parts of the car are not made in this factory 之类的句子是完全否定还是部分否定作为重要的语言点来讲授。但为什么接受过辖域知识讲授的中国英语学习者还是很难避免母语的干扰?根据加工提升假设,量词辖域的解读不仅涉及语用、语义和句法因素,还涉及学习者自身的特点即遵循效率优先的线性加工方式。

四、总结

　　本章首先综述了量词辖域的理论与实证研究。量词辖域传统上是逻辑学和形式语言学的重要课题,从逻辑学的辖域概念到生成语法对辖域与句法结构关系的探讨,形成了比较成熟的理论假设。因此在儿童语言习得以及二语习得中,关于量词辖域的实证研究多以生成语法理论为指导,考察儿童或成人是否具有辖域原则知识。近年来采用心理学实验工具如 ERP 等开展实证研究的语言习得研究逐渐增多,但真值判断方法仍然是主流,不过这一阶段真值判断实验设计中很多都采用了 e-prime、DMDX、PsyScope 等软件,流程更加规范和严格,同时也能收集反应时数据以便和真值判断数据互相印证。

　　关于量词辖域的实证研究中,由于句法的假设和加工角度的假设往往结果有冲突,所以导致结论的解释存在很多争议。从涌现论视角出发的量词辖域研究还不多。我们对中国英语学习者否定句中全称量词辖域解读方式的研究不仅填补了二语习得领域的空缺,有助于解决量词辖域到底是句法还是加工问题的争论,也对解决中国英语学习者二语习得中的一个难点有一定启示。

第十章　英语复合句的习得

本章首先简要介绍二语习得领域有关三类复合句习得的传统理论及实证研究，然后综述涌现论视角下复合句的习得研究，接下来介绍二项实证研究，一项是关于关系从句的习得，一项是与补语从句有关的长距离依存结构 LDD 疑问句的习得。

一、英语复合句习得研究现状

1. 传统的复合句习得研究

传统的英语语法著作大部分都将英语句子分为简单句、并列句和复合句。复合句由主句和从句组成，可以分为补语从句、关系从句和状语从句。托马塞洛（2003:244）对复合句从功能角度进行了分析：1) 补语从句，主要功能是表达对事件的心理态度，又分为表达意愿、需要、义务的非限定补语从句和表达感知、观念的限定性补语从句；2) 关系从句，主要功能是使指称词语更为具体化以便更容易确立其所指；3) 状语从句，主要功能是表达不同事件间的逻辑关系。

复合句的习得研究多以生成语言学和语言类型学为基础。生成语法将语言中抽象的规则特别是句法看作自足的模块，而复合句中特别是补语从句和关系从句体现了诸多语法原则，属于核心的语言现象。核心的句法是基于规则的，相关的心理工作机制是符号运算系统，而词汇短语或构式则是边缘的语言现象，相关的心理工作机制是联想记忆系统，只是为运算系统提供材料。由于生成语言学关注的是与复合句有关的句法操作，基于生成语言学的语言习得研究关注的是二语学习者是否具有与补语从句、关系从句、状语从句有关的语法原则知识。

由于关系从句的形成过程也就是关系化（relativization）可以看作一种移位现象，基于生成语言学的二语习得研究主要调查学习者是否具有移位限制知识，即他们对普遍语法原则如邻接原则（subjacency）是否可及或能否重设移位参数（陈月红，1998；Hawkins & Chan，1997）。类型学视野下的复合句习得研究也主要聚焦于关系从句。二语习得研究者基于类型学和认知加工理论开展了大量的实证研究（详见 Izumi，2003）。语言类型学中名词可及性等级假设（Noun Phrase Accessibility Hierarchy，NPAH，Keenan & Comrie，1977）认为关系代词在从句中充当的句子成分反映了其可及性程度或加工难度，从高到低遵循以下等级：主语＞直接宾语＞间接宾语＞旁语＞属格语＞比较宾语。二语习得者据此提出，主语关系从句的习得要易于宾语和旁语关系从句。关于关系从句加工难度的另一个重要理论——感知难度假设（Kuno，1974）认为关系从句加工难度与其在主句中的位置有关，嵌入主谓之间的关系从句因为中断了正常的主谓宾解读过程，所以比位于宾语名词后面的关系从句更难加工。国内学者也进行了多项研究来验证这两个假设（肖云南、吕杰，2005；蔡金亭、吴一安，2006；汤春晓、许家金，2011；李金满，2008；侯建东，2011；贾光茂，2014）。

结构主义和生成语言学理论都将补语从句的主句和从句看作结构关系，从句作为整体嵌入主句，通常被当作主句的一个句子成分如宾语。从句之中又可以嵌入新的从句，这种主从关系即补语化（complementation）是语言递归性的重要方面，也是句法复杂度提升的重要方式。关于补语从句习得的研究主要集中于句子理解，并局限于母语习得领域。补语从句理解研究（Phinney，1981；Roeper & de Villiers，1994；de Villiers，1999)的主要目标是探讨关于 wh-移位的语法原则在儿童语言中的发展，却有了一个重要发现,即低龄儿童常将注意力放在从句的谓语动词上,不能同时理解主句和从句谓语动词。除此之外,二语习得领域大量的语法教学方式研究、句法复杂度研究、纠错与反馈研究等都涉及补语从句,但基本上都把补语从句当作语言结构特征来看待。

状语从句的习得研究主要关注不同类型从句习得难度、连词和从句位置。布罗姆等(Bloom, et al.)(1980)发现,状语从句的发展遵循以下顺序:递进型→时间型→因果型→转折型。陈春华(2004)、方子纯(2009)和李锡江(2016)则研究了中国学习者英语时间状语从句的位置。根据德·鲁伊特(De Ruiter)(2018),状语从句加工和习得研究共有四种理论框架。第一种是语义方案,认为儿童会把语言形式顺序(如从句顺序)和现实中的事件发生顺序对应起来,也就是说符合相似性原则的句子更容易理解,例如after引导的状语从句要比before引导的状语从句更难习得,两个连词的语义特征不同。第二种是句法方案,主要观点是主从句顺序会影响习得难度,从句在前主句在后的句子更难加工,因为加工者要把从句信息存储在工作记忆中,直到加工完主句才能建立复合句的完整表征,而主句在前从句在后的句子则不需要如此。第三种是基于频率的方案,主要思想是状语从句的习得顺序受输入频率影响,例如because和if句式要比after和before句式使用频率高。第四种是工作记忆容量限制方案,认为每个人工作记忆容量的差异会影响复合句的加工。

在国内,关系从句习得是研究热点,但大都基于生成语法和语言类型学,并且研究对象多为大学生。其他两类从句研究较少,并且研究主题往往是教学方法、语体特点等。例如,对中国英语学习者补语从句的研究主要关注使用错误、中介语语体特征等(林德华,2004)。关于状语从句的研究主要考察语序问题、使用特征、连接词、概念迁移等课题(王文斌、李雯雯,2021)。

2. 涌现论视角下英语复合句的习得

涌现论认为复合句的习得也是基于惯例或构式的。词汇和句法是复杂抽象程度从低到高的连续体,是复杂程度不同的构式,所以语言习得就是构式的习得(Goldberg,2006);高度抽象的语法规则不应是自治的句法体系,而是由非语言因素的互动形成的(O'Grady,2005)。涌现论虽然关注复杂构式的习得,但需要在理论上对语言具体现象进行深入分析,也需要更多的实证研究来验证。

目前国外关于复合句习得的研究主要局限于母语习得领域,其中以狄塞尔所进行的系列研究最为著名。狄塞尔和托马塞洛(2001)将限定性补语从句根据其主句部分的功能分为三类:声言类(assertive),表达命题意义;语用类(performative),表达言语行为;语块类(formulaic),如 I think 等,作为整体存储,不表达命题意义。他们基于 CHILDES 语料库考察了英语本族语儿童的补语从句使用情况,结果发现,三类补语从句的习得顺序是:语块类→语用类→声言类。在儿童语言中,早期出现的所谓补语从句的主句部分可以看作是语块或构式,不表达命题意义,主从句一起仅表达单个命题。例如:

1) a. I think it's in here.
   b. I guess I have one more.
   c. I bet I can.
2) a. See if I can make a kite.
   b. Look what I made.

儿童最初所使用的补语从句的主句部分都是 think、guess、bet、see、look 等动词,绝大部分以第一人称作为主语,并且缺少时态变化,所以这样的主句部分并非是表达完整命题的句子。

在国内,王立非和张岩(2006)、王立非和马会军(2009)、许家金和许宗瑞(2007)等通过语料库研究考察了中国英语学习者宾语从句的使用情况,发现宾语从句的主句部分过度使用 think/believe 等少数高频动词,较少使用 know/assume/suppose 等动词,而英语本族语者使用的同样结构中动词种类要丰富得多。以上结果说明中国英语学习者补语从句的发展也可能是从语块类开始的。但是由于以上研究分析的仅是共时的语料库,要了解中国英语学习者补语从句的发展过程,最好还需要结合历时跟踪语料进行分析。

狄塞尔(2000)基于CHILDES语料库对英语本族语儿童关系从句的使用情况进行了研究,发现儿童早期语言中使用的是以下一些类型的关系从句。例如:

3) a. Here's a tiger that's gonna scare him.
   b. That's doggy turn around.

这些句子主句部分都是虚化动词,没有实际意义,可以看作语块,不表达完整命题。从句部分才是信息的焦点,表达主要的命题意义。这类句子被称为呈现型关系从句,和一般的主句部分动词有实际意义的关系从句有着明显的差异。

在二语习得研究中,梅洛(2006)较早在涌现论框架下考察二语学习者复杂句的使用情况,该研究是一项个案研究,结果发现受试关系从句的习得是通过积累了大量的构式实现的,在习得关系从句之前已经习得了各种相关的结构依存关系。国内关于关系从句习得研究非常多,但是主要以验证类型学中名词可及性假设、各种加工难度假设以及生成语法中的邻接原则等为主,很少有研究从涌现论视角考察关系从句的习得。

狄塞尔(2004)发现,英语本族语儿童最初在对话中使用的连词只是起话语标记的作用,而不是连接两个分句;位于主句之前的状语从句较晚习得,因为从句位于主句之前要求儿童表达时要储存两个完整的命题,加工难度较大。陈春华(2004)和方子纯(2009)发现,中国英语学习者产出的状语从句受汉语影响,大部分受试倾向于将时间状语从句置于主句之前,但他们都未进一步分析影响状语从句位置的因素,如命题数量、主从句语义关系、语序象似性、状语从句长度和复杂度等。

中国学习者习得状语从句的过程也表现出类型的规律,即从表达单命题的句子开始向表达双命题的句子发展。根据我们对中国学生英语作文的观察,中国英语学习者似乎都经历了使用句子碎片的阶段,其中将状语从句作为句子碎片的例子非常普遍,例如:

4) Although she is one of my friends, but she strongly against my opinion.

5) Many people don't like living in big cities. Because the life is too busy there.

6) We should budget carefully. Even though our income has been greatly increasing.

上面的例子表面上看是语法错误,实际上可能是学习者认知加工能力的限制造成的,也就是所谓"发展型错误"。写出这些句子的学习者早已学习过相关语法知识,具有显性语法知识,但是在写作或口头表达中仍然会把状语从句作为一个独立的句子使用。随着加工能力的提升,这些错误可能会自动消失,因此无须花费大量的时间和精力来纠正他们的错误。

复合句的习得顺序通常体现为习得难度,而习得难度又体现为使用频率、加工错误率以及语法判断准确率等,因此采用语料库方法和句子合并、语法判断等方法收集不同的数量来相互印证比较全面科学。对于补语从句,可以采用语料库方法分析中国英语学习者语料库中三类补语从句的分布规律,因为这种分布规律通常体现了习得难度。同时,通过句子理解测试和语法判断等诱导性方法来验证三类补语从句的习得难度。对于关系从句,可以考察中国学习者语料库中呈现型和非呈现性关系从句的分布规律,同时通过句子合并以及对画线部分提问的方法来检验不同类型关系从句习得难度。对于状语从句,可以考察中国学习者英语语料库中不同类型状语从句的特征,采用语法判断方法研究不同类型状语从句的加工难度。这些都是涌现论框架下可以深入探讨的课题。

3. 小结

语言学理论关于复合句的分歧主要集中在复杂构式的性质及其习得机制上,母语习得领域的涌现论者已注意到复杂构式研究的重要意义并付诸实践,而二语习得涌现论关注的还主要是简单构式或语块的习得。二语习得通常深受母语习得研究影响,著名的词素习得顺序研究就是受母语习得研究的启发而进行的,而迪塞尔等发现的复合句习得顺序却还未引起二语习得研究者的关注。

二、中国英语学习者关系从句的习得[①]

1. 研究背景

语言习得领域的规则与范例之争广受关注。平克(1998)认为句法是基于规则的系统,和词汇有很大不同。涌现论反对这种观点,认为即使是复杂句式,其习得也是基于范例的(Goldberg, 2006; Langacker, 1991)。涌现论目前很少用于探讨复杂构式的习得。有鉴于此,本文聚焦关系从句以探讨涌现论在复杂构式中的应用。

在现有文献中,基于类型学的名词可及性等级假设(Keenan & Comrie, 1977)和认知加工领域的感知难度假设(Kuno, 1974)进行的关系从句习得研究已经非常丰富(Izumi, 2003;肖云南、吕杰,2005;蔡金亭、吴一安,2006;李金满、王同顺,2007;李金满,2008)。涌现论认为语言习得是从简单构式向复杂构式发展的过

---

① 本节曾发表在《现代外语》2014年第1期。

程(N. Ellis, 2003; Tomasello 2003)。迪塞尔和托马塞洛(Diessel & Tomasello)(2000)根据 CHILDES 语料库,研究了 4 名英语本族语儿童关系从句的习得,结果发现,呈现型关系从句通常最先习得,而非呈现型关系从句加工难度高,通常较晚习得。根据戈登伯格(Goldberg)(2006),关系化过程中的移位限制现象也受从句是呈现型还是非呈现型这一变量影响。但目前在二语习得中还很少有研究基于涌现论来考察关系从句的习得。

2. 研究设计

本研究回答的问题是:中国英语学习者在多大程度上使用呈现型关系从句?

本研究采用语料库方法,所检索的语料库是中国学生英语口笔语语料库(SECCL2.0)中的口语语料,具体容量如表 10-1 所示。

表 10-1 SECCL2.0 中语料容量(文秋芳等 2008)

任务类型	TEM-4		TEM-8	
	任务 1	任务 2	任务 3	任务 3
文本	713 个文件 208 911 个形符	713 个文件 210 745 个形符	713 个文件 360 075 个形符	916 个文件 286 583 个形符

从语料库中检索出关系从句后,对其进行分类并标注,分类方法参考了狄塞尔和托马塞洛(2000:135),见表 10-2。

表 10-2 关系从句标注方法

根据先行词功能	根据关系词功能
PN=predicate nominal 作主句表语的名词	S 从句主语
NP=isolated noun phrase 孤立名词短语	O 从句宾语
SUBJ=subject 主句主语	OL 从句旁语
OBJ=object 主句宾语	
OBL=oblique 主句旁语	

标注方法如例 7)所示:

7) a. This is the first word her mother said in month, too.   PN‐O

b. A little girl whose parents had died.   NP‐S

c. At last the man who raise the girl ＜be＞ lived happily.   SUBJ‐S

d. I can give he, give her the things the money can buy.   OBJ‐O

e. We have to go to many companies which we look down upon.   OBL‐OL

根据以上标注,研究者对每种类型的关系从句使用频率进行了统计。

3. 研究结果

呈现型和非呈现型关系从句的使用频率如表 10‐3 所示。

表 10‐3　呈现型与非呈现关系从句分布情况

		PN	NP	SUBJ	OBJ	OBL	总计
专四	任务 1	250 36.4%	97 14.1%	88 12.8%	210 30.5%	42 6.1%	687 100%
	任务 2	233 43.3%	58 10.8%	74 13.8%	111 20.6%	62 11.5%	538 100%
	任务 3	145 30.4%	32 6.8%	55 11.5%	171 35.8%	74 15.5%	477 100%
专八		181 22.3%	92 11.3%	141 17.4%	178 21.9%	220 27.1%	812 100%

表 10‐3 显示,中国英语学习者所使用的关系句中属于呈现型的比例非常高。语料中呈现型关系从句举例如下:

8) a. There's something dangerous happened.
   b. Is there anyone else want to speak?
   c. That's love saves me from the fire.
   d. He is the man rescued me.

这些句子的特点是关系代词通常省略,主句部分动词是系动词 be,语义贫乏。这类句子如果从传统的错误分析角度来看是语法错误,可能是句式杂糅或者是汉语存在句迁移到汉英中介语中造成的,但如果从涌现论来看,可能反映了语言使用者的认知资源限制,本研究中的研究对象都是大学生,应该已经具有关系从句的语法知识,之所以还犯这样的错误,可能是他们在有交际压力的口语表达中,没有足够的认知资源来处理语法规则,只能使用易于加工的语块。

孤立名词短语类关系从句举例如下:

9) a. A little girl whose parents had died.
   b. A little girl whose parents died and she lived with his grandmother.

这类关系从句很多都是受试在复述非呈现型关系从句如 A little girl whose parents had died lived with her grandmother 时造出的,在复述呈现型关系从句时则没有产出过孤立名词短语关系从句。因此例 9 这样的关系从句也可能是受语言加工能力限制而产生的。

即使是非呈现型关系从句,也有很多仅表达单个命题,例如:

10) a. The only thing I can see was their faces.
    b. The most important thing we should do is study.
    c. All the guests you receive is foreigners.

d. The first thing we should do is to earn some experience.

10)中关系句子都是修饰主语(即 SUJB 类),主句或从句必有一个动词为虚化动词如 do 或 be。这些句子从语义上来说实际上和简单句没有多大区别,修饰先行词的强调词或序数词与关系从句一起构成突显信息的构式。

OBJ 类关系从句中也有一些可以看作特殊构式,例如:

11) a. I can give everything money can buy.
b. You can learn many things that we can't learn at school.

11)a 中 money is everything 本身就是成语,使用频率很高。11)b 中从句动词和主句动词是重复的,可以看作是一个事件框架。因此尽管这类从句看起来是非呈现型关系从句,但其中一部分仍然具有语块特征。

总之,中国英语学习者所使用的关系从句有相当大的比重是基于语块或范例的,完全基于规则的比重很小。

按照关系词在从句中所充当的句子成分来分类的各类关系从句使用频率见表 10-4。

表 10-4 主语、宾语和旁语关系从句分布规律

		S	O	OL	总计
专四	任务 1	418 (60.8%)	243 (35.4%)	26 (3.8%)	687 (100%)
	任务 2	305 (56.7%)	183 (34.0%)	50 (9.3%)	538 (100%)
	任务 3	349 (73.2%)	104 (21.8%)	24 (5.0%)	477 (100%)
专八		700 (86.2%)	81 (10.0%)	31 (3.8%)	812 (100%)

表 10-4 显示,如果按照关系词所充当的句子成分分类,作主

语的关系从句最容易习得,而作介词宾语的关系从句较难习得,与名词可及性等级假设的预测一致。

4. 结论

本研究发现中国英语学习者在口头表达中更倾向于使用呈现型关系从句而不是非呈现型关系从句。这一结果表明,英语关系从句的习得很大程度上是基于语块或构式的。如果这一结论正确,那么复杂构式的习得可能也主要是基于语块的,和简单构式的习得区别不大。

三、中国英语学习者 LDD 疑问句习得研究[①]

1. 研究背景

特殊疑问句中疑问词和语缺之间的距离如果跨越小句范围,就构成了长距离依存关系(long-distance dependencies),即 LDD 疑问句,如 12)所示。

12) What did he think that John said __?

LDD 疑问句长期以来一直是语言学研究的焦点。生成语法和涌现论提出了不同的假设。生成语法将与 LDD 疑问句有关的岛屿限制现象看作是句法自治的证据。近年来,涌现论框架下的 LDD 疑问句研究也取得了很大进展,形成了多个理论假设。戈登伯格(Goldberg)(2006,2013)提出了 BCI 假设。安布里奇和戈登伯格(Ambridge & Goldberg)(2008)考察了英语本族语者的 LDD

[①] 本节曾发表在《西安外国语大学学报》2018 年第 1 期。

疑问句知识,以验证 BCI 假设,研究发现,主句谓语动词为轻动词类的句式可接受性高于主句谓语动词为说话方式型或事实类的句式,结果支持 BCI 假设。

达布鲁夫斯卡(Dąbrowska)(2008)词汇范例假设(Lexical Template Hypothesis,LTH)预测,原型构式 WH Prototypical 可接受性会高于在原型基础上改变了主语的 WH Subject 构式,WH Subject 构式可接受度又高于改变了主句动词的 WH Verb 构式,改变了助动词的 WH Auxiliary 构式可接受性最低,各类构式可接受程度从高到低如下:WH Prototypical＞WH Subject＞WH Verb＞WH Auxiliary。

此外,疑问词和语缺间距离超长的 WH Long 构式和带标补词的 WH Complementizer)构式的可接受程度低于原型构式,即 WH Prototypical 类。LTH 已经得到达布鲁夫斯卡(Dąbrowska)(2008)、达布鲁夫斯卡等(Dąbrowska,et al.)(2009)、达布鲁夫斯卡(Dąbrowska)(2013)、马志刚(2011)等研究的证实。但 BCI 和 LTH 两种假设在二语习得是否成立还需进一步探讨。

2. 研究设计

本研究受试是 69 名某高校学生,未系统学习过语言学课程,因此不了解岛屿限制这样的句法知识。研究工具包括语法判断、否定测试和语料库。语法判断题中的实验句根据符合原型构式特征的程度分为三类:WH Prototypical 类句式、WH Complementizer 句式、WH Subject 构式。根据 LTH,三类句子可接受程度应该是原型类最高。按照主句谓语动词,实验句又可以分为轻动词类(Bridge verbs,BV)和其他动词类(other verbs,OV)。根据 BCI 假设,BV 类句子可接受性高于 OV 类句子。控制句也分为 3 类:完全英语语法的补语从句,不符合英语语法的补语从句,违背岛屿限制的疑问句。

3. 结果与讨论

（1）语法判断结果

语法判断中三类控制句的均分和标准差见表 10-5。

表 10-5 语法判断测试控制句描述性统计

	N	Mean	SD
C1	64	5.6489	1.3393
C2	64	1.8217	1.2351
C3	64	3.2004	1.9194

从表 10-5 可以看出，C1 均分较高，而 C2 均分较低，说明中国英语学习者能够准确判断控制句是否符合英语语法，可见本研究的信度较高，受试已经具有 LDD 疑问句相关的语法知识，判断是可靠的。

按照主句部分是否是原型构式来分类的实验句均分如表 10-6 所示。

表 10-6 不同原型性 LDD 疑问句语法判断结果

	N	Mean	SD	F	Sig.
E1	64	3.9118	.9377		
E2	64	3.9743	1.0529	4.394	.015
E3	64	3.3566	.8338		

表 10-6 显示，E1 和 E2 类句式均分较高，单因素方差分析（One-way ANOVA）显示三类实验句均分之间有显著性差异（P<.05）。这一发现符合 LTH 的预测，即 LDD 疑问句的可接受性与主句构式原型性有很大关系。补语从句有无 that 引导与其可接受性关系不大可能是与英语课堂教学有关。

轻动词类（BV）和其他动词类（OV）句子的均分见表 10-7。

表 10-7　不同背景化程度 LDD 疑问句语法判断结果

	N	Mean	SD	t	p
BV	64	3.9976	1.50014	3.120	.010
OV	64	3.4976	1.44649		

从表 10-7 可以看出,BV 类句式均分高于 OV 类句式均分。这一发现支持了 BCI 假设。通过检索中国学生英语口语语料库发现,主句谓语动词使用频率高的 LDD 疑问句都是可接受度高的,如表 10-8 和图 10-1 所示。

表 10-8　动词使用频率

动词	think	say	believe	decide	know	remember	stammer	whisper
使用频率	10888	1150	288	220	5212	375	0	1

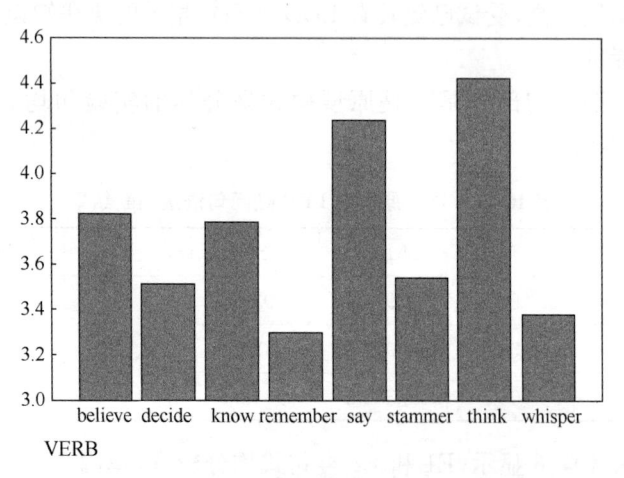

图 10-1　不同动词 LDD 疑问句语法判断均分

轻动词类和其他动词类句子否定测试的均分见表 10-9。

表 10-9　不同背景化程度补语从句否定测试结果

	N	Mean	SD	t	p
BV	64	3.6814	.68090	4.213	.001
OV	64	2.4804	.86510		

表 10-9 显示,补语从句的背景化程度与主句谓语动词类型有密切关系。

对受试语法判断中实验句均分和否定测试题均分的相关分析结果见表 10-10。

表 10-10　语法判断与否定测试相关性

	N	r	p
语法判断	24	.509	.011
否定测试	24		

表 10-11 说明 LDD 疑问句可接受性程度与补语从句的背景化程度有重要关系,这一结论支持了 BCI 假设。

按照主句谓语动词分类,否定测试各类句子均分见图 10-2。

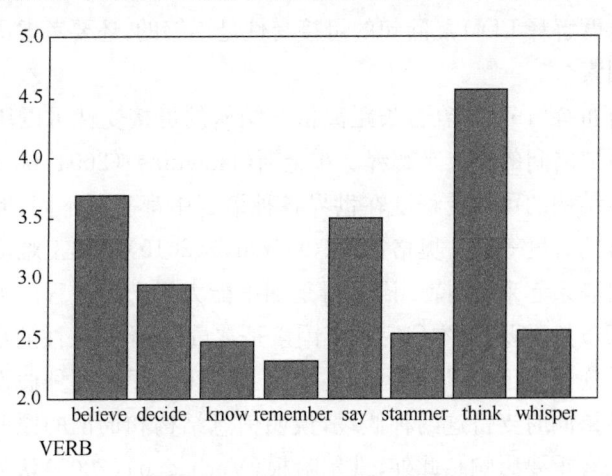

图 10-2　不同动词否定测试均分

从图 10-2 可以看出,主句动词为 think、believe、say 时,受试判断前一句隐含后句的比例较高,也就是说,这类动词的补语从句部分被主句谓语中的否定词否定的可能性较大。对比图 2 和图 1,可以看出,使用频率高的动词除了 know 外基本上隐含否定补语从句的可能性较大。

在 SECCL2.0 中的 LDD 疑问句总共只有 15 句,其中绝大部分的主句是 what do you think 这样的原型句式。维哈根(Verhagen)(2005)对荷兰语语料库的考察结果和本研究结果类似。迪塞尔和托马塞洛(2001)对英语本族语儿童补语从句使用情况的研究也有类似发现。

生成语言学认为 LDD 疑问句产生过程是由特征核查机制触发的,疑问词在移到句首的过程中在原位和句子中间留下语迹。中间语迹的心理现实性虽然已有研究证实(Felser & Roberts,2007;曹勇衡和俞理明,2009),并且可以解释为什么主句谓语动词是 think 之类的 LDD 疑问句中疑问词移位可以接受,但是当主句谓语动词是 stammer 这类非轻动词时,句子结构并没有改变,而 LDD 疑问句中疑问词移位的可接受性就不高。由此可见,仅从结构角度解释 LDD 疑问句的可接受性是不够的,还要考虑语义和其他因素。

吉布森(1998)指出,长距离依存结构的可接受性可以用疑问词和语缺之间的距离来解释。霍金斯(Hawkins)(2004)认为长距离依存结构的可接受程度在世界各种语言中都有所不同,形成了跨语言的难度等级。奥格雷迪(O'Grady)(2015)将加工难度与二语习得联系起来,支持二语习得是加工能力提升的过程。语言加工因素虽然重要,但本研究加工因素是常量,并不是关注的重点。

涌现论关于 LDD 疑问句主要有 BCI 和 LTH 两种假设。本研究结果同时支持这两种假设,说明信息结构和词汇的原型效应对句法有重要影响。此外,维尔哈根(Verhagen)(2005)认为原型 LDD 疑问句的主句部分可以看作心理空间建立语,这也可能是原型 LDD 疑问句更容易加工的重要原因。

4. 结束语

　　生成语言学框架下的二语习得理论认为只有假设二语学习者头脑中先天具有普遍语法才能解释为什么缺乏正面证据和负面证据的情况下能够习得 LDD 疑问句这种复杂的句法。近年来,涌现论试图驳斥以上观点,提出了 BCI 和 LTH 两大新假设。本研究对 BCI 和 LTH 进行了检验,研究发现,被提取的补语从句的背景化程度和主句部分原型性都会影响中国英语学习者对 LDD 疑问句可接受性的判断。

四、总结

　　复合句长期以来是句法研究的焦点,生成语法学家试图从复合句中找出人类认知的一些特点如递归性,因此关注的是复合句的结构,特别是关系从句和补语从句。语言类型学主要关注复合句的加工难度,因此研究重点也是关系从句。涌现论是从语言边缘现象出发的,因此早期对复合句的研究有所忽视。但涌现论并不会局限在语块等边缘现象研究上,而是要向语言的核心现象进军。本章报告了两项实证研究,都是从涌现论视角出发,试图回答语言习得是基于构式的还是基于规则的这一争议问题。

　　我们对中国英语学习者关系从句的习得进行了研究,发现中国英语学习者口语中主要使用呈现型关系从句或者易于加工的非呈现型关系从句,结果表明,关系从句这样的复杂构式的使用也是基于范例的。我们关于中国英语学习者 LDD 疑问句的习得研究验证了达布鲁夫斯卡(Dąbrowska)(2008)提出的原型效应假设,即补语从句是基于原型的,特别是特殊疑问句形式的补语从句。在 LDD 疑问句中,补语从句的主句部分往往是一些语块,不表达命题意义。该研究同时也支持 BCI 假设,即 LDD 疑问句的可接受程度与补语从句的背景化程度有关。这一结论再次说明,复合句的使用可能主要是基于构式的。语言使用者受加工资源的限制,主要采用基于构式或语块的方式处理复杂句子。实际的语言使用可能并不是遣词造句的过程,而是语块提取的过程。

第十一章　结论与启示

一、本书主要内容回顾

1. 主要发现

在过去的数十年里,普遍语法是否可及以及二语参数能否被重设始终是生成语言学框架下二语习得研究的中心课题。在斯蒂芬·克雷恩(Steven Crain)等学者的倡导下,心理语言学方法在母语习得研究中得到了广泛的应用。在二语习得领域,自从马里尼斯(Marinis)(2003)在《第二语言研究》(*Second Language Research*)杂志上发表《二语习得研究中的心理语言学技术》一文以来,采用心理语言学方法的二语习得研究也呈爆发式增长。不过现有的心理语言学实证研究基本将生成语言学默认为主流的句法理论,似乎忽视了涌现论可能带来的新思想和研究范式。

本书通过与生成语言学的对比阐述了涌现论的基本观点和研究方法。生成语言学认为复杂句法现象构成了二语习得的逻辑问题,只能用自足的先天的普遍语法来解释。生成语法将语言中抽象的规则看作核心的语言现象,将词汇短语和特殊构式看作边缘的语言现象;语法是基于规则的,其加工机制是符号运算系统,词汇是基于范例的,加工机制是联想记忆系统。

涌现论否认存在独立的句法模块,大脑自身的特点、通用认知能力和语言经验就可以解释抽象语法规则的存在,复杂句法具有涌现特征,语言习得是经验和普遍认知机制互动的结果(N. Ellis,

2003；O'Grady，2008）。根据这一思路，一些学者开始探讨非语言因素在句法涌现现象形成中的作用，如岛屿限制被认为是由构式的信息结构特征、加工效率等因素造成的（Kuno，1987；Deane，1991；Goldberg，2006；J. Hawkins，2004），照应现象可以由概念参照点、视角、加工效率、语用等因素来解释（van Hoek，1995；MacWhinney，2005c；O'Grady，2005，2012，2014；高原，2003；许余龙，2004）。他们关于复杂句法的分析为从涌现论角度进行二语习得研究提供了可行的框架。

在二语习得涌现论研究中，频率派长期占主导地位。然而，频率派未能令人信服地解释语言习得的逻辑问题。二语习得涌现论研究似乎仅局限于简单的构式或语块，虽然有少数研究涉及复杂句法现象（如 Mellow，2006），但缺少深度语言学分析。

通过梳理涌现论与先天论的分歧，本书重点考察复杂句法现象的习得，确定了一系列可供检验的具体假设，例如关于岛屿限制现象的 BCI 假设、加工复杂度假设，关于照应的加工效率假设以及认知照应理论，关于量词辖域的加工效率假设等。这些假设在描述和解释充分性上都已经比较优越，我们通过收集中国英语学习者句法知识数据对部分假设进行了验证。

关于岛屿限制现象，我们基于英汉语实例对其进行理论分析，运用涌现论解释了一些长期争论不休的句法问题，如话题化、关系化是否有移位生成。本书报告了研究者进行的心理语言学实证研究，验证了信息结构假设（Goldberg，2006），即背景结构中的成分不能提取。我们采用语法判断、否定测试方法对中国英语学习者岛屿限制知识进行研究，结果发现受试的岛屿限制知识更符合 BCI 假设的预测而不是邻接原则的预测。我们重点采用眼动研究方法考察了中国英语学习者句子加工中的岛屿限制效应，结果发现他们的句子加工受岛屿限制影响，但语义合理性诊断显示他们可能没有试图建立结构依存关系。现有的基于语义和句法的加工对这种矛盾的现象有不同的解读，而信息结构假设可以对本研究结果提供统一和自然的解释。

对于照应现象,本书提出涌现论框架下的反身代词和代词研究思路,指出汉语和英语在自我概念上的差异可能是造成汉英反身代词约束差异的重要原因。学术界已有大量研究关注代词与先行词之间的指称关系,但对代词和量词之间约束关系则很少涉及。我们采用眼动实验方法对中国英语学习者代词理解中的变量约束关系进行了研究,结果发现,中国英语学习者在晚期加工中对成分管制敏感,但语义合理性诊断显示受试可能并没有试图建立结构依存关系。涌现论能够更好地解释这种矛盾现象。涌现论赞同句法来源于章法的观点,认知语法理论采用概念参照点理论和可及性理论对句内回指和篇章回指进行了统一的解释。为验证认知照应理论,我们对中国英语学习者篇章回指的解读过程进行研究,结果发现受试的篇章回指确认过程受显著性、潜在先行词竞争、距离等因素制约。这一发现说明,中国英语学习者回指的解读过程是多因素互动形成的。

对量词辖域现象,我们在理论上提出了运用概念参照点理论来分析量词辖域歧义的思路。文献回顾显示,现有的量词辖域实证研究主要试图说明生成语法中的辖域原则是否在语言使用者句法加工中起作用以及有哪些语义因素会影响多个量词之间的辖域互动。基于涌现论中的加工提升假设,我们采用真值判断方法考察了中国英语学习者对否定句中全称量词辖域的解读,发现他们容易将汉语中的辖域解读方式迁移到英语中,研究结果更符合涌现论中加工提升假设的预测。

对于英语复合句,本书报告了一项涌现论视角下的关系从句习得研究,研究方法为语料库和对画线部分提问,结果发现中国英语学习者所使用的关系从句大部分是呈现性关系从句,主句部分为语块,不表达命题,该结果验证了复合句习得难度假设(Diessel,2004):复合句习得是基于使用的,从语块型向抽象句子过渡。本书还报告了一项与补语从句相关的长距离构式的习得,即中国英语学习者对 LDD 疑问句的习得,研究目标主要是检验词汇范例假设(LTH),同时检验 BCI 假设,结果显示,中国英语学习者对

LDD疑问句可接受性的判断以及使用都与构式的原型效应有关，即补语从句的使用是基于原型的，较早习得的含补语从句的LDD疑问句是表达单命题而不是双命题的。另外，研究也支持BCI假设。

2. 涌现论视角下的二语句法习得研究模式

在现有的各种二语习得模式中，语言习得机制始终是最重要的部分，为揭示语言习得机制这个黑匣子的奥秘，学界主要借助普遍语法理论，而涌现论的发展为解释语言习得机制提供了一种新的可能。本书将二语习得的涌现特征定义为不能由母语以及语言输入来解释的现象，主要是一些复杂句法现象。根据这一定义，我们认为二语句法习得可以采用以下模式。

（1）确定涌现现象。通过分析语言输入特征如频率、分布、概率和语言教学内容等，确定不能由输入来解释的语言现象，同时通过母语与目标语的对比，找出二者差异所在，排除其中可能由母语迁移造成的语言现象。

（2）提出研究问题。涌现论对复杂句法现象提出了和生成语法不同的描述方案，对二语习得者的相关句法知识也作了不同的预测。这些分歧为进行二语习得实证研究提供了很好的切入点。由于UG只关注核心句法现象，而涌现论则将句法与语篇、语用、加工等纳入到统一的框架中，所以涌现论的研究问题可以更为广泛。

（3）对二语学习者句法涌现特征进行描述。通过分析实验数据，探讨二语学习者句法知识是符合涌现论还是先天论的描述方案。

（4）对二语学习者句法涌现特征进行解释。涌现论反对将句法看作自足的模块，致力于用非语言因素来解释二语习得。涌现论研究可以采用多种实验方法来研究构式的信息结构特征、构式的原型效应(Dąbrowska, et al., 2009)、语言加工等非语言的因素与相关句法知识的关系。

二、涌现论视角下句法问题的思考

虽然本书的重点是研究中国学习者句法的习得与加工,但是涌现论并非像生成语法那样将研究领域局限在句法领域。涌现论的核心思想是语法来源于语言的使用,在涌现论框架中,一些传统的语言学思想需要进行反思,本章讨论语法的可接受性、句法与其他模块的界面问题、二语习得中的共鸣现象。

1. 语法的可接受性

现代语言学理论之所以坚持区分语言能力与语言运用,一个主要的原因是本族语者能够对语法的可接受性作出准确的判断,而这种判断往往很难用他们的语言经验来解释。纽迈尔(Newmeyer)(2003)坚信,"语法是语法,使用是使用"。语法和使用的区分是现代语言学的基石。不可否认,语法现象离不开语言的功能,但不能因此否认形式系统的存在,语法系统具有稳定性,起源于概念系统而不是交际需要。尽管人们说出的语言可能支离破碎,但在心理表征上一定有完整的语法系统。

涌现论认为所谓的语法只不过是语言使用中涌现的,是动态变化的,语法不过是一种幻觉。下面我们以英语中的垂悬修饰语为例来说明语法可接受性具有不可靠性,具体分析参见贾光茂(2013)。

1)？Φ_i Driving to Chicago that night, a sudden thought$_j$ struck me$_i$. (Quirk, 1985: 1121)

2) Generally Φ_i speaking, boys are more interested in such activities than girls. (丁岩堂, 1996)

垂悬修饰语是否可以接受在语法学界一致有争议。如果从认知角度来看,垂悬修饰语中的零代词和主句主语之间可以看作参照点和目标的关系,认知主体一般以主句主语为参照点来解读零形式Φ,而概念参照点的确认受显著性、概念联系性等因素的影响。例1)说明,当零形式的所指不是主句主语时,垂悬修饰现象就会发生,也就是说,显著性对句子的可接受性有影响。例2)说明,当垂悬修饰语与主句联系性较弱时,可接受性就较高。因此,确立概念参照点这种通用认知能力可以解释语法的可接受现象。

2. 句法与其他模块的界面

生成语言学和大部分传统语言学都赞同模块论,即语言是由句法、语篇、语义、语用、语音等模块构成,界面研究也成为二语习得中的热点。索拉斯(Sorace)(2006)等提出的界面假设认为句法与其他模块的界面是二语习得的难点。界面假设引发了大量的二语习得研究。

以句子信息结构特征为例。二语习得研究发现,许多掌握了二语语法形式的学习者仍然不能习得其句子信息结构特征。在生成语言学框架下,信息结构被看作是句法和语篇或语用的界面(Erteschik-Shir,2007)。根据索拉斯(Sorace)(2006)的界面假设,句法语篇界面属于外部界面,是二语习得的难点。基于界面假设的研究试图探讨二语学习者语言中信息突显手段和本族语者是否有区别。贝莱蒂等(Belletti, et al.)(2007)发现,和意大利本族语者相比,母语为英语的意大利语学习者较少使用动词后主语来表达焦点信息。波那克和罗森(Bohnacker & Ros'en)(2008)发现,和德语本族语者相比,母语为瑞典语的德语学习者不太习惯用句首位置来表达焦点。但是唐纳森(Donaldson)(2011,2012)的研究发现母语为英语的法语学习者产出的左偏置结构和分裂句的信息特征和法语本族语者没有显著差异。虽然界面假设引发了大量的研究,但难以对句子信息结构特征进行全面的描述,因为信息结构并非纯句法现象。

功能语言学和语用学视角下的二语习得研究致力于描述学习

者语言的句子信息结构特征并试图用交际意图和功能来对此进行解释。格林等（Green, et al.）(2000)发现母语为汉语的英语学习者经常将焦点标记词语放在句子的主位位置，违反了旧信息—新信息的顺序。罗利-若里维和卡特-托马斯（Roley-Jolivet & Carter-Thomas）(2005)对英语本族语和非本族语科学家的论文和口头报告中被动句、倒装、外置、分裂句等结构的使用情况进行了对比，结果发现非本族语者难以按照目标语信息结构要求组织语篇。卡利斯（Callies）(2009)考察了母语为德语的英语学习者和英语本族语者所使用的信息突显手段的区别，发现受试过度使用某些焦点标记词以及语用标记语，较少使用强调词 do，焦点构式中的倒装和前置都使用不足，而分裂句则使用过度。功能和语用研究的不足之处是忽视了学习者的语言经验、母语概念化方式等因素对信息突显方式选择的影响。

我们认为，认知语法的突显观对句子信息突显方式具有很强的解释力，很多研究者运用认知语法中的图形—背景模式、概念参照点模式等来分析英语中的倒装句、存现句、话题句等焦点构式。信息结构不仅表达语用功能，还有认知动因。中国英语学习者信息组织方式也可以由汉英语概念参照点、图形—背景、行为链、控制循环等认知模式的差异来解释。英汉概念参照点链的不同可能是导致中国学习者英语中频繁出现序言句和迂回结构的重要原因。参照点选择的差异还可能是各种焦点构式少用或误用的原因。话题—说明构式反映了英汉行为链模式的差异，汉语动词概念化过程中没有突显方向性是导致汉英中介语中出现隐性话题句的主要原因。

在涌现论中，因为句法并不被看作是独立的模块，因此所谓的界面根本就不存在。涌现论研究说明，二语习得的难点可能并不是所谓的界面，而是非语言因素如何互动。二语习得应该加强非语言因素，如信息结构特征感知以及语言加工等能力的培养。

3. 二语习得中的共鸣现象

互动在二语习得领域一直是重要的研究课题。隆（Long）(1983)就曾提出互动假设，认为互动可以为交际者提供意义协商的机会，从而促进语言形式的习得。但是互动究竟如何促进二语习得还需要进一步研究。

共鸣现象的提出加深了人们对互动如何促进二语习得的理解。关于共鸣的二语习得理论主要有新版的竞争模型以及互动协同论（见第三章）。竞争模型认为语言习得是一种共鸣的过程，学习者首先用语言与他人互动，再用语言来指示自己的行为，逐渐习惯用语言来进行思维。语言学习者可以利用多种匹配关系来建立共鸣。从一定程度上来说，习得就意味着共鸣。皮克林和加罗德（Pickering & Garrod）(2004)提出的互动协同论认为互动可以导致协同效应，从而促进二语习得。交际双方为了达成理解，需要相互协调，不断适应，从而导致语言及情境的协同。协同效应的产生机理主要是结构启动，即二语习得者总是倾向于使用对话中他人所使用过的词汇或结构。在此基础上，王初明（2010，2011）提出，互动和协同有助于打造高效英语学习方法，例如读后续写活动就会产生互动和协同效应。

如果说互动协同论和共鸣思想还仅仅集中在二语习得过程方面，那么关于二语习得的语言表征问题，杜波伊斯（Du Bois）提出的对话句法学可能更有启发，并且为分析二语习得提供了语言学分析工具。根据杜波伊斯（Du Bois）(2014)，对话句法学的核心思想是：语言不仅是交际和思维工具，也是融入互动（engagement）的工具，语法总是在对话或语境中使用，是在语言使用过程中涌现的，因此需要对会话中的语言运用实例进行动态的分析，这样才能更好地揭示语言、认知和互动之间的关系。对话句法学的主要目标是分析对话中的结构匹配（structure-mapping）现象，对话中先说者所使用的词素、词汇、句法结构等语言素材一定会被后说者有选择地重复。传统的句法研究主要考察句子的内部结构，也称线性句法,具有静态、非对话性和脱离语境等特征,而对话句法学力图揭示对话中句子间的结构互动关系,具有动态、对话性、语境依赖等特征。对话句法以传统句法为基础,也分析句子中的语序、结构体、依存关系和结构层次,但是增加了结构匹配这一维度。对话句法通过分析跨句的结构匹配现象实现了对传统线性句法的超越。

　　语言的使用既是互动的,也是认知的,语言的使用过程不仅涉及主体和客体,还涉及主体之间的关系,句法和篇章或对话不可分离。对话句法对语言学的贡献主要是促进了口语以及篇章语法研究的发展,并且为分析传统的句法现象提供了新的视角。对话句法对二语习得及教学的主要启示是:套用他人话语是二语习得的主要机制,二语教学应该以互动为基础,将培养运用互动话语与他人协同的能力作为重要目标。

　　对话句法学在带来上述新思想和启示的同时,也带来了更多的问题。首先,对话句法主要研究共鸣现象,但是所提供的描述和解释共鸣现象的分析框架还不够完善。其次,对话句法整合了多个学科的理论,但如何与其他认知和功能语言学流派融合,同时又保持自己的特色也需要在理论上进一步廓清。另外,对话段落比传统的句子较难确定,难以进行量化分析,现有研究在分析语料时多采用案例分析等质性研究方法,因此研究方法还需改进。

　　实际上,二语习得领域很有影响的社会文化理论(Lantolf, 2000)中的最近发展区及支架等概念也体现了共鸣现象,因此我们认为将语言学领域的对话句法理论和二语习得领域的社会文化理论及共鸣思想结合起来,可能会更加有效地考察互动对语言形成以及使用的作用。研究者可以通过分析二语会话中的对话段落,考察词汇、句法、语义、语用、韵律等方面的共鸣现象,并探讨共鸣现象如何促进二语习得。以下面的对话段落为例:

　　　　3) A: Although the result show that the female
　　　　　　students seem to have done much better than

those male students. I still think we should admit more male students.

B: But fact is fact. We should consider fact and result showed female did better than male. So I think we should change the original plan.

该对话段落发生在两位中国英语学习者之间,B 的话语和 A 的话语之间发生了多处共鸣,这些共鸣提供了多处对话套用的机会,例如 B 就是套用 the result show that 这一结构而造出 result showed。

三、涌现论研究的启示

完整的二语习得理论应该既能描述语言本体特征,又能解释习得过程(Gregg,2003),而涌现论作为一种哲学思想,在研究语言本体方面还有待大量的探索。本研究将一些符合涌现观的语言学理论假设纳入到统一的涌现论框架下来,有利于弥补上述不足。本课题在国内外率先以涌现论为指导调查二语学习者复杂句法知识以验证其假设,可以促进涌现论在二语习得中的应用研究。尽管本研究探讨的是生成语言学所占据的传统阵地——复杂句法知识,但跳出了生成语言学的框架,为解读传统的研究结果提供了一个新的视角和研究范式。本课题在国内较早运用眼动实验等心理学实证方法,并与传统方法结合,以获取不同类型的数据而相互印证。

迄今为止,复杂构式的习得主要是形式语言学家研究的对象。形式语言学将语言看作自足的规则系统,受此影响,儿童语言习得的过程通常被认为是从词汇开始,然后根据语法规则来遣词造句。生成语法将语言中抽象的规则(普遍语法原则与参数)看作核心的语言现象,将词汇短语和具有个性特点的构式看作边缘的语言现象。基于生成语言学的语言习得理论认为复杂构式的习得是受普遍语法制约的,和边缘语言现象的习得过程完全不同,前者是基于规则的,后者是基于词汇的(Pinker, 1999)。形式语言学的观点在二语习得界也有重要影响,即便是持认知和功能观的研究者(如 Skehan, 1998)也认为语言习得既是基于规则的也是基于范例(exemplar-based)的过程。涌现论认为语言习得是基于范例的,所以在二语教学中,应该大力提倡基于构式的语法教学。传统的英语教学过分关注语言的形式和规则,效果不佳。基于语块或加工惯例的语法教学可能更符合语言学习者的语言运用实际情况,有望取得更好的效果。

涌现论认为复杂句法来源于非句法因素的互动。复杂构式尽管抽象程度高,也可能是形式和功能的结合体,也就是说,复杂构式可能是在语言使用过程中涌现的,复杂构式的习得是从简单构式开始的,先积累大量的范例,然后概括出抽象的规则。那么对于二语学习者来说,没有什么抽象的句法是不是可学的。非句法因素有的是输入特征如频率、概率、原型、突显,有的是语言加工者的特点如遵循效率优先、从左到右加工句子、工作记忆容量、感知等,有的是加工过程的特点如距离、竞争、一致、组块等,还有的是环境特点如上下文提示、背景知识等。虽然非句法因素比较复杂,但一个总的思路是学习者某些未经学习或无法用学习机制来解释的知识并不是由大脑中专司语言的模块提供的,而是由通用认知能力结合语境形成的。

句法涌现的启示是:外语教学不应该是不需要教师干预就能自然习得的过程。尽管二语习得研究早就发现二语学习者遵循自然习得顺序,但仅靠沉浸在英语环境中并不能完全解决语言习得问题。二语习得尤其是复杂句法的习得中的确存在可学性问题,但并不一定意味着过了一定年龄的成人学习外语就一定不能成功。在外语教学中,关于显性语法知识的教学有没有效果一直争论不休。但大部分研究集中在关注意义(focus on meaning)、关注形式(focus on forms),还是形式意义兼顾(focus on form)等几种教学方式效果的比较上，并且探讨的是一般的教学语法，而复杂句法如本书中所探讨的现象通常被认为是隐性的知识，不需要刻意地进行教学，因为没有语言学专业背景的教师也不一定具有这样的语法知识。但是如果不进行任何教学干预，这些抽象的句法有的虽然由于普遍认知能力的作用能够被自然习得，但有的可能需要教师进行干预才能收到更好的效果。英语教师在制定教学步骤时可以根据学生加工复杂句法的特点来安排语法项目的教学顺序，在设计教学活动时引导学生注意影响句子解读的各种因素，可能会改善复杂构式的习得，另外，在教语法时将语法与通用认知能力的培养结合起来以提高学习者习得复杂构式的能力。

四、后续研究的课题

对于岛屿限制现象的可接受性问题，最近刘等（Liu, et al.）(2021)提出了动词框架频率理论（verb-frame frequency account），认为长距离依存结构中的移位限制是否能够接受与两大因素有关。一种是动词框架频率，例如，主句谓语动词如果很少出现在有补语从句的句子中，则使用这种动词的长距离依存句子可接受性较低。另一种因素是构式类型，例如疑问句和分裂句要比陈述句可接受性低。这一理论强调了频率的作用，但仅仅局限于从句是补语从句的句式，对其他类型的岛屿限制现象并未涉及。不过，这一新理论也是符合涌现论的，在二语习得中验证这一理论是非常有意义的。由于理论刚刚提出，还有待语言习得领域的研究者关注并开展实证研究。

生成语法中的约束原则 B 和 C 以及成分管制条件比较成功地描述了大部分的代词和名词之间的照应关系。范·霍克（van Hoek）(1995)虽然运用概念参照点理论对此进行了新的解释，但是对于二语习得研究者来说，即使证明代词和名词的照应关系符合认知照应理论，也不见得就能反驳生成语法理论，因为二者对于大部分回指现象的预测一致,因此关于代词的二语习得研究要重点考察概念参照点理论与生成语法有分歧的句子。概念参照点理论中影响代词解读的因素有显著性、线性语序和概念联系性。这些因素如何影响句子加工过程目前还很少有实证研究探讨,在这几种因素中,概念联系性的心理现实性最容易通过实验来验证。

  要验证概念联系性的心理现实性,我们认为,可以采用真假值判断的方法调查中国英语学习者的代词知识。在实验中设置含有前置结构并且都是前照应的句子,一部分是过程内部修饰语,另一部分是过程外部修饰语。对于过程内部修饰语,成分管制条件和概念参照点理论的预测一致,对于过程外部修饰语,两种理论的预测不一致。如果受试对概念联系性敏感,则测试结果支持涌现句法理论;如果受试不区分过程内部及外部修饰语,则结果支持普遍语法。

  如果中国英语学习者对概念联系性敏感,这样的结果也可能与汉语的迁移有关,因为概念联系性同样影响汉语的照应解读。认知语法理论所提出的非语言因素具有语言普遍性,所以在涌现论框架下,我们提出新版的"完全可及,完全迁移"假设:二语学习者能够可及的是普遍认知机制而不是普遍语法,认知普遍性由于既适用于母语也适用于外语,所以可以完全迁移。涌现论版的"完全可及,完全迁移"假设具有两大优势:从描述充分性来看,可以对普遍语法中违例的句子以及二语学习者的相关知识进行统一的描述,从解释充分性来说,可以更加自然地解释语言及其习得。

  另外,我们提出的"分裂的自我"假设在二语习得中还有待进一步验证。虽然本书报告了一项语料库研究,但中国英语学习者在习得英语反身代词时能否摆脱汉语的主客不分的思想,建立主客二分的自我概念还需要通过句法加工实验来探讨。例如,考察中国英语学习者加工假反身代词和真反身代词是否有区别就是一个值得探讨的课题,这样的实验将能够检验分裂的自我是否具有心理现实性。

  以上是我们关于句法涌现后续课题的一些具体设想。在本书所探讨的句法现象中,也还有很多值得进一步验证的假设,如加工复杂度假设、资源限制假设等。对于加工复杂度假设,可以采用语法判断和反应时相结合的方法;对于资源限制假设可以采用序列回忆任务考察受试的工作记忆容量,同时采用语法判断方法考察受试的岛屿限制知识,并研究二者之间的相关性。

句法涌现论的发展方向可能有以下几点:

研究假设需要进一步完善。目前句法涌现论对复杂句法的解释还很有限,只有为数不多的几个假设,而在生成语法数十年的研究中已经发现了大量的隐性抽象的句法现象,并且形成了很多像成分管制条件那样具有普遍解释力的语法原则。涌现论要能够在描述和解释性上超越生成语法,还需要针对具体语言现象提出更多的详细的假设。对于二语句法的习得过程,研究者也可以利用涌现论来对其中的主要问题作重新解释。例如,句法是生成学派研究者关注的焦点,所以涌现论也可以从句法入手来对二语习得过程作出解释。涌现论为二语习得提供了全新的研究思路,研究者不仅可以利用这一理论重新审视已有的二语习得成果,还可以开发新的研究课题。当然,涌现论目前关于二语习得的一些假设还不够完善,并且受到诸多质疑。梅洛(Mellow)(2007b)指出,到目前为止涌现论研究者还未能说明学习者如何根据效率优先原则归纳出句法规则或抽象构式,涌现论受诸多限制还未能解释许多普遍语法所考虑的问题。兰道夫(Lantolf)(2006)指出环境因素在涌现论研究中的具体作用还不清楚。

研究范围需要进一步拓展。例如,涌现论对一些传统的岛屿限制 CSC 和 LFC 还未涉及,而近年来形式句法学家又提出了更多的岛屿限制(特别是弱岛屿现象,参见 Szabolcsi, 2006),这些语法现象是涌现论需要进一步研究的内容,而涌现论的发展也使得生成语法不得不对先前的理论作出某些修正。其次,生成语言学框架下岛屿限制现象的心理语言学实验已经有很多(Phillips, 2006),而涌现论对此作出了许多与生成语法不同的预测,这使得关于岛屿限制现象的心理学实验研究产生了新的意义。例如,斯普洛斯等(Sprouse, et al.)(2012)就是在这一思路下进行的,试图检验上述理论关于岛屿限制现象的不同假设。照应现象和量词辖域的情况类似,也需要进一步进行拓展,因为关于这两种语言现象的心理语言学实证研究也主要是基于生成语法或者加工理论的,涌现论视角下的研究比较少见。

研究方法需要进一步改进。传统句法研究通常只采用语法判断、真假值判断等方法。虽然本书中报告的实证研究采用了眼动研究、语料库等方法,但用更多的方法来考察本课题中的句法现象仍然很有必要。未来的研究可以采用更多的方法如移动窗口技术、事件相关电位(ERP)、功能核磁共振(fMRI)等。此外,最重要的二语涌现特征应该是学习者语言中的突变现象,也就是为什么学习者语言在某个阶段突然具有了某些特征。二语发展过程中的突变现象固然很有研究价值,但不容易描述,需要研究者进行密集的跟踪研究,或者用计算机模拟。采用计算机模拟二语复杂句法的习得过程正在成为新的研究热点。

参考文献

[1] Al-Banyan, A. A. M. (1996). *The accessibility of Universal Grammar in language acquisition: A cross-linguistic perspective*. Doctoral dissertation, Michigan State University.

[2] Ambridge, B., & Goldberg, A. (2008). The island status of clausal complements: Evidence in favor of an information structure explanation. *Cognitive Linguistics*, (19): 349–381.

[3] Ambridge, B & Pine, J. N. (2014). Child language acquisition: Why Universal Grammar doesn't help. *Language*, 90(3):e53–e90.

[4] Ambridge, B & Blything, R. (2015). A connectionist model of the retreat from verb argument structure overgeneralization. *Journal of child language*, 1–32.

[5] Ambridge, B., Rowland, C., & Cummery, A. (2020). Teaching the unlearnable: a training study of complex yes/no questions. *Language and Cognition* 12: 385–410.

[6] Ambridge, B., et al. (2020). The crosslinguistic acquisition of sentence structure: Computational modeling and grammaticality judgments from adult and child speakers of English, Japanese, Hindi, Hebrew and K'iche'. *Cognition*, (202): 104310

[7] Almor, A. (2000). Constraints and mechanisms in theories of anaphor processing. In Pickering, M., Clifton, C., & Crocker, M (eds), *Architectures and Mechanisms for Language Processing* (pp. 1–12). Cambridge, England: Cambridge University Press.

[8] Anderson, M. L. (2010). Neural reuse: A fundamental organizational principle of the brain. *Behavioral and Brain Sciences*, (33): 245–266.

[9] Aoun, J. & Audrey Li, Y. (1993). *Syntax of Scope*. Cambridge, MA: MIT Press.

[10] Aoun, J. & A. Li. (2000). Scope, structure, and expert systems: A reply to Kuno et al. *Language*, 1: 133 – 155.

[11] Aoun, J & Audrey Li, Y. (2003). *Essays on the Representational and Derivational Nature of Grammar: The Diversity of Wh-Constructions*. Cambridge, Mass: MIT Press.

[12] Ariel, M. (1990). *Accessing Noun Antecedent*. New York: Routledge.

[13] Audrey Li, Y. (2014). Quantification and scope. In J. Huang, Y. Audrey Li, & A. Simpson (eds). *The Handbook of Chinese Linguistics* (208 – 247). John Wiley & Sons, Inc.

[14] Barak, L., Goldberg, A. E., & Stevenson, S. (2016). Comparing Computational Cognitive Models of Generalization in a Language Acquisition Task. *EMNLP*, 96 – 106.

[15] Barker, C. (2012). Quantificational Binding Does Not Require C-Command. *Linguistic Inquiry* 43(4): 614 – 633.

[16] Bates, E., & MacWhinney, B. (1988). What is functionalism? *Papers and Reports on Child Language Development*, (27): 137 – 52.

[17] Belikova, A., & White, L. (2009). Evidence for the Fundamental Difference Hypothesis ornot? —Island constraints revisited. *Studies in SLA*, (31): 199 – 223.

[18] Bley-Vroman, R., Felix, S., & Ioup, G. (1988). The accessibility of universal grammar in adult language learning. *Second Language Research*, (4): 1 – 32.

[19] Boas, H. 2003. *A Constructional Approach to Resultatives*. Stanford, CA: CSLI Publication.

[20] Bobaljik, J. D. & Wurmbrand, S. (2012). Word Order and Scope: Transparent Interfaces and the ¾ Signature. *Linguistic Inquiry*, 43 (3): 371 – 421.

[21] Bock, J. K. 1986. Syntactic persistence in language production. *Cognitive Psychology*, 18 (3): 355 – 387.

[22] Boyd, J. K., Gottschalk, E. A., & Goldberg, A. E. (2009). Linking Rule Acquisition in Novel Phrasal Constructions. *Language Learning*, 93: 418 – 429.

[23] Buckwalter, P. (2001). Repair sequences in Spanish L2 dyadic discourse: a descriptive study. *The Modern Language Journal*, 85/1: 380–397. Amsterdam: Benjamins.

[24] Bybee, J., & Hopper, P. (2001). Frequency and the emergence of linguistic structure. Amsterdam: Benjamins.

[25] Casillas, G. (2008). The insufficiency of three types of learning to explain language acquisition. *Lingua*, (118): 636–641.

[26] Cecchetto, C. (2004). Explaining the locality conditions of QR: Consequences for the theory of phases. *Natural Language Semantics*, 12: 345–397.

[27] Chen, P. (1992). The reflexive ziji in Chinese: Functional vs. Formalist approaches. In Hun-Tak Lee (ed.). *Research on Chinese Linguistics in Hong Kong*. Taipei: Yuan-Liu Publishing Co. 1–36.

[28] Chien, Y. & Wexler, K. (1990). Children's knowledge of locality conditions in binding as evidence for the modularity of syntax and pragmatics. *Language Acquisition*, 1: 225–295.

[29] Chomsky, N. (1973). Conditions on Transformations. In S. Anderson & P. Kiparsky (Eds.), *A festschrift for Morris Halle*. New York: Holt, Rinehart and Winston.

[30] Chomsky, N. (1981). *Lectures on government and binding*. Dordrecht: Foris.

[31] Chomsky, N. (2001). Derivation by phase. In M. Kenstowicz (ed.), *Ken Hale: A Life in Language*. Cambridge (pp. 1–52). MA: The MIT Press.

[32] Chomsky, N. (1986). *Barriers*. Cambridge, Massachusetts: MIT Press.

[33] Chomsky, N. (1995). *The Minimalist Program*. Cambridge, MA: MIT Press.

[34] Chomsky, N. (2005). Three factors in language design. *Linguistic Inquiry*, 36: 1–22.

[35] Christiansen, M. H. & Monaghan, P. (2006). Discovering verbs through multiple-cue integration. In Hirsh-Pasek, K. & R. Golinkoff (eds.), *Action Meets Word: How Children Learn Verbs* (pp. 544–

64). Oxford: Oxford University Press.

[36] Chu, C. - Y., Gabriele, A. & Minai, U. (2014). Acquisition of quantifier scope interpretation by Chinese-speaking learners of English. In C. - Y. Chu, C. Coughlin, B. Prego, U. Minai & A. Tremblay (eds.). *Selected Proceedings of the 5th Conference on Generative Approaches to Language Acquisition North America* (GALANA 2012) (157 - 168). Somerville, MA.: Cascadilla Proceedings Project.

[37] Chung, S. & McCloskey, J. (1983). On the Interpretation of certain island facts in GPSG. *Linguistic Inquiry*, 14(4): 704 - 713.

[38] Chung, E. (2012). Sources of difficulty in L2 scope judgments. *Second Language Research*, 29(3): 285 - 310.

[39] Clackson, K., Felser, C. & Clahsen, H. (2011). Children's processing of reflexives and pronouns in English: Evidence from eye-movements during listening. *Journal of Memory and Language*, (65,): 128 - 44.

[40] Clahsen, H. & Felser, C. (2006). Grammatical processing in language learners. *Applied Psycholinguistics*, 27: 3 - 42.

[41] Clifton, C. Jr., & Frazier, L. (1989). Comprehending sentences with long-distance dependencies. In M. K. Tanenhaus & G. N. Carlson (Eds.), *Linguistic structure in language processing* (pp. 273 - 317). Dordrecht: Kluwer.

[42] Cook, V. (1993). *Linguistics and Second Language Acquisition*. London: Macmillan.

[43] Covey, L., A. Gabriele, & Fiorentino, R. (2017). Investigating Island Sensitivity in the Processing of Wh-Dependencies: An ERP Study. *30th Annual CUNY Conference on Sentence Processing*.

[44] Crain, S., & R. Thornton. (1998). *Investigations in Universal Grammar*. MIT Press, Cambridge, MA.

[45] Crain, S., & Nakayama, M. (1987). Structure dependence in grammar formation. *Language*, 63: 522 - 543.

[46] Cunnings, I., Batterham, C., Felser, C., & Clahsen, H. (2010). Constraints on L2 learners' processing of wh-dependencies: Evidence from eye movements. In VanPatten, B. & J. Jegerski (eds.),

Research in second language processing and parsing (87 – 110). Amsterdam: John Benjamins.

[47] Cunnings, I. , Patterson, C. , & Felser, C. (2014). Variable binding and coreference in sentence comprehension: evidence from eye movements. *Journal of Memory and Language*, 71: 39 – 56.

[48] Cunnings, I. , & Sturt, P. (2014). Co-argumenthood and the processing of reflexives. *Journal of Memory and Language* (75): 117 – 139.

[49] Cunnings, I. , Patterson, C. , & Felser, C. (2015). Structural constraints on pronoun binding and coreference: evidence from eye movements during reading. *Frontiers in Psychology*, (6): 1 – 17.

[50] Dąbrowska, E. (2008). Questions with long-distance dependencies: A usage-based perspective. *Cognitive Linguistics*, 19 (3): 391 – 425.

[51] Dąbrowska, E. , et al. (2009). The acquisition of questions with long distance dependencies. *Cognitive Linguistics*, (20): 571 – 597.

[52] Dąbrowska, E. (2013). Functional Constraints, Usage, and Mental Grammars: A study of speakers' intuitions about questions with long-distance dependencies. *Cognitive Linguistics*, 24 (4): 633 – 665.

[53] Deane, P. (1991). Limits to attention: A cognitive theory of island constraints. *Cognitive Linguistics*, 2: 1 – 63.

[54] De Ruiter, L. , Theakston, A. , Brandt. , S. & Lieven, E. (2018). Iconicity affects children's comprehension of complex sentences: The role of semantics, clause order, input and individual differences. *Cognition*, 171: 202 – 224.

[55] Diessel, H. & Tomasello, M. 2000. The development of relative constructions in early child speech. *Cognitive Linguistics*, 11: 131 – 152.

[56] Diessel, H. (2001). The acquisition of finite complement clauses in English: A usage-based approach to the development of grammatical constructions. *Cognitive Linguistics* 12, 97 – 141.

[57] Diessel, H. (2004). *The Development of Complex Sentence Constructions in English: A Usage-Based Approach*. Cambridge: Cambridge University Press.

[58] DiCamilla, F. J. & Antón, M. (2004). Private speech: a study of language for thought in the collaborative interaction of language learners. *International Journal of Applied Linguistics*, 14 (1): 36 – 69.

[59] Dong, Y. P., Wen, Y., Zeng, X. M., & Ji, Y. F. (2015). Exploring the cause of English pronoun gender errors by Chinese learners of English: Evidence from the self-paced reading paradigm. *Journal of Psycholinguistic Research*, (44):733 – 745.

[60] Du Bois, J. (2014). Towards a dialogic syntax. *Cognitive Linguistics*, 25(3): 359 – 410.

[61] Dwivedi, V. & Gibson, R. (2017). An ERP investigation of quantifier scope ambiguous sentences: Evidence for number in events. *Journal of Neurolinguistics*, (42): 63 – 82.

[62] Ellis, R. *The Study of Second Language Acquisition*. Oxford: Oxford University Press, 1994.

[63] Ellis, N. C. (2002a). Frequency effects in language processing: a review with implications for theories of implicit and explicit language acquisition. *Studies in Second Language Acquisition*, (24): 143 – 188.

[64] Ellis, N. C. (2002b). Reflections on frequency effects in language processing. *Studies in Second Language Acquisition*, 24/2: 297 – 339.

[65] Ellis, N. C. (2003). Constructions, Chunking, and Connectionism: The emergence of Second Language Structure. In Catherine J. Doughty & Michael H. Long (eds.) *The Handbook of Second Language Acquisition*(pp63 – 103). Blackwell Publishing Group.

[66] Ellis, N. (2006). Selective attention and transfer phenomena in L2 acquisition: contingency, cue competition, salience, interference, overshadowing, blocking, and perceptual learning. *Applied Linguistics*, 27: 164 – 194.

[67] Ellis, N. C. & Larsen-Freeman, D. (2006). Language Emergence: Implications for Applied Linguistics-introduction to the Special Issue. *Applied Linguistics*, 27 (4): 558 – 589.

[68] Ellis, N. C. & Sagarra, N. (2010). The bounds of adult language acquisition: Blocking and learned attention. *Studies in Second*

Language Acquisition, 32: 553-580.

[69] Ellis, N. C. & Sagarra, N. (2011). Language attainment in adult language acquisition. *Studies in Second Language Acquisition*, 33: 589-624.

[70] Ellis, N. C. (2011). Frequency-based accounts of SLA. In S. Gass & A. Mackey (Eds.), *Handbook of Second Language Acquisition* (pp. 193-210). Routledge/Taylor Francis.

[71] Ellis, N. C. (2013). Second language acquisition. In G. Trousdale & T. Hoffmann (Eds.), *Oxford Handbook of Construction Grammar* (pp. 365-378). Oxford: Oxford University Press.

[72] Elman, J. L. (2005). Connectionist models of cognitive development: where next? *TRENDS in Cognitive Sciences*, 9(3):111-117.

[73] Ernst, T. (1998). Case and the Parameterization of Scope Ambiguities. *Natural Language & Linguistic Theory* 16(1): 101-148.

[74] Erteschik-Shir, N. (1997). *The Dynamics of Focus Structure*. Cambridge: Cambridge University Press.

[75] Felser, C., & Robrets, L. (2007). Processing Wh-dependencies in a second language: a cross-modal priming study. *Second Language Research*, 23(1):9-36.

[76] Felser, C., Sato, M. & Bertenshaw, N. (2009). The on-line application of Binding Principle A in English as a second language. *Bilingualism: Language and Cognition*, 12(4): 485-502.

[77] Felser, C., & Cunnings, I. (2012). Processing reflexives in a second language: The timing of structural and discourse-level constraints. *Applied Psycholinguistics* 33: 571-603.

[78] Felser, C., Cunnings, I., Batterham, C., & Clahsen, H. (2012). The timing of island effects in nonnative sentence processing. *Studies in Second Language Acquisition*, 34(1): 67-98.

[79] Fernandez, L., Höhle, B., Brock, J., & Nickels, L. (2018). Investigating auditory processing of syntactic gaps with L2 speakers using pupillometry. *Second Language Research*, 34(2): 201-227.

[80] Finer, D. & Broselow, E. (1986). Second language acquisition of

reflexive binding. *North Eastern Linguistics Society* 16: 154 – 68. Amherst, MA: University of Mas-sachusetts.

[81] Finer, D. (1991). Binding parameters in second language acquisition. In Lynn Eubank (ed) *Point-counter-point: Universal Grammar in the second language* (351 – 374). Amsterdam: John Benjamins.

[82] Fleisher, N. (2015). Comparative Quantifiers and Negation: Implications for Scope Economy. *Journal of Semantics*, (32): 139 – 171.

[83] Fodor, J. D. (1983). Phrase structure parsing and the island constraints. *Linguistics and Philosophy*, (6): 163 – 223.

[84] Frank, R. (2006). Phase theory and Tree Adjoining Grammar. *Lingua*, 116: 145 – 202.

[85] Frank, R., Mathis, D., & Badecker, W. (2013). The Acquisition of Anaphora by Simple Recurrent Networks. *Language Acquisition*, 20 (3): 181 – 227.

[86] Gennari, S. & MacDonald, M. (2005/2006). Acquisition of negation and quantification: Insights from adult production and comprehension. *Language Acquisition*, 13(2): 125 – 68.

[87] Gibson, E. (1998). Linguistic complexity: Locality of syntactic dependencies. *Cognition*, (68): 1 – 76.

[88] Gibson, E & Warren, T. (2004). Reading-time evidence for intermediate linguistic structure in long distance dependencies. *Syntax*, (7): 55 – 78.

[89] Givón, T. (1983). *Topic Continuity in Discourse: A Quantitative Cross-Language Study*. Amsterdam: Benjamin.

[90] Goldberg, A. (1995). *Constructions: a Construction Grammar Approach to Argument Structure*. Chicago: The University of Chicago Press.

[91] Goldberg, A. (2004). But do we need Universal Grammar? Comment on Lidz et al. (2003). *Cognition*, (94): 77 – 84.

[92] Goldberg, A. E. & Jackendoff, R. (2004). The English resultative as a family of constructions. *Language*, 80 (3): 532 – 568.

[93] Goldberg, A. (2006). *Constructions at work: The nature of*

generalization in language. Oxford: Oxford University Press.

[94] Goldberg, A. (2011). Corpus evidence of the viability of statistical preemption. *Cognitive Linguistics*, 22(1): 131–154.

[95] Goldberg, A. (2013). Backgrounded constituents cannot be "extracted." In Jon Sprouse, Norbert Hornstein, Brian Dillon (eds). *Island Effects* (1–23). Cambridge: Cambridge University Press.

[96] Goad, H. & White, L. (2008). Prosodic structure and the representation of L2 functional morphology: A nativist approach. *Lingua*, 118(4): 577–594.

[97] Goad, H., & White, L. (2006). Ultimate attainment in interlanguage grammars: a prosodic approach. *Second Language Research*, 22: 243–268.

[98] Gregg, K. R. (2003). The state of emergentism in second language acquisition. *Second Language Research*, 19(2): 95–128.

[99] Gregg, K. R. (2010). Review article: Shallow draughts: Larsen-Freeman and Cameron on complexity. *Second Language Research*, (26): 549–560.

[100] Grodzinsky, Y. & Reinhart, T. (1993). The innateness of binding and coreference. *Linguistic Inquiry*, 24: 69–101.

[101] Gualmini, A. (2005/2006). Some Facts about Quantification and Negation One Simply Cannot Deny: A Reply to Gennariand MacDonald. *Language Acquisition*, 13(4): 363–370.

[102] Gundel, J., & Fretheim, T. (2004). Topic and focus. In L. Horn & G. Ward (Eds.) *The handbook of pragmatics* (pp. 175–196). Oxford: Blackwell.

[103] Haiman, J. (1995). Grammatical signs of the divided self: a study of language and culture. In: Abraham, W., Givon, T., & S. A. Thompson (Eds.), *Discourse Grammar and Typology: Papers in Honor of John W. M. Verhaar*. John Benjamins, Amsterdam: 213–234.

[104] Hauser, M. D., Chomsky, N., & Fitch, W. T. (2002). The faculty of language: what is it, who has it, and how did it evolve? *Science*, 298: 1569–1579.

[105] Hawkins, J. A. (1999). Processing Complexity and Filler-Gap Dependencies across Grammars. *Language*, 75(2): 244–285.

[106] Hawkins, J. A. (2004). *Efficiency and Complexity in Grammars*. Oxford: Oxford University Press.

[107] Hawkins, R. (2008a). The nativist perspective on second language acquisition. *Lingua*, 118(4): 465–477.

[108] Hawkins, R. (2008b). Can innate linguistic knowledge be eliminated from theories of SLA? *Lingua*, 118(4): 613–619.

[109] Hawkins, R. & Casillas, G. (2008). Explaining frequency of verb morphology in early L2 speech. *Lingua*, 118(4): 595–612.

[110] Hawkins, R., & Chan, C. Y-H. (1997). The partial availability of Universal Grammar in second language acquisition: The 'failed functional features hypothesis'. *Second Language Research*, 13(3): 187–226.

[111] Hawkins, R., & Hattori, H. (2006). Interpretation of English multiple wh-questions by Japanese speakers: a missing uninterpretable feature account. *Second Language Research*, 22(2): 269–301.

[112] Hernandez, A. E., Li, P., & MacWhinney, B. (2005). The emergence of competing modules in bilingualism. *Trends in Cognitive Sciences*, 9(5): 220–225.

[113] Hernandez, A. E., Greene, M. R., Vaughn, K. A., Francis, D. J., & Grigorenko, E. L. (2015/8). Beyond the bilingual advantage: The potential role of genes and environment on the development of cognitive control. *Journal of Neurolinguistics*, 35: 109–119.

[114] Hernandez, A. E., Claussenius-Kalman, H. L., Ronderos, J., Castilla-Earls, A. P., Sun, L., Weiss, S. D., & Young, D. R. (2019). Neuroemergentism: Response to commentaries. *Journal of Neurolinguistics*, 49: 258–262.

[115] Hirakawa, (1990). A study of the L2 acquisition of English reflexives. *Second Language Research*, 6: 33–52.

[116] Hirose, Y. (2014). The conceptual basis for reflexive constructions in Japanese. *Journal of Pragmatics*, (68): 99–116.

[117] Hopper, P. J. (1987). Emergent Grammar. *Berkeley Linguistic*

Society, (13): 139-157.

[118] Hopper, P. J. (1998). Emergent grammar. In: Tomasello, M. (Ed.), *The New Psychology of Language: Cognitive and Functional Approaches* (155-175). Lawrence Erlbaum Associates, Mahwah, NJ.

[119] Hofmeister, P. & Sag, I. (2010). Cognitive constraints and island effects. *Language*, (86): 366-415.

[120] Huang, C. T. (1982). *Logical Relations in Chinese and the Theory of Grammar*. PhD. Dissertation. Cambridge Mass: MIT.

[121] Huang, C. T. (1984). On the distribution and reference of empty pronouns. *Linguistic inquiry* 15: 531-574.

[122] Huang, C. T. J. & Tang, C. C. J. (1991). The local nature of the long-distance reflexive in Chinese. In Koster, J. & E. Reuland (eds.) *Long-distance anaphora*. Cambridge: Cambridge University Press.

[123] Huang, C. T., Audrey Li, Y.-H. & Li, Y. (2008). *The Syntax of Chinese*. Cambridge: Cambridge University Press.

[124] Huang, Y. (1994). *The Syntax and Pragmatics of Anaphora*. Cambridge: Cambridge University Press.

[125] Huang, Y. (2000). Discourse Anaphora: Four Theoretical Models. *Journal of Pragmatics*, (32): 151-176.

[126] Ionin, T., Zubizarreta, M. L. & Maldonado, S. B. (2008). Sources of linguistic knowledge in the second language acquisition of English articles. *Lingua*, 118 (4): 554-576.

[127] Ito, Y. (2005). *A psycholinguistic approach to wanna contraction in second language acquisition*. PhD dissertation, University of Hawaii at Manoa.

[128] Izumi, S. (2003). Processing difficulty in comprehension and production of relative clauses by learners of English as a second language. *Language Learning*, 53: 285-323.

[129] Jager, L. A., Engelmann, F., & Vasishth, S. (2015). Retrieval interference in reflexive processing: Experimental evidence from Mandarin, and computational modeling. *Frontiers in Psychology*, (6): 617-629.

[130] Jarvis, S. (2011). Conceptual transfer: Crosslinguistic effects in categorization and construal. *Bilingualism: Language and Cognition*, (14): 1-8.

[131] Jia, G. (2011). *A Study of Chinese EFL Learners' Knowledge of Island Constraints*. Ph. D. Dissertation, Nanjing University.

[132] Jiang, L. (2009). A referential/quantified asymmetry in the second language acquisition of English reflexives by Chinese-speaking learners. *Second Language Research* 25(4): 469-491.

[133] Johnson, M. (2004). *A philosophy of Second Language Acquisition*. New Harven: Yale University Press.

[134] Johnson, J. & Newport, E. (1991). Critical period effects on universal properties of language: The status of Subjacency in the acquisition of a second language. *Cognition*, (39): 215-258.

[135] Johnson, A., Fiorentino, R., & Gabriele, A. (2016). Syntactic Constraints and Individual Differences in Native and Non-Native Processing of Wh-Movement. *Frontiers in Psychology*, 7: 549. doi: 10.3389/fpsyg.2016.00549.

[136] Juffs, A. & Harrington, M. (1995). Parsing effects in second language sentence processing: Subject and object asymmetries in Wh-extraction. *Studies in Second Language Acquisition*, 17: 483-516.

[137] Juffs, A. (1996). *Learnability and the Lexicon: Theories & Second Language Acquisition*. Amsterdam: John Benjamins.

[138] Juffs, A. (2005). The influence of first language on the processing of Wh-movement in English as a second language. *Second Language Research*, 21: 121-151.

[139] Kaiser, E., J. T. Runner, R. S. Sussman, & Tanenhaus, M. K. (2009). Structural and semantic constraints on the resolution of pronouns and reflexives. *Cognition*, 112: 55-80.

[140] Keenan, E. & Comrie, B. (1977). Noun phrase accessibility and universal grammar. *Linguistic Inquiry* 8: 63-99.

[141] Kim, H. J. (2007). *Acquisition of scope interaction of universal quantifiers and negation in Korean-English bilingual children*. Stony Brook University.

[142] Kim, J., & Sells, P. (2007). *English syntax: An introduction*. CSLI Publications.

[143] Kim, E. (2014). *Grammatical Constraints in Second Language Sentence Processing*. Ph. D. dissertation. University of Illinois at Urbana-Champaign.

[144] Kim, E., Baek, S., & Tremblay, A. (2015). The Role of Island Constraints in Second Language Sentence Processing. *Language Acquisition*, 00: 1–33.

[145] Kluender, R., & Kutas, M. (1993). Subjacency as a processing phenomenon. *Language and Cognitive Processes*, 8: 573–633.

[146] Krashen, S. D. (1981). *Second Language Acquisition and Second Language Learning*. Oxford: Pergamon Press.

[147] Krug, M., (1998). String frequency: a cognitive motivating factor in coalescence, language processing and linguistic change. *Journal of English Linguistics* 26: 286–320.

[148] Kuno, S. (1974). The position of relative clauses and conjunctions. *Linguistic Inquiry*, 5: 117–136.

[149] Kuno, S. (1976). Subject raising. In Shibatani, M. (ed.), *Japanese Generative Grammar: Syntax and Semantics* 5(17–49). New York: Academic Press.

[150] Kuno, S. (1987). *Functional Syntax*. Cambridge, MA: Harvard University Press.

[151] Kuno, S., Takami, K. & Wu, Y. (1999). Quantifier scope in English, Chinese, and Japanese. *Language*, 75: 63–111.

[152] Kush, D., Lidz, J., & Phillips, C. (2015). Relation-sensitive retrieval: Evidence from bound variable pronouns. *Journal of Memory and Language*, 82: 18–40.

[153] Kweon, S. - O., (2000). *The acquisition of English contraction constraints by advanced Korean learners of English: experimental studies on wanna contraction and auxiliary contraction*. PhD dissertation, University of Hawaii at Manoa.

[154] Kweon, S., & Bley-Vroman, R. (2011). Acquisition of the constraints on wanna contraction by advanced second language

learners: Universal grammar and imperfect knowledge. *Second Language Research*, Vol. 27 Issue 2, p207–228. 22p.

[155] Lakoff, G. (1996). Sorry I'm not myself today: the metaphor system for conceptualizing the self. In: Fauconnier, G. , & Sweetser, E. (Eds.), *Spaces, Worlds, and Grammar*. University of Chicago Press, Chicago: 91–123.

[156] Langacker, R. W. (1987). *Foundations of Cognitive Grammar, Vol. 1. Theoretical Prerequisites*. Stanford: Stanford University Press.

[157] Langacker, R. W. (1991). *Foundations of Cognitive Grammar Vol. II: Descriptive Application*. Stanford: Stanford University Press.

[158] Langacker, R. W. (1999). *Grammar and Conceptualization*. Berlin: Mouton de Gruyer.

[159] Lantolf, J. P. (2000). Introducing socio-cultural theory. In J. P. Lantolf (ed.) *Sociocultural Theory and Second Language Learning* (1–23). Oxford: Oxford University Press.

[160] Larsen-Freeman, D. (1997). Chaos/complexity science and second language acquisition. *Applied Linguistics*, 18: 141–165.

[161] Larsen-Freeman, D. (2006). The emergence of complexity, fluency, and accuracy in the oral and written production of five Chinese learners of English. *Applied Linguistics*, 27 (4): 590–619.

[162] Larsen-Freeman, D & Cameron, L. (2008). *Complex systems and applied linguistics*. Oxford: Oxford University Press.

[163] Lee, S. (2009). *Interpreting scope ambiguity in first and second language processing: Universal quantifiers and negation*. Ph. D. dissertation, University of Hawaii at Manoa.

[164] Lee, T. , Yip, V. , & C. Wang. (1999). Inverse scope in Chinese-English interlanguage. *Lingua Posnaniensis*, 41: 39–56.

[165] Levinson, S. C. (1987). Pragmatics and the Grammar of Anaphora: A Partial Pragmatic Reduction of Binding and Control Phenomena. *Journal of Linguistics*, 23(2): 379–434.

[166] Liang, L. , Wen, Y. , & Dong, Y. (2018). Gender constraint in L1 and L2 reflexive pronoun resolution by Chinese-English bilinguals.

Journal of Neurolinguistics(45)：1-12.

[167] Li，C. & Thompson，S. (1976). *Subject and Topic：A New Typology of Language*. In Charles N. Li (eds). *Subject and Topic*. New York：Academic Press.

[168] Li，F. (2017). No "Chinese-speaking phase" in Chinese Children's Early Grammar-A Study of the Scope between Negation and Universal Quantification in Mandarin Chinese. *Lingua* 185(1)：42-66.

[169] Li，X. (1998). Adult L2 accessibility to UG：An issue revisited. In S. Flynn，G. Martohardjono & W. O'Neill (eds.). *The Generative Study of Second Language Acquisition*. Hillsdale，NJ：Erlbaum，89-110.

[170] Liu，F. (1997). *Scope and Specificity*. John Benjamins Publishing Company.

[171] Liu，L & Ambridge，B. (2021). Balancing information-structure and semantic constraints on construction choice：Building a computational model of passive and passive-like constructions in Mandarin Chinese. *Cognitive Linguistics*，https://doi.org/10.1515/cog-2019-0100.

[172] Liu，Y.，Ryskin，R.，Futrell，R. & E. Gibson. (2021). A verb-frame frequency account of constraints on long-distance dependencies in English. *Cognition*，https://doi.org/10.1016/j.cognition.2021.104902

[173] MacLaughlin，D. (1998). The acquisition of the morphosyntax of English reflexives by non-native speakers. In Beck，M.-L.，(ed.) *Morphology and its interfaces in second language knowledge*(195-216). Amsterdam/Philadelphia：John Benjamins.

[174] MacWhinney，B. (2004). A multiple process solution to the logical problem of language acquisition. *Journal of Child Language* 31：883-914.

[175] MacWhinney，B. (2005a). A Unified Model of Language Acquisition. In Kroll，J. F.，and de Groot，A. M. B. (eds). *Handbook of bilingualism：Psycholinguistic approaches* (1-51). Oxford：Oxford University Press.

[176] MacWhinney，B. (2005b). The emergence of linguistic form in time.

Connection Science, 17(3-4): 191-211.

[177] MacWhinney, B., (2005c). The emergence of grammar from perspective. In: Pecher, D., Zwaan, R. (Eds.), *Grounding, Cognition. The Role of Perception and Action in Memory, Language and Thinking* (pp. 198-223). Cambridge: Cambridge University Press.

[178] MacWhinney, B. (2008a). A Unified Model. In N. Ellis & P. Robinson (Eds.) *Handbook of cognitive linguistics and second language acquisition* (pp. 341-372). Hillsdale, N. J.: Lawrence Erlbaum Press.

[179] MacWhinney, B. (2008b). How mental models encode embodied linguistic perspectives. In Klatzky, R., MacWhinney, B., and Behrmann, M. (Eds.). *Embodiment, Ego-space, adn Action* (pp. 365-405). Hillsdale, N. J.: Lawrence Erlbaum.

[180] MacWhinney, B. (1987). "The Competition Model." In *Mechanisms of Language Acquisition*, ed. by B. MacWhinney. Hillsdale, N. J.: Lawrence Erlbaum.

[181] MacWhinney, B. & O'Grady, W. (eds). (2015). *The Handbook of Language Emergence*. Oxford: John Wiley & Sons, Inc.

[182] MacWhinney, B., Kempe, V., Li, P. & Brooks, J. (eds.). (2022). *Emergentist Approaches to Language*. Lausanne: Frontiers Media SA.

[183] Manzini, M. & Wexler, K. (1987). Parameters, binding theory, and learn-ability. *Linguistic Inquiry*, 18: 413-44.

[184] Marinis, T. (2003). Psycholinguistic techniques in second language acquisition research. *Second Language Research*, 19: 144-161.

[185] Marinis, T., Roberts, L., Felser, C., & Clahsen, H. (2005). Gaps in second language sentence processing. *Studies in Second Language Acquisition*, 27, 53-78.

[186] Marsden, H. (2009). Distributive Quantifier Scope in English-Japanese and Korean-Japanese Interlanguage. *Language Acquisition*, 16 (3): 135-177.

[187] Martohardjono, G. (1993). *Wh-movement in the acquisition of a*

second language: *A cross-linguistic study of 3 languages with and without overt movement*. Ph. D. dissertation. Cornell University.

[188] Matthews, S., & Yip, V. (2013). The emergence of quantifier scope. *Linguistic Approaches to Bilingualism*, (3): 324 - 329.

[189] May, R. (1985). *Logical Form: Its structure and derivation*. Cambridge, Mass. : MIT Press.

[190] McElree, B. (2000). Sentence comprehension is mediated by content addressable memory structures. *Journal of Psycholinguistic Research* (29): 111 - 23.

[191] McClelland, J., et al. (2010). Letting structure emerge: connectionist and dynamical systems approaches to cognition. *Trends in Cognitive Sciences*, 14: 348 - 356.

[192] Mellow, J. D. (2006). The emergence of second language syntax: a case study of the acquisition of relative clauses. *Applied Linguistics* 27(4): 645 - 670.

[193] Mellow, J. D. (2008a). The emergence of complex syntax: A longitudinal case study of the ESL development of dependency resolution. *Lingua*, 118 (4): 499 - 521.

[194] Mellow, J. D. (2008b). How big is minimal? *Lingua*, 118 (4): 632 - 635.

[195] Moulton, K & Han, C. (2018). C-command vs. scope: An experimental assessment of bound-variable pronouns. *Language*, 94 (1): 191 - 219.

[196] Musolino, J, Crain, S. & Thornton, R. (2000). Navigating negative quantificational space. *Linguistics*, 38: 1 - 32.

[197] Musolino, J & Lidz, J. (2006). Why children aren't universally successful with quantification. *Linguistics*, 44(4): 817 - 852.

[198] Newmeyer, F. J. (2003). Grammar Is Grammar and Usage Is Usage. *Language*, 79: 682 - 707.

[199] Ning, C. (1993). *The Overt Syntax of Relativization and Topicalization in Chinese*. Ph. D. Dissertation. California: University of California at Irvine.

[200] Nunes, J., & Uriagereka, J. (2000). Cyclicity and extraction

domains. *Syntax*, 3: 20-43.

[201] O'Grady, W. (2005). *Syntactic Carpentry: An emergentist approach to syntax*. Mahwah, NJ: Lawrence Erlbaum Associates.

[202] O'Grady, W. (2003). The Radical Middle: Nativism without University Grammar. In Catherine J. Doughty & Michael H. Long (eds) *The Handbook of Second Language Acquisition* (pp43-62). Blackwell Publishing Group.

[203] O'Grady, W. (a). (2008). The emergentist program. *Lingua*, 118 (4): 447-464.

[204] O'Grady, W. (b). (2008). Innateness, universal grammar, and emergentism. *Lingua*, 118 (4): 620-631.

[205] O'Grady, W. (c). (2008). Language without grammar. In Robinson, P. & N. Ellis (eds.). *Handbook of Cognitive Linguistics and Second Language Acquisition* (139-167). New York: Routledge.

[206] O'Grady, W., Nakamura, M., & Ito, Y. (2008). Want-to contraction in second language acquisition: An emergentist approach. *Lingua*, 118 (4): 478-498.

[207] O'Grady, W., M. Lee., & Kwak, H. (2009). Emergentism and second language acquisition. In Ritchie, W. & T. Bhatia (eds). *Handbook of Second Language Acquisition*. Emerald Press, 69-88.

[208] O'Grady, W. (2011). Relative Clauses: Processing and acquisition. In E. Kidd (ed). *The Acquisition of Relative Clauses: Processing, Typology and Function* (pp13-36). John Benjamins Publishing Company.

[209] O'Grady, W. (2012a). Language acquisition without an acquisition device. *Lang. Teach.* 45.1, 116-130

[210] O'Grady, W. (2012b). Three factors in the design and acquisition of language. *Wiley Interdisciplinary Reviews: Cognitive Science*, 3: 493-99.

[211] O'Grady, W. (2013). The Illusion of Language Acquisition. *Linguistic Approaches to Bilingualism*, 3(3): 253-285.

[212] O'Grady, W. (2013). Reflexive Pronouns in Second Language Acquisition. *Second Language*.

[213] O'Grady, W. (2010). An Emergentist Approach to Syntax. In H. Narrog & B. Heine (ed.) *The Oxford Handbook of Linguistic Analysis* (pp. 257–83). Oxford: Oxford University Press.

[214] O'Grady, W. (2015). Processing Determinism. *Language Learning*, 65(1): 6–32.

[215] Omaki, A. & Schulz, B. (2011). Filler-gap dependencies and island constraints in second language sentence processing. *Studies in Second Language Acquisition*, 33(4): 563–588.

[216] Ouhalla, J. (2001). *Introducing Transformational Grammar: From Principles and Parameters to Minimalism*. Beijing: Foreign Language Teaching and Research Press.

[217] Parisse, C. (2005). New perspectives on language development and the innateness of grammatical knowledge. *Language Sciences*, 27: 383–401.

[218] Patterson, C., H. Trompelt & Felser, C. (2014). The online application of binding condition B in native and non-native pronoun resolution. *Frontiers in Psychology*, 5: 1–16.

[219] Phillips, C. (2006). The real time status of island phenomena. *Language*, 82(4): 795–823.

[220] Pickering, M. J. & Garrod, S. (2004). Toward a mechanistic psychology of dialogue. *Behavioral and Brain Sciences*, 27(2): 169–226.

[221] Pinker, S. (1998). Words and rules. *Lingua*, 106: 219–242.

[222] Plaza-pust, C. (2008). Dynamic Systems Theory and Universal Grammar: Holding a Turbulent Mirror to development in grammars. *The Modern Language Journal*, 92(2): 250–269.

[223] Prévost, P & White, L. (2000). Missing surface inflection or impairment in second language acquisition? Evidence from tense and agreement. *Second Language Research*, 16: 103–133.

[224] Pritchett, B. L. (1991). Subjacency in a principle-based parser. In R. C. Berwick (Eds.), *Principle-based parsing: Computation and psycholinguistics* (pp. 301–345). Dordrecht: Kluwer.

[225] Progovac, L. (1993). Long-Distance Reflexives: Movement-to-Infl

versus Relativized SUBJECT. *Linguistic Inquiry*, 24(4): 755-772.

[226] Pan, H. (1997). *Consrraints on Reflexivation in Mdndarin Chinese*. New York: Garland Publishing, Inc.

[227] Quirk R., S., Greenbaum, G. Leech, & Starvik, J. (1985). *A Comprehensive Grammar of the English language*. London: Longman.

[228] Radford, A. (2006). *Minimalist syntax revisited*. http://courses. essex. ac. uk/lg/lg514

[229] Reinhart, T. (1981). Definite NP Anaphora and C-command Domains. *Linguistic Inquiry*(12): 605-635.

[230] Reinhart, T. (1983). Coreference and Bound Anaphora: A Restatement of the Anaphora Questions. *Linguistics and Philosophy*, 6(1): 47-88.

[231] Reinhart, T. (2006). *Interface Strategies: Optimal and Costly Computation*. Cambridge, MA. : The MIT Press.

[232] Reuland, E. (2011). *Anaphora and Language Design*. Cambridge, MA: The MIT Press.

[233] Rogers, T., & McClelland, J. L. (2014). Parallel Distributed Processing at 25: Further Explorations in the Microstructure of Cognition. *Cognitive Science*, 38: 1024-1077.

[234] Ross, J. R. (1967). *Constraints on variables in syntax*. Unpublished doctoral dissertation, MIT.

[235] Rumelhart, D. E., & McClelland, J. L. (1986). On learning the past tenses of English verbs. In J. L. McClelland & D. E. Rumelhart (Eds.), Parallel distributed processing: Explorations in the microstructure of cognition (Vol. 2, pp. 216-271). Cambridge, MA: MIT Press.

[236] Runner, J. & Head, K. (2014). What can visual world eye-tracking tell us about the binding theory?. In C. Pi？ón (ed.). *Empirical Issues in Syntax and Semantics* 10. Paris: Université Paris 7: 269-286. http://www. cssp. cnrs. fr/eiss10/

[237] Saad, N. A. (2009). *The acquisition and processing of Wh-movement by Najidi learners of English*. Unpublished doctoral

dissertation, University of Kansas.

[238] Schachter, J. (1989). Testing a proposed universal. In S. Gass & J. Schachter (Eds.), *Linguistic perspectives on second language acquisition* (pp73–88). Cambridge: Cambridge University Press.

[239] Schwartz, B. D., & Sprouse, R. 1996. L2 cognitive states and the full transfer/full access model. *Second Language Research*, 12(4): 40–72.

[240] Schwartz, B. D. & Sprouse, R. A. (2013). Generative approaches and the poverty of the stimulus. In J. Herschensohn & M. Young-Scholten (eds.), *The Cambridge Handbook of Second Language Acquisition* (pp137–158). Cambridge: Cambridge University Press.

[241] Sinclair, J. (1991). *Corpus, Concordance, Collocation.* Oxford: Oxford University Press.

[242] Smith, N. V. & Tsimpli, I. M. (1995). *The mind of a savant: language learning and modularity.* Oxford: Blackwell.

[243] Skehan, P. (1998). *A Cognitive Approach to Language Learning.* Oxford: Oxford University Press.

[244] Sorace, A. (2006). Gradedness and optionality in mature and developing grammars. In: Fanselow, G., Féry, C., Vogel, R. & M. Schlesewsky (eds). *Gradience in Grammar* (pp106–123). Oxford: Oxford University Press.

[245] Sprouse, J., Wagers, M. & Phillips, C. (2012). A test of the relation between working-memory capacity and syntactic island effects. *Language*, 88(1): 82–123.

[246] Sukthanker, R., Poria, S., Cambria, E. & Thirunavukarasu, R. (2020). Anaphora and coreference resolution: A review. *Information Fusion*, (59):139–162.

[247] Swain, M. (2000). The output hypothesis and beyond: mediating acquisition through collaborative dialogue. In J. P. Lantolf (ed.) *Sociocultural Theory and Second Language Learning* (pp97–114). Oxford: Oxford University Press.

[248] Szabolcsi, A. (2006). Strong vs. weak islands. In M. Everaert & H. van Riemsdijk (Eds.) *The Blackwell companion to syntax* (pp479–

531). Malden, MA: Blackwell.

[249] Tachihara, K., & Goldberg, A. E. (2019). Emergentism in neuroscience and beyond. *Journal of Neurolinguistics*, 49: 237-239.

[250] Takami, K. (1989). Preposition stranding: Arguments against syntactic analyses and an alternative functional explanation. *Lingua*, 76: 299-335.

[251] Thomas, M. (1991). Universal Grammar and the interpretation of reflexives in a second language. *Language*, 67: 211-39.

[252] Tomasello, M. (1992). *First verbs: A case study of early grammatical development*. Cambridge: Cambridge University Press.

[253] Tomasello, M. (2003). *Constructing a Language: A Usage-Based Theory of Language Acquisition*. Boston: Harvard University Press.

[254] Tomasello, M. (2006). Acquiring Linguistic Constructions. In R. Siegler & D. Kuhn (eds.) *Handbook of Child Psychology* (255-298). New York: Wiley.

[255] Traxler, M., & Pickering, M. (1996). Plausibility and the processing of unbounded dependencies: An eye-tracking study. *Journal of Memory and Language*, 35: 542-562.

[256] Truswell, R. (2007). Extraction from adjuncts and the structure of events. *Lingua*, 117: 1355-1377.

[257] Tsimpli, I. M., & Dimitrakopoulou, M. (2007). The Interpretability Hypothesis: Evidence from Wh-interrogatives in second language acquisition. *Second Language Research*, 23(2): 215-242.

[258] Uziel, S. (1993). Resetting Universal Grammar parameters: Evidence from Second Language Acquisition of subjacency and the Empty Category principle. *Second Language Research*, 9: 49-83.

[259] Van Hoek, K. (1995). Conceptual reference points: a cognitive grammar account of pronominal Anaphora constraints. *Language*, 71(2): 310-340.

[260] Van Hoek, K. (1997). *Anaphora and conceptual structure*. Chicago: University of Chicago Press.

[261] Van Valin, R., & Lapolla, R. (1997). *Syntax: Structure, Meaning and Function*. Cambridge: Cambridge University Press.

[262] Verhagen, A. (2005). *Constructions of Intersubjectivity: Discourse, Syntax, and Cognition.* Oxford: Oxford University Press.

[263] White, L. (1990). Second language acquisition and Universal Grammar. *Studies in Second Language Acquisition*, 12: 121–133.

[264] White, L. (1998). Second language acquisition and Binding Principle B: child/adult differences. *Second Language Research*, 14(4): 425–439.

[265] White, L. (2003). *Second Language Acquisition and Universal Grammar.* Cambridge: Cambridge University Press.

[266] White, L. & Juffs, A. (1998). Constraints on Wh-movement in two different contexts of non-native. language acquisition: Competence and processing. In S. Flynn, G. Martohardjono & W. O'Neill. (Eds.), *The generative study of second language acquisition* (pp111–129). Hillsdale, NJ: Erlbaum.

[267] White, L. (2010). *Changing perspectives on Universal Grammar and crosslinguistic variation in L2 acquisition.* The 4th national symposium on SLA in China, Soochow University.

[268] Williams, J. & Kuribara, C. (2008). Comparing a nativist and emergentist approach to the initial stage of SLA: An investigation of Japanese scrambling. *Lingua*, 118(4): 522–553.

[269] Xu, L. J., & Langendoen, D. (1985). Topic structures in Chinese. *Language*, 61(1):1–27.

[270] Xu, L. J. (1993). The long-Distance binding of ziji. *Journal of Chinese Linguistics*, (21): 123–141.

[271] Xu, L. J., (2005). Topicalization in Asian Languages. In M. Everaert, & H. Van Riemsdijk (eds.), *The Blackwell Companion to Syntax* (pp137–174). London: Blackwell.

[272] Xu, X. D. & X. L. Zhou. (2016). Topic shift impairs pronoun resolution during sentence comprehension: Evidence from event-related potentials. *Psychophysiology*, 53: 129–142.

[273] Yip, V., Matthews, S. & Huang, Y. Y. (1996). Knowledge of binding in Hong Kong bilingual children. *Paper presented at Second Language Research Forum*, Tucson.

[274] Yip, V. & Tang, G. (1998). Acquisition of English reflexive binding by Cantonese learners. In M. -L. Beck (ed.), *Morphology and its interfaces in second language knowledge* (pp. 165 – 193). Philadelphia: John Benjamins.

[275] Yuan, B. (1994). Second language acquisition of reflexives revisited. *Language* 70: 539 – 45.

[276] Yusa, N. (1999). Multiple-specifiers and Wh-island effects in L2 acquisition. In E. C. Klein, & G. Martohardjono (Eds.) *The development of second language grammars: A generative approach* (289 – 315). Amsterdam: John Benjamins.

[277] Zhang, J. Y. (2007). *The Semantic Salience Hierarchy Model: The L2 Acquisition of Psych Predicates*. Peter Lang Bern.

[278] Zhang, J. (2013). *Scope Interaction between Universal Quantifiers and Sentential Negation in Non-native English: The Role of UG and L1 Grammar in Second Language Acquisition*. Ph. D Dissertation. Hongkong Baptist University.

[279] Zhou, P, & Crain, S. (2009). Scope assignment in child language: Evidence from the acquisition of Chinese. *Lingua* 119: 973 – 988.

[280] 蔡金亭,吴一安.从英语关系从句的习得看可及性层级假设.现代外语,2006(4):382 – 391.

[281] 蔡任栋,董燕萍.汉语话题化结构空位的心理现实性研究——来自填充语启动实验的证据.现代外语,2010(1):64 – 71.

[282] 曹勇衡,俞理明.英语长距离依赖结构"中间空隙效应"研究.现代外语,2009(1):68 – 75.

[283] 常辉.语义和形态对中国学生习得英语心理使役动词的影响.现代外语,2014(5):657 – 667.

[284] 陈德彰.汉英对比语言学.北京:外语教学语言研究出版社,2011.

[285] 陈国华,周榕.基于语料库的使役性心理谓词的习得比较研究.解放军外国语学院学报,2006(4):39 – 43.

[286] 陈宗利,温宾利.移位还是不移位——汉语关系结构生成方式探讨,现代外语,2013(2):143 – 149.

[287] 崔刚,王海燕.神经语言学研究面临的三大问题及其可能的解决方案.清华大学学报,2014(5):148 – 155.

[288] 戴曼纯.最简方案框架下的存在句研究.外国语,2001(1):32-40.
[289] 戴曼纯.语块学习、构式学习与补丁式外语教学.外语界,2012(1):52-60.
[290] 范莉.儿童与成人语法中的否定和否定辖域.北京:北京语言大学博士论文,2005.
[291] 高原.从认知角度看英汉句内照应词使用的区别.外语教学与研究,2003(3):189-194.
[292] 郭元林.论复杂性科学的诞生.自然辩证法通讯,2005(3):53-58.
[293] 何淑琴.从concern看词汇习得中的负迁移问题——一项基于语料库的分析.外语研究,2010(6):63-69.
[294] 何晓炜.双及物结构的语义表达研究.外语教学与研究,2009(1):18-24.
[295] 胡建华.汉语长距离反身代词化的句法研究.当代语言学,1998(3):33-40.
[296] 胡建华,潘海华.NP显著性的计算与汉语反身代词"自己"的指称.当代语言学,2002(1):46-60.
[297] 黄小萍.英汉使役动词研究.北京:社会科学文献出版社,2016.
[298] 黄欣荣.复杂性范式:一种新的科学世界观.系统科学学报,2013(2):17-20.
[299] 黄瓒辉."都"字关系结构中心语的宽域解读及相关问题.当代语言学,2011(4):304-320.
[300] 金吾伦,郭元林.国外复杂性科学的研究进展.国外社会科学,2003(6):2-5.
[301] 贾光茂.中国英语学习者变量约束加工的眼动研究.外语教学与研究,2020(5):713-723.
[302] 贾光茂.英汉反身代词的概念基础对比研究.外语与外语教学,2020(2):60-68.
[303] 贾光茂.英汉量词辖域歧义的认知语法研究.现代外语,2020(4):451-462.
[304] 贾光茂.没有普遍语法的二语习得——加工提升假设.当代语言学,2019(2):295-305.
[305] 贾光茂.中国英语学习者对否定句中全称量词辖域的解读.现代外语,2018(3):377-388.

[306] 贾光茂. 中国英语学习者 LDD 疑问句习得研究. 西安外国语大学学报,2018(1):70-74.

[307] 贾光茂.汉语话题化结构限制的构式语法新解.汉语学习,2017(5):20-28.

[308] 贾光茂. 邻接原则可及性的生成语法和涌现论新解. 南京邮电大学学报(社会科学版),2017(4):105-112.

[309] 贾光茂.汉语关系化的认知研究.现代外语,2015(5):585-593.

[310] 贾光茂. 争议与应对:二语习得涌现论研究的进展与启示. 外语教学理论与实践,2015(2):13-16.

[311] 贾光茂. 涌现论视角下英语关系从句的习得. 现代外语,2014(1):85-95.

[312] 贾光茂.汉英前后照应转换规律的认知语法研究.西安外国语大学学报,2014(3):42-45.

[313] 贾光茂. 中国英语学习者"岛屿限制"知识研究. 外语教学,2013(2):61-65.

[314] 贾光茂. 语言知识有多少是先天的?——二语习得涌现论与先天论之辩述评. 当代语言学,2011(4):361-368.

[315] 贾光茂. 篇章回指确认中的制约因素研究,西安外国语学院学报,2006(4):8-10.

[316] 姜望琪. 也谈新格莱斯照应理论. 外语教学与研究,2001(1):29-36.

[317] 李丛禾.认知参照点模型与英汉语后指构式.外语教学,2009(5):10-14.

[318] 李金满,王同顺.当可及性遇到生命性:中国学习者英语关系从句使用行为研究.外语教学与研究,2007(3):198-205.

[319] 李金满. 中国学习者英语关系从句使用行为研究. 现代外语,2008(4):406-414.

[320] 李兰霞. 动态系统理论与第二语言发展. 外语教学与研究,2011(3):409-421.

[321] 李锡江. 中国学生英语时间状语从句的语序分布与概念迁移. 现代外语,2016(5):682-692.

[322] 李小辉,董宝华.涌现理论及其在二语习得中的应用.中国外语,2008(4):41-45.

[323] 李霞,兰英.基于社会文化学派理论的第二语言学习观及其述评.国外外语教学,2007(2):54-61.

[324] 连淑能.英汉对比研究.北京:高等教育出版社,2010.

[325] 刘丹青.语法调查与研究中的从属小句问题.当代语言学,2005(3):193-212.

[326] 沈阳,冯胜利.当代语言学理论与汉语研究.北京:商务印书馆,2008.

[327] 刘正光,刘润清.言非范畴化理论的意义.外语教学与研究,2005(1):29-36.

[328] 吕骏,卢达威.汉语母语者对英语量化词语义辖域的习得研究.外语教学与研究,2018(4):542-555.

[329] 吕骏.英语弱跨越结构中代词约束的眼动研究.现代外语,2020(2):174-187.

[330] 牛瑞英.社会文化理论和第二语言发展的起源述介.外语教学与研究,2007(4):314-316.

[331] 马志刚.中国大学生习得英语长距离疑问句的实证研究.山东外语教学,2011(2):46-56.

[332] 苗东升.复杂性科学的社会文化背景——兼评形形色色的"后"字牌和"终结论"思潮.中国人民大学学报,2004(2):82-88.

[333] 苗东升.论系统思维(六):重在把握系统的整体涌现性.系统科学学报,2006(1):1-5.

[334] 倪传斌,刘治.二语习得与磨蚀的基本目标水平对比分析.外语与外语教学,2007(5):28-31.

[335] 倪锦诚.中国英语学习者对普遍语法的可及性研究.外语教学与研究,2012(4):560-571.

[336] 潘海华,胡建华.汉语复合反身代词与英语反身代词比较研究.外语教学与研究,2002(4):241-247.

[337] 朴正九.现代汉语介词短语的分布类型及其语法条件.参见王建华、张涌泉(编)《汉语语言学探索》(37-44).杭州:浙江大学出版社,2007.

[338] 屈承熹.汉语篇章语法.北京:北京语言大学出版社,2006.

[339] 沈家煊.人工智能中的"联结主义"和语法理论.外国语,2004(3):2-11.

[340] 沈家煊.走出"都"的量化迷途:向右不向左.中国语文,2015(1):

3-16.

[341] 沈家煊.从语言看中西方的范畴观.中国社会科学,2017(7):131-143.

[342] 石毓智.汉英双宾结构差别的概念化原因.外语教学与研究,2004(2):83-89.

[343] 石毓智.语法的概念基础.上海:上海外语教育出版社,2006.

[344] 汤春晓,许家金.中国高中生英语关系从句习得顺序研究:定量定性综合研究视角.外语教学与研究,2011(1):96-108.

[345] 唐铁雯,陈晓湘.中国学习者英语量化辖域解读的实验研究.外语教学与研究,2018(2):205-216.

[346] 王灿龙.人称代词"他"的照应功能研究.中国语文,2000(3):228-237.

[347] 王灿龙.英汉第三人称代词照应的单向性及其相关问题.外语教学与研究,2006(1):17-24.

[348] 王初明.互动协同与外语教学.外语教学与研究,2011(4):297-299.

[349] 王立非,张岩.基于语料库的大学生英语议论文中的语块使用模式研究.外语电化教学,2006(4):36-41.

[350] 王文斌.中国高级英语学习者对英语反身代词的习得.外语教学与研究,2000(4):274-282.

[351] 王文斌,李雯雯.中国高阶英语习得中时间状语从句与一般过去时关系研究——以英汉时空性差异为视角.外语界,2021(1):37-45.

[352] 汪玉霞,陈莉.汉语焦点副词结构加工的眼动研究——兼与英语比较.外语教学与研究,2019(1):44-56.

[353] 汪玉霞.语义约束还是句法约束——汉语简单和复合反身代词的母语加工研究.心理科学,201740(3):527-533.

[354] 王宗炎.英语人称代词 he/she 能预指下文中的名词吗.外语教学与研究,1994(4):36-39.

[355] 文秋芳,梁茂成,晏小琴.中国英语学习者口笔语语料库(2.0版).北京:外语教学与研究出版社,2008.

[356] 文秋芳.认知比较分析假设.中国外语,2015(1):10-12.

[357] 吴芙芸,李立园.汉语辖域关系的在线理解:以全称量化词与否定词为例.当代语言学,2015(4):400-413.

[358] 吴红岩.成人二语习得中邻接原则的可及性研究.外语教学与研究,

2004(6):451-456.

[359] 吴明军,王同顺.中国初级学习者英语照应语习得研究.外语教学与研究,2013(2):253-263.

[360] 吴明军.中国学习者英语代词her的在线消解机制研究.外语教学与研究,2016(6):899-912.

[361] 吴明军,潘娟.接口条件对高级英语学习者消解反身代词的影响.现代外语,2017(5):684-694.

[362] 吴明军,杨玉兰,吴晓明.加工深度对二语代词消解的影响.现代外语,2018(5):674-685.

[363] 徐烈炯,刘丹青.话题的结构与功能.上海:上海教育出版社,1998.

[364] 徐晓东,陈丽娟,倪传斌.汉语话题回指如何受动词语义关系约束——来自脑电研究的证据.外语教学与研究,2017(3):323-334.

[365] 许余龙,孙珊珊,段嫚娟.名词短语可及性与篇章回指.现代外语,2013(1):1-9.

[366] 许余龙.英汉指称词语表达的可及性.外语教学与研究,2000(5):321-327.

[367] 许余龙,贺小聃.英汉语下指的篇章功能和语用分析—兼谈汉语第三人称代词照应的单向性问题.外语教学与研究,2007(6):417-423.

[368] 闫志明,郭喜莲,王睿.多媒体学习研究中眼动指标述评.现代教育技术,2018(5):33-39.

[369] 杨彩梅.英、汉语中的关系化都是移动的结果吗?外语教学与研究,2008(1):20-28.

[370] 杨彩梅,杨艳.英汉语关系结构的合格条件.语言科学,2013(4):357-370.

[371] 殷红伶.英语动结式的语义结构问题.解放军外国语学院学报,2010(6):15-18.

[372] 尹青梅."支架"理论在CAI英语写作教学中的应用.外语电化教学,2007(2):28-31.

[373] 袁毓林.话题化及相关的语法过程.中国语文,1996(4):241-254.

[374] 乐眉云.自然发生论:语言习得新理论.外语研究,2003(4):65-68.

[375] 于善志,翟清旭.中国英语学习者代词理解实证研究.外语教学与研究,2017(6):833-846.

[376] 张国宁,沈寿林.试论复杂性科学方法论对还原论的超越.系统科学学

报,2013(4):14-17.
[377] 张会平.概念迁移视角下中国英语初学者代词混淆研究.现代外语, 2018(3):389-399.
[378] 张继东,刘萍.中国大学生英语写作中的使役结构及相应的词化现象调查与分析.外语研究,2005(3):35-39.
[379] 张立飞,董荣月.从认知语法看现代汉语第三人称代词的回指功能.解放军外国语学院学报,2008(3):24-30.
[380] 陆俭明.语言学论丛第三十九辑.北京:商务印书馆,2009.
[381] 赵宏,邵志洪.英汉第三人称代词语篇照应功能对比研究.外语教学与研究,2002(3):173-178.
[382] 郑新民.社会文化学与英语教学.外国语言文学,2005(1):21-29.
[383] 郑咏滟.动态系统理论在二语习得研究中的应用—以二语词汇发展研究为例.现代外语,2011(3):303-309.
[384] 周启德.谈英语 v+oneself 结构.外语学刊,1985(3):25-33.

附　录

1. 岛屿限制效应实验工具

1.1　语法可接受性判断

　　姓名_____　年龄____　性别____　英语专业四级成绩_____
英语学习起始年龄_____
是否在英语国家学习过?_____(填是或否,如果是,多长时间?)

　　语言学习者通常对所学语言形成一种语感,能够凭直觉判断出一句话是否可以成立。请判断下面每个英语句子的可接受程度,1 表示完全不可接受,7 表示完全可以接受,在你所选的数字上画个圈。

　　请只判断这些句子是否是可以接受的英语句子。不要考虑句子所表达的事件是好还是坏,以及是否合乎常理。注意很多句子不能简单地判为对与错,句子可接受性是个程度问题。例如:

　　A. Is there some cakes in box?
　　　完全不可接受　1　2　3　4　5　6　7　完全可以接受
　　B. Are there any cakes in the box?
　　　完全不可接受　1　2　3　4　5　6　7　完全可以接受
　　C. Are there some cakes in the box?
　　　完全不可接受　1　2　3　4　5　6　7　完全可以接受

　　请判断下面句子
　　在做出判断之前,仔细阅读每一句。请只根据自己的语感或语言直觉判断,对每句作出选择后立即判断下一句,不得涂改。

1. I asked which publisher the author who wrote the book passionately saw while he was traveling.

完全不可接受　1　2　3　4　5　6　7　完全可以接受

2. I forgot which opera the woman who sang elegantly preferred the theater when she worked as a professional soprano.

完全不可接受　1　2　3　4　5　6　7　完全可以接受

3. I wonder which meat the chef who cooked creatively used the spoon when he prepared the exotic food.

完全不可接受　1　2　3　4　5　6　7　完全可以接受

4. The lady that the designer dressed elegantly was thought to be very important.

完全不可接受　1　2　3　4　5　6　7　完全可以接受

5. I asked which book the author who wrote passionately saw the publisher while he was traveling.

完全不可接受　1　2　3　4　5　6　7　完全可以接受

6. I wonder which cloth the traveler who washed infrequently used the soap after he lost his bag.

完全不可接受　1　2　3　4　5　6　7　完全可以接受

7. The hotel that the architect who designed passionately loved was nationally wellknown.

完全不可接受　1　2　3　4　5　6　7　完全可以接受

8. I wonder which spoon the chef who cooked the meat creatively used when he prepared the exotic food.

完全不可接受　1　2　3　4　5　6　7　完全可以接受

9. The editor that the manager who paid handsomely saw was sent to the office.

完全不可接受　1　2　3　4　5　6　7　完全可以接受

10. I wonder which soap the traveler who washed the cloth infrequently used after he lost his bag.

完全不可接受　1　2　3　4　5　6　7　完全可以接受

11. I learned which oil the woman who cooked the beans skillfully bought when I took a cooking lesson from her.

完全不可接受　1　2　3　4　5　6　7　完全可以接受

12. I forgot which theater the woman who sang the opera elegantly preferred when she worked as a professional soprano.

完全不可接受　1　2　3　4　5　6　7　完全可以接受

13. I asked which journalist the housewife who read the magazine occasionally knew when I interviewed her for local news.

完全不可接受　1　2　3　4　5　6　7　完全可以接受

14. I learned which beans the woman who cooked skillfully bought the oil when I took a cooking lesson from her.

完全不可接受　1　2　3　4　5　6　7　完全可以接受

15. I asked which magazine the housewife who read occasionally knew the journalist when I interviewed her for local news.

完全不可接受　1　2　3　4　5　6　7　完全可以接受

16. The lady that the designer who dressed elegantly enjoyed was thought to be very important.

完全不可接受　1　2　3　4　5　6　7　完全可以接受

17. The hotel that the architect designed passionately was nationally well known.

完全不可接受　1　2　3　4　5　6　7　完全可以接受

18. The rock that the girl threw forcefully was located near the beach.

完全不可接受　1　2　3　4　5　6　7　完全可以接受

19. The officer that the victim who called desperately saw was treated improperly by doctors.

完全不可接受　1　2　3　4　5　6　7　完全可以接受

20. The book that the author wrote regularly was named for an explorer.

完全不可接受　1　2　3　4　5　6　7　完全可以接受

21. The rock that the girl who threw forcefully saw was located near the beach.

完全不可接受　1　2　3　4　5　6　7　完全可以接受

22. The officer that the victim called desperately was treated improperly by doctors.

完全不可接受　1　2　3　4　5　6　7　完全可以接受

23. The book that the author who wrote regularly saw was named for an explorer.

完全不可接受　1　2　3　4　5　6　7　完全可以接受

24. The editor that the manager paid handsomely was sent to the office.

完全不可接受　1　2　3　4　5　6　7　完全可以接受

1.2　岛屿限制效应眼动研究实验句

Experiment Trials

1. The nurse who the doctor argued that the rude patient had angered is refusing to work late.

Who made an argument?

A. the nurse　　　　　　　B. the doctor

2. The captain who the officer decided that the young soldier had displeased will write a formal report next week.

Who made a decision?

A. the captain　　　　　　B. the officer

3. The news reported which lottery the gambler won recently.

What was the news about?

A. lottery　　　　　　　　B. gambling

4. The girl watched which soap her mother washed carefully with.

What did the girl do?

A. watched sth　　　　　　B. washed sth

5. I forgot the war which the army lost badly before I watched the war movie again.

What did I forget?

A. the war　　　　　　　　B. the movie

Experimental sentences

Island constraints

1. The police learned which hotel the maid cleaned occasionally for before she disappeared.

Who disappeared?

A. the police　　　　　　　B. the maid

The police learned which family the maid cleaned occasionally for before she disappeared.

What did the maid do?

A. learning B. cleaning

The police learned which hotel the maid who cleaned occasionally sued before she disappeared.

What did the police do?

A. learned sth B. quarreled

The police learned which family the maid who cleaned occasionally sued before she disappeared.

Who disappeared?

A. the police B. the maid

2. The judges watched which meat the chefs cooked creatively with during thecooking contest.

What did the judges do?

A. cooked sth B. watched sth

The judges watched which tools the chefs cooked creatively with during the cooking contest.

What did the chefs do?

A. cooking B. watching

The judges watched which meat the chefs who cooked creatively used during the cooking contest.

What was held?

A. a cooking contest B. a speaking contest

The judges watched which tools the chefs who cooked creatively used during the cooking contest.

What was held?

A. a speaking contest B. a cooking contest

3. The reporter asked which book the author wrote passionately about while he was traveling.

Who was traveling?

A. the author B. the reporter

The reporter asked which city the author wrote passionately about while he was traveling.

Who was traveling?

A. the reporter　　　　　　B. the author

The reporter asked which book the author who wrote passionately saw while he was traveling.

Who was traveling?

A. the author　　　　　　B. the reporter

The reporter asked which city the author who wrote passionately saw while he was traveling.

Who was traveling?

A. the reporter　　　　　　B. the author

4. The movie described which election the politician won greatly in alongside his supporters.

Who was in the movie?

A. the star　　　　　　B. the politician

The movie described which year the politician won greatly in alongside his supporters.

Who was in the movie?

A. the politician　　　　　　B. the star

The movie described which election the politician who won greatly recalled alongside his supporters.

What was the movie about?

A. an election　　　　　　B. a war

The movie described which year the politician who won greatly recalled alongsidehis supporters.

What was the movie about?

A. a war　　　　　　B. an election

5. The duke knew the animal which the king hunted frequently for when he went on hunting trips.

Who went on hunting trips?

A. the general　　　　　　B. the king

The duke knew the knife which the king hunted frequently for when he went on hunting trips.

Who went on hunting trips?

A. the general　　　　　　　B. the king

The duke knew the animal which the king who hunted frequently liked when he went on hunting trips.

Who went on hunting trips?

A. the king　　　　　　　B. the general

The duke knew the knife which the king who hunted frequently liked when he went on hunting trips.

Who went on hunting trips?

A. the king　　　　　　　B. the general

6. The teacher recalled the magazine which the student read frequently about while in high school.

What did the teacher do?

A. saw sth　　　　　　　B. recalled sth

The teacher recalled the library which the student read frequently about while in high school.

What did the teacher do?

A. saw sth　　　　　　　B. recalled sth

The teacher recalled the magazine which the student who read frequently liked while in high school.

What did the teacher do?

A. recalled sth　　　　　　　B. heard sth

The teacher recalled the library which the student who read frequently liked while in high school.

What did the teacher do?

A. recalled sth　　　　　　　B. heard sth

7. The queen recalled the story which the poet sang beautifully about before he died of illness.

Who died of illness?

A. the queen　　　　　　　B. the poet

The queen recalled the garden which the poet sang beautifully about before he died of illness.

Who died of illness?

A. the queen	B. the poet

The queen recalled the story which the poet who sang beautifully loved before hedied of illness.

Who died of illness?

A. the poet	B. the queen

The queen recalled the garden which the poet who sang beautifully loved before he died of illness.

Who died of illness?

A. the poet	B. the queen

8. The friends found the cloth which the traveler washed frequently with while visiting the desert city.

What did the friends find?

A. the cloth	B. the fountain

The friends found the fountain which the traveler washed frequently with while visiting the desert city.

What did the friends find?

A. the cloth	B. the fountain

The friends found the cloth which the traveler who washed frequently used while visiting the desert city.

What did the friends find?

A. the fountain	B. the cloth

The friends found the fountain which the traveler who washed frequently used while visiting the desert city.

What did the friends find?

A. the fountain	B. the cloth

9. The lady that the designer dressed elegantly for was thought to be very important.

Who was thought to be important?

A. the lady	B. the designer

The party that the designer dressed elegantly for was thought to be very important.

What was thought to be important?

A. the design	B. the party

269

The lady that the designer who dressed elegantly enjoyed was thought to be very important.

Who was thought to be important?

A. the lady   B. the designer

The party that the designer who dressed elegantly enjoyed was thought to be very important.

What was thought to be important?

A. the design   B. the party

10. The letter that the woman wrote cautiously about was inspected by the board.

What was inspected by the board?

A. the letter   B. the house

The house that the woman wrote cautiously about was inspected by the board.

What was inspected by the board?

A. the letter   B. the house

The letter that the woman who wrote cautiously saw was inspected by the board.

What was inspected by the board?

A. the house   B. the letter

The house that the woman who wrote cautiously saw was inspected by the board.

What was inspected by the board?

A. the house   B. the letter

11. The opera that the musician composed eagerly for was adored by the media.

What was adored by the media?

A. the opera   B. the princess

The princess that the musician composed eagerly for was adored by the media.

Who was adored by the media?

A. the opera   B. the princess

The opera that the musician who composed eagerly admired was adored by the media.

What was adored by the media?

A. the princess B. the opera

The princess that the musician who composed eagerly admired was adored by the media.

Who was adored by the media?

A. the princess B. the opera

12. The sign that the tourists read carefully about was photographed by the group.

What was photographed by the group?

A. the sign B. the castle

The castle that the tourists read carefully about was photographed by the group.

What was photographed by the group?

A. the sign B. the castle

The sign that the tourists who read carefully saw was photographed by the group.

What was photographed by the group?

A. the castle B. the sign

The castle that the tourists who read carefully saw was photographed by the group.

What was photographed by the group?

A. the castle B. the sign

2. 代词变量约束实验工具

2.1 句子理解测试

请阅读下面每个句子，然后回答每句后的问题。这些问题都是关于句中人称代词 he 或 she 的所指对象，请在 A 和 B 两个选项中选择一个你认为合适的答案。

1. The soldier suspected that every old man at the bar suddenly wished that he had drunk a bit less that afternoon.

Who does "he" refer to?

A. the soldier　　　　　　B. every old man

2. The florist who every mother on the committee suggested sincerely hoped that she could get the flowers in time.

Who does "she" refer to?

A. The florist　　　　　　B. every mother

3. The footballer observed that every salesman in the shop secretly thought that he could offer some advice.

Who does "he" refer to?

A. The footballer　　　　　B. every salesman

4. The typist who every woman in the office heard suddenly decided that she should leave early that day.

Who does "she" refer to?

A. The typist　　　　　　B. every woman

5. The butcher heard that ever boy in the street loudly said that he could not lift the heavy box.

Who does "he" refer to?

A. The butcher　　　　　　B. every boy

6. The cleaner who every princess in the castle suspected truly thought that she could find the lost set of keys.

Who does "she" refer to?

A. The cleaner　　　　　　B. every princess

7. The farmer saw that every schoolboy in the field truly feared that he would disturb the wildlife.

Who does "he" refer to?

A. The farmer　　　　　　B. every schoolboy

8. The housekeeper who every waitress at the event knew rightly realized that she could create a good atmosphere.

Who does "she" refer to?

A. The housekeeper　　　　B. every waitress

9. The pilot knew that every waiter in the café really hoped that he

would avoid getting ill.

Who does "he" refer to?

A. The pilot　　　　　　　　B. every waiter

11. The kindergarten teacher who every schoolgirl in the class trusted earnestly believed that she could improve during the term.

Who does "she" refer to?

A. The kindergarten teacher　　B. every schoolgirl

11. The sailor trusted that every prince at the royal celebration clearly understood that he should not join in the dance.

Who does "he" refer to?

A. The sailor　　　　　　　　B. every prince

12. The babysitter who every girl in the house observed thoroughly wished that she could reach the biscuit tin.

Who does "she" refer to?

A. The babysitter　　　　　　B. every girl

13. The surgeon suggested that every man on the waiting list definitely realized that he needed some help.

Who does "he" refer to?

A. The surgeon　　　　　　　B. every man

14. The secretary who every saleswoman in the meeting saw obviously worried that she was not making a contribution.

Who does "she" refer to?

A. The secretary　　　　　　B. every saleswoman

15. The builder noticed that every father at the school gate openly stated that he should get back to work soon.

Who does "he" refer to?

A. The builder　　　　　　　B. every father

16. The nurse who every old woman in the hospital noticed genuinely expected that she would be allowed to leave very soon.

Who does "she" refer to?

A. The nurse　　　　　　　　B. every old woman

17. The nurse noticed that every old woman in the hospital genuinely expected that she would be allowed to leave very soon.

273

Who does "she" refer to?

A. The nurse   B. every old woman

18. The builder who every father at the school gate noticed openly stated that he should get back to work soon.

Who does "he" refer to?

A. The builder   B. every father

19. The secretary saw that every saleswoman in the meeting obviously worried that she was not making a contribution.

Who does "she" refer to?

A. The secretary   B. every saleswoman

20. The surgeon who every man on the waiting list suggested definitely realized that he needed some help.

Who does "he" refer to?

A. The surgeon   B. every man

21. The babysitter observed that every girl in the house thoroughly wished that she could reach the biscuit tin.

Who does "she" refer to?

A. The babysitter   B. every girl

22. The sailor who every prince at the royal celebration trusted clearly understood that he should not join in the dance.

Who does "he" refer to?

A. The sailor   B. every prince

23. The kindergarten teacher trusted that every schoolgirl in the class earnestly believed that she could improve during the term.

Who does "she" refer to?

A. The kindergarten teacher   B. every schoolgirl

24. The pilot who every waiter in the café knew really hoped that he would avoid getting ill.

Who does "he" refer to?

A. The pilot   B. every waiter

25. The housekeeper knew that every waitress at the event rightly realized that she could create a good atmosphere.

Who does "she" refer to?

A. The housekeeper   B. every waitress

26. The farmer who every schoolboy in the field saw truly feared that he would disturb the wildlife.

Who does "he" refer to?

A. The farmer   B. every schoolboy

27. The cleaner suspected that every princess in the castle truly thought that she could find the lost set of keys.

Who does "she" refer to?

A. The cleaner   B. every princess

28. The butcher who every boy in the street heard loudly said that he could not lift the heavy box.

Who does "he" refer to?

A. The butcher   B. every boy

29. The typist heard that every woman in the office suddenly decided that she should leave early that day.

Who does "she" refer to?

A. The typist   B. every woman

30. The footballer who every salesman in the shop observed secretly thought that he could offer some advice.

Who does "he" refer to?

A. The footballer   B. every salesman

31. The florist suggested that every mother on the committee sincerely hoped that she could get the flowers in time.

Who does "she" refer to?

A. The florist   B. every mother

32. The soldier who every old man at the bar suspected suddenly wished that he had drunk a bit less that afternoon.

Who does "he" refer to?

A. The soldier   B. every old man

2.2 代词变量约束加工的眼动实验句

1. The surgeon saw that every old man on the emergency ward silently

wished that he could go a little bit faster.

Who was on the emergency ward?

A. every old woman   B. every old man

The surgeon saw that every old woman on the emergency ward silently wished that he could go a little bit faster.

Who was on the emergency ward?

A. every old man   B. every old woman

The surgeon who every old man on the emergency ward saw silently wished that he could go a little bit faster.

Who was on the emergency ward?

A. every old man   B. every old woman

The surgeon who every old woman on the emergency ward saw silently wished that he could go a little bit faster.

Who was on the emergency ward?

A. every old woman   B. every old man

2. The sailor believed that every schoolboy on the boat genuinely thought that he could jump into the cold water.

Who was on the boat?

A. every schoolboy   B. every schoolgirl

The sailor believed that every schoolgirl on the boat genuinely thought that he could jump into the cold water.

Who was on the boat?

A. every schoolboy   B. every schoolgirl

The sailor who every schoolboy on the boat believed genuinely thought that he could jump into the cold water.

Who was on the boat?

A. every schoolgirl   B. every schoolboy

The sailor who every schoolgirl on the boat believed genuinely thought that he could jump into the cold water.

Who was on the boat?

A. every schoolgirl   B. every schoolboy

3. The farmer knew that every little boy in the small village slowly realized that he must share the apples from the orchard.

Who was in the small village?

A. every little boy　　　　B. every little girl

The farmer knew that every little girl in the small village slowly realized that he must share the apples from the orchard.

Who was in the small village?

A. every little boy　　　　B. every little girl

The farmer who every little boy in the small village knew slowly realized that he must share the apples from the orchard.

Who was in the small village?

A. every little girl　　　　B. every little boy

The farmer who every little girl in the small village knew slowly realized that he must share the apples from the orchard.

Who was in the small village?

A. every little girl　　　　B. every little boy

4. The nurse knew that every policewoman at the annual event fully understood that she must help with any big emergency.

Who was at the annual event?

A. every policewoman　　　B. every policeman

The nurse knew that every policeman at the annual event fully understood that she must help with any big emergency.

Who was at the annual event?

A. every policewoman　　　B. every policeman

The nurse who every policewoman at the annual event knew fully understood that she must help with any big emergency.

Who was at the annual event?

A. every policeman　　　　B. every policewoman

The nurse who every policeman at the annual event knew fully understood that she must help with any big emergency.

Who was at the annual event?

A. every policeman　　　　B. every policewoman

5. The pilot saw that every boy near the large plane clearly expected that he would go up the steps first.

Who was near the large plane?

A. every boy B. every girl

The pilot saw that every girl near the large plane clearly expected that he would go up the steps first.

Who was near the large plane?

A. every boy B. every girl

The pilot who every boy near the large plane saw clearly expected that he would go up the steps first.

Who was near the large plane?

A. every girl B. every boy

The pilot who every girl near the large plane saw clearly expected that he would go up the steps first.

Who was near the large plane?

A. every girl B. every boy

6. The priest heard that every man at the village church suddenly claimed that he should give more money to charity.

Who was at the village church?

A. every man B. every woman

The priest heard that every woman at the village church suddenly claimed that he should give more money to charity.

Who was at the village church?

A. every man B. every woman

The priest who every man at the village church heard suddenly claimed that he should give more money to charity.

Who was at the village church?

A. every woman B. every man

The priest who every woman at the village church heard suddenly claimed that he should give more money to charity.

Who was at the village church?

A. every woman B. every man

20. Susan didn't eat all the bananas.　T　F
21. All the students are not dancing.　T　F
22. Sam didn't buy every orange.　T　F
23. Kate didn't put all the books into her bag.　T　F
24. The bear didn't eat every carrot.　T　F
25. All the cows are not eating grass.　T　F
26. Tony didn't take every candy.　T　F
27. All the girls are not flying kite.　T　F
28. Lucy didn't put every egg into the pot.　T　F
29. Every man is walking a dog.　T　F
30. The rabbit didn't jump over every fence.　T　F

3. 量词辖域真值判断实验句

Truth Value Judgment Test

Name _____   Age _____   性别 _____   英语专业四级成绩 _____

测试要求

我们先看一个图片,每个图片后有一个英文句子,请判断这个句子所描述的内容和图片所描述的内容是否一致,如果一致,请选 T(True),如果不一致,请选 F(False)。

例如:

All the rabbits are sleeping.   T F

1. Some boys are playing football.   T F
2. Every dog crossed the road.   T F
3. Tom didn't take all the books.   T F
4. All the pigs aren't eating water-melon.   T F
5. Every girl isn't wearing a hat.   T F
6. All the boys aren't drinking water.   T F
7. The dog didn't eat all the bones.   T F
8. Every horse didn't jump over the fence.   T F
9. Mike didn't eat all the cookies.   T F
10. Every duck didn't cross the river.   T F
11. Robert didn't cut down all the trees.   T F
12. All the horses jumped over the fence.   T F
13. Every kid is not holding a balloon.   T F
14. Every lady is not holding a purse.   F F
15. All the frogs didn't jump into the pond.   T F
16. Every cat didn't cross the street.   T F
17. Mary didn't buy all the apples.   T F
18. John didn't put every ball into the basket.   T F
19. Every monkey didn't climb onto the tree.   T F